中国循环经济金融支持问题研究

齐美东 著

ZHONGGUO XUNHUAN JINGJI JINRONG ZHICHI WENTI YANJIU

合肥工业大学出版社

图书在版编目(CIP)数据

中国循环经济金融支持问题研究/齐美东著.—合肥:合肥工业大学出版社,2010.11

ISBN 978-7-5650-0304-2

Ⅰ.①中… Ⅱ.①齐… Ⅲ.①自然资源—资源利用—经济发展—金融政策—研究—中国 Ⅳ.①F124.5②F833.0

中国版本图书馆 CIP 数据核字(2010)第 219352 号

中国循环经济金融支持问题研究

齐美东 著　　　　责任编辑 疏利民

出 版	合肥工业大学出版社	版 次	2010 年 11 月第 1 版
地 址	合肥市屯溪路 193 号	印 次	2010 年 11 月第 1 次印刷
邮 编	230009	开 本	710 毫米×1010 毫米 1/16
电 话	总编室:0551—2903038	印 张	16.5
	发行部:0551—2903198	字 数	354 千字
网 址	www.hfutpress.com.cn	发 行	全国新华书店
E-mail	press@hfutpress.com.cn	印 刷	合肥学苑印务有限公司

ISBN 978-7-5650-0304-2　　　　定价:32.00 元

本书受中国博士后科学基金资助

Research on the Finance Support System of Chinese Circular Economy

By China Postdoctoral Science Foundation Funded Project

Abstract

The development mode of circular economy, in which the economic growth keeps harmony with the resource and the environment, is the only way to entirely resolve the double constraints from the ecological environment and China' s resources, and realize the development of ecological civilization. The paper study the circular economy based on rethinking the Theory of Modern Economic Growth, bringing the ecology into line with the Theory of Economic Growth, structuring economic growth model based on containing the ecology, investigating the circular economy' s significance during the course of the economic development. Implementing the circular economy strategy is a logical starting of financial support to the circular economy development. Funds shortage is one of the most important factors that constrains and influences the development of circular economy. Lack of capital formation and shortage of development funds have seriously restricted China' s development in circular economy. The development of circular economy industry needs not only the country' s financial input, but also effective supports by the finance departments, which helps to meet the requirements from the diversification of its financing subjects and its financing methods. Under the modern market economy, finance is the core of the economy development and an important market coordination mechanism, which plays a great role. There are closer relations between developing circular economy and financial support. Constructing a financial support system adapting to the circular economy development and making full use of the role of finance is very necessary, so the financial support has become a strategic choice for promoting the development of China' s circular economy industry. Based on this, the paper takes the resource environment into the economic growth factors as an endogenous variable, considers and establishes an analysis framework of financial support for the circular economy development, builds a creative financial support system for China' s circular economy development, analyzes its endogenous logic, expounds its mechanism, its mode and its institutional innovation. The paper also puts forward financial support plans of developing circular economy, and makes financial support play an important role in developing circular economy, so as to promote the transformation of China' s economy in development mode and the improvement of its growth quality.

Keywords: Circular Economy; Ecology; Financial Support; Mechanism; Institutional Innovation; Countermeasures

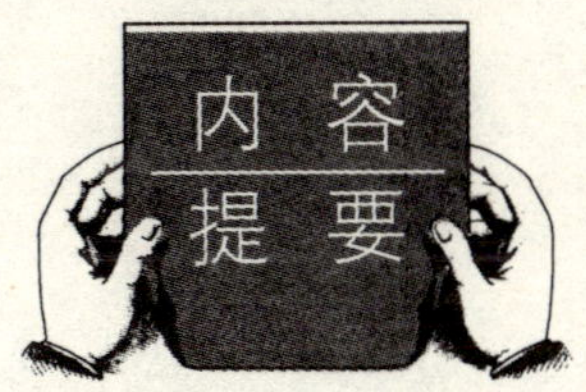

资源、环境与经济增长相和谐的循环经济发展方式是彻底解决中国自然资源与生态环境双重约束，实现生态文明发展的必由之路。本研究在反思现代经济增长理论的基础上来研究循环经济，将生态内生到经济增长理论之中，构建基于生态内生的经济增长模型，考察循环经济在经济发展过程中的意义，实施循环经济战略就成为金融支持循环经济发展的逻辑起点。资金短缺是影响和制约循环经济发展的诸因素中最重要的因素之一。资本形成不足、发展资金短缺严重制约我国循环经济的发展。循环经济的发展既需要国家财政投入，也需要金融部门提供有效的支持，以满足其融资主体多元化和融资方式多样性的要求。现代市场经济条件下，金融是经济发展的核心，是重要的市场化的调节机制，具有不可替代的作用。循环经济发展与金融支持之间存在着密切的关系，构建适应循环经济发展的金融支持体系、充分发挥金融在发展循环经济中的作用就很有必要，金融支持成为推进我国循环经济发展的战略性选择。基于此本研究把资源环境作为内生变量，纳入经济增长要素之中，考量并建立金融支持循环经济发展的理论分析框架，构建具有创新能力的中国循环经济发展的金融支持体系，分析循环经济产业金融支持的内生逻辑，阐述金融支持循环经济发展的机理、机制与模式以及制度创新，提出发展循环经济的金融支持方略，发挥金融支持在发展循环经济中的重要作用，以推动中国经济发展方式的转变与经济增长质量的提高。

关键词： 循环经济；生态；金融支持；机制；制度创新；对策

序

摆在我面前的这部书稿的作者我非常熟悉，在写作过程中，他每有新思维、新见解、新问题就会与我倾心交谈，我自然也会在分享中予以鼓励，故很乐意为此书作序。

人类既是社会群体，也是自然群体，而且可以说首先是自然群体，须臾离不开阳光、空气、水分、大地和其他一切生命新陈代谢所不可缺少的物质生活资料的自然基源。所以，人类社会必须同时处理好人与人之间的社会关系和人与万物之间的自然关系。可是，自16世纪欧洲文艺复兴后期向资本主义演进开始，漫长的整个工业化过程中，这两种关系不仅没有修理好，反而恶化了。别说人与人、国与国为争夺市场资源等经济利益的冲突频仍、战事不断，至今没有平复，就是与自然界的关系也因为掠夺性地疯狂开采和滥用各种自然资源，严重破坏了绿色生态环境而使人类不断遭受天谴和报复。现在全世界实现工业化的国家只有64个。占世界总人口80%以上的国家特别是中国、印度这样的人口大国都还处在工业化过程中。现在全世界都在谈低碳问题，欧美多数实现工业化的国家都已过了高碳的“原罪”期，可以高谈阔论低碳目标了，而发展中国家却成了众矢之的，压力很大。心有余而力不足呀！回想不久前有192个国家1.6万个代表和100多位领导人参加的哥本哈根气候变化大会闹轰轰互相博弈的气氛和最终不欢而散的结局，再一次证明了所谓的普世价值是根本不存在的。面对全球的气候变化，许多发达国家可以慷慨陈词，但谁都不愿慷慨解囊，只想找替罪羊来推脱自己。他们不仅不为排放的历史“原罪”负责，而且也不想为现代的“新罪”买单。鉴于此，中国为世界人民的命运负责，应坚持走自己的路。一方面要继续走新型工业化道路，加快工业化步伐，决不能半途而废；另一方面要认真实践减排目标的承诺，开展全民参与的生产消费和生活消费两大领域的节能减排活动，尽量“缩短和减轻分娩的痛苦”，逐步有效地恢复和发展循环经济与绿色生态。

因此，本书以我国实现循环经济为目标而展开的研究，就符合时代的迫切要求，非常有意义。我国改革开放以来经济飞速发展，取得了举世瞩目的巨大成就。但伴随经济的快速发展，资源消耗大、利用效率低以及由此而引发的生态环境问题，就成为制约我国经济持续高速发展的瓶颈。经济增长与自然资源和生态环境双重约束的宏观形势，决定了发展循环经济是一项战略性的基本国策。

循环经济发展模式涉及到众多问题、诸多学科。它以理念为先导，以减量化、再利用、再循环为原则，以资源循环利用为基础，以技术创新为支撑，以制度创新为保障，以清洁生产、生态产业园区、循环型社会为典型形式，用生态链条把工业与农业、生产与经营、城市与乡村、行业与行业有机结合起来，根本变革传统的经济发展方式，是处于不同经济发展阶段的国家实现可持续发展的必由之路。面对这一复杂问题，作者选择了从金融支持的视角对循环经济进行深入研究，经过对相关研究文献进行研究与梳理，理性借鉴国内外研究成果，紧密关注中国循环经济实践，把握了当前循环经济建设中的核心问题，有其现实意义与时代要求。

本书以循环经济金融支持为研究对象，作了充分论证，研究成果在内容上有所创新，理论上有所突破。作者把循环经济发展作为一种经济发展方式纳入经济学理论框架进行分析，将生态内生到经济增长理论之中，建立基于生态内生的经济增长模型，考察循环经济在经济发展过程中的意义，探讨循环经济发展与金融支持的关系，提出了一个基于循环经济资本形成——循环经济金融运行——循环经济发展逻辑的符合中国国情的循环经济金融支持的理论分析框架，阐述金融支持循环经济发展的机理、机制与模式以及制度创新等问题，特别提出建立市场机制与政府导向相结合的适应循环经济发展要求的金融支持模式，并在实践上就构建循环经济金融支持体系提出一系列诸如合理界定政府在发展循环经济中的行为边界、建立中国碳金融交易市场、健全金融生态、制定有利于循环经济发展的金融政策、建立健全金融组织体系以及完善金融市场体系等对策，充分发挥金融服务功能，为发展循环经济提供多层次、多渠道、全方位的融资服务支持。其中的一些颇有新意的观点和分析角度对深化循环经济的研究很有意义，提出的一系列中肯而又切实可行的对策建议，希望对中国循环经济的健康发展与推动中国经济增长质量的提高有裨益。

学术研究贵在创新，重在突破与发展。从书中我们可以欣喜地看到作者力图实践这种追求的不少闪光点，迈出了坚实的一步，对循环经济金融支持的研究具有一定的理论价值和实践意义，可喜可贺。虽然是一家之言，不无可商榷和进一步推敲、探索之处。学无止境，坚持探索，循环经济理论将伴随实践的发展日臻成熟。

2009 年 12 月 29 日于厦门

目 录

CHAPTER 1

第 1 章
导　论

自然资源与生态环境是人类生存和发展的基本条件。但中国近几十年经济快速发展，资源的消耗大、利用效率低以及由此而引发的生态环境问题，已成为中国经济发展中的瓶颈。中国是一个人口大国，大多资源的人均占有量远远落后于世界平均水平，其本身就存在资源短缺的问题。而传统的“开采——利用——废弃”线性经济方式已无法满足经济的发展需求，同时也会使有限的资源变得更加紧张。于是，转变这种经济发展方式，变外部索取为内部循环利用，便成为中国当前经济发展所需要解决的重大问题。

1.1　问题的提出及选题的意义

1.1.1　问题的提出

改革开放 30 年来，中国经济保持了快速发展，GDP（国内牛产总值）年均增长率 9.8%，即使在世界经济发展史上也是较为罕见的现象。2007 年国内生产总值 246619 亿元，比上年增长 11.4%（见图 1.1）。国际贸易快速增长，中国成为全球第三大贸易国，2007 年全年货物进出口总额 21738 亿美元，比上年增长 23.5%，出口大于进口 2622 亿美元，比上年增加 847 亿美元（见图 1.2）。①

① 中华人民共和国国家统计局．2007 年国民经济和社会发展统计公报，2008－2－28.

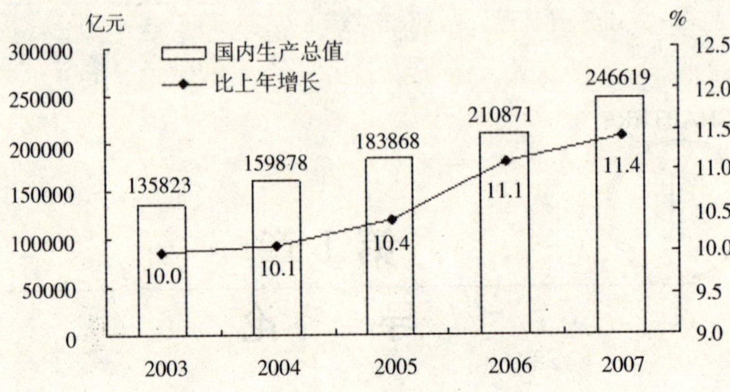

图 1.1　2003—2007 年国内生产总值及其增速

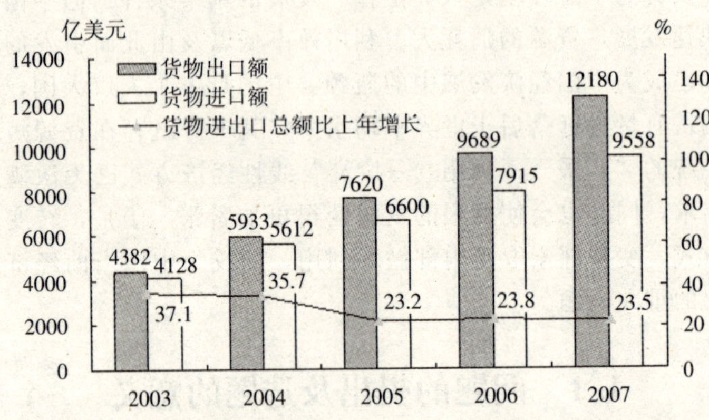

图 1.2　2003—2007 年货物进出口总额及其增速

金融是“现代经济的核心”。[①] 得益于我国经济的快速发展，我国以银行业为主导的金融业也获得了巨大发展。2007 年末广义货币供应量（M_2）余额为 40.3 万亿元，比上年末增长 16.7%；狭义货币供应量（M_1）余额为 15.3 万亿元，增长 21.1%；流通中现金（M_0）余额为 3.0 万亿元，增长 12.2%；年末全部金融机构本外币各项存款余额 40.1 万亿元，增长 15.2%；全部金融机构本外币各项贷款余额 27.8 万亿元，增长 16.4%。全年企业通过证券市场发行、配售股票共筹集资金 8432

① 邓小平．邓小平文选（第 3 卷）[M]．北京：人民出版社，1993：366.

亿元，比上年增加 2838 亿元。其中，发行 A 股（包括增发及可转债）283 只，配股 7 只，筹集资金 7728 亿元，增加 5264 亿元；发行 H 股共 14 只，筹集资金 704 亿元，减少 2427 亿元。年末境内上市公司（A、B 股）数量由上年末的 1434 家增加到 1550 家，市价总值 327141 亿元，比上年末增长 265.9%。全年企业共发行债券 17084 亿元，比上年增加 3520 亿元。其中，金融债券 11913 亿元，增加 2308 亿元；企业（公司）债券 1821 亿元，增加 806 亿元；短期融资券 3349 亿元，增加 406 亿元。全年保险公司原保险保费收入 7036 亿元，比上年增长 25.0%，其中寿险业务原保险保费收入 4464 亿元，健康险和意外伤害险业务原保险保费收入 574 亿元，财产险业务原保险保费收入 1998 亿元。支付各类赔款及给付 2265 亿元，其中寿险业务给付 1064 亿元，健康险和意外伤害险赔款及给付 180 亿元，财产险业务赔款 1021 亿元。① 金融业的大发展为我国经济建设、社会发展提供了坚实的基础、充裕的金融资源。

但是，中国经济增长的资源环境代价过大。从资源拥有量来看，虽然我国资源总量不少，但人均资源占有量相对贫乏，资源紧缺状况将长期存在。人均资源占有量远低于世界平均水平。人均耕地仅相当于世界人均水平的 42%，淡水资源相当于世界人均水平的 27%，森林资源相当于世界人均水平的 20%，煤、石油、天然气人均占有量分别相当于世界人均占有量的 56%、15%、10%。② 从新中国成立以来资源的勘探、开发和利用来看，长期以来存在着高投入、低产出和严重浪费的现象，以高投入、高开采、高消耗、高排放、低效率“四高一低”为特征的粗放式经济发展方式尚未根本改变，经济发展所面临的资源环境压力越来越大。特别是目前我国正处在工业化、城镇化加快发展时期，能源和各种资源消耗强度较高、污染排放较重，经济发展和资源环境的矛盾越来越突出，粗放的经济发展方式让我们付出了巨大的代价。2006 年，我国国内生产总值约占世界生产总值的 5.5%。然而，为了达到这个 5.5%，我国重要能源资源的消耗量要远超于世界能源资源的平均消耗量。统计显示，我国消耗的标准煤占世界能源消耗总量的 15%左右，粗钢占到了 30%，而消耗的水泥竟然达到了 54%。我国的能源利用效率比国际先进水平低 10 个百分点，重点行业

① 中华人民共和国国家统计局．2007 年国民经济和社会发展统计公报，2008—2—28.

② 吴季松．循环经济——全面建设小康社会的必由之路［M］．北京：北京出版社，2005.

单位产品能耗、单位建筑采暖能耗、机动车油耗等指标与世界先进水平相比明显偏高。如我国大中型钢铁企业吨钢可比能耗高15%，火电供电能耗高20%，水泥综合能耗高23.6%；单位建筑面积采暖能耗相当于气候相近的发达国家的2～3倍；机动车百公里油耗比欧洲高25%，比日本高20%，比美国高10%。同时，我国的资源浪费也严重，如矿产资源总回收率比国外先进水平低20个百分点。在农村，大水漫灌依然十分普遍；在城市，供水管网由于跑、冒、滴、漏等问题，每天造成20%的水白白流失；长明灯、长流水、一次性筷子、过度包装……都在不知不觉中浪费着我们有限的资源。

与此同时，我国还出现了严重的生态环境破坏和生态危机频发的现象。中国环境污染已经发展到非常严重的地步，有些地方甚至到了触目惊心的地步。水土流失，土地荒漠化，森林草原严重退化，湿地严重破坏，生物多样性锐减，外来物种入侵等危害极大。2005年12月松花江水污染，2007年太湖水污染等事件不断发生。生态恶化尚未遏制住，环境污染问题已经成为我国经济发展的"瓶颈"，中国已经成为世界上生态破坏和环境污染最严重的国家之一。这些都对中国经济持续健康发展构成了严重的威胁。

而随着经济社会的发展，我国的耕地面积将会进一步减少，能源消耗进一步增加，社会经济面临的严峻的生态环境和自然资源双重约束越来越明显。粗放型经济发展方式不仅严重耗费资源，更会危害生态环境，削弱发展的可持续性。我国目前正值经济高速发展时期，许多资源的消费增速接近或超过国民经济发展速度。在可预见的未来，我国经济社会发展对资源的需求将会越来越大。有专家预测，到2050年，我国能源消耗量将相当于2000年的3倍。我国属于矿物能源紧缺国家，煤、石油、天然气等可采资源量有限。① 若按今后国内需求量预测数生产，50年后矿物能源资源将趋于枯竭。按照现有的资源利用和污染排放水平，要实现2020年GDP翻两番的目标，环境承受的压力将比2000年提高4至5倍。② 就耕地问题来说，2007年建设占用耕地18.83万公顷，灾毁耕地1.79万公顷，当年净减少耕地4.07万公顷。2007年水资源总

① 吴季松．循环经济——全面建设小康社会的必由之路［M］．北京：北京出版社，2005.

② 路甬祥．关于统筹人与自然和谐发展［M］．环境保护，2005（3）.

量24690亿立方米，比上年减少2.5%；人均水资源占有量为1873立方米，减少3.0%。2007年能源消费总量26.5亿吨标准煤，比上年增长7.8%；煤炭消费量25.8亿吨，增长7.9%；原油消费量3.4亿吨，增长6.3%；天然气消费量673亿立方米，增长19.9%；电力消费量32632亿千瓦小时，增长14.1%。[①]

这种依靠消耗大量自然资源和牺牲生态环境来维持经济快速增长的经济发展方式难以为继。也正是在这种严峻形势下，十七大提出了建设生态文明，基本形成节约能源资源和保护生态环境的产业结构、增长方式和消费模式的战略方针。[②] 因此，必须寻求有效的经济发展方式，推行资源、环境与经济增长相和谐的循环经济发展方式。

循环经济是一种以资源的高效利用和循环利用为核心，符合可持续发展理念的经济发展方式，是对"大量生产、大量消费、大量废弃"的传统增长模式的根本变革。循环经济以生态学理论为指导，主要是解决资源环境对经济发展的制约问题，它强调通过"循环"创造"经济"，实现经济活动的生态化转向，是国际社会公认的解决人类可持续发展进程中资源环境制约问题的基本途径。其本质上是一种生态经济，它要求运用生态学规律而不是机械论规律来指导人类社会的经济活动。发展循环经济不仅可以缓解资源压力、防治污染，而且是我国落实科学发展观，建设资源节约型和环境友好型社会，实现可持续发展战略的必然选择和重要保证。

实施循环经济战略是金融支持循环经济发展的逻辑起点。资金短缺是影响和制约循环经济发展的诸因素中最重要的因素之一。发展循环经济，必须要有强大的金融力量的支持。因此，充分发挥金融的筹资融资、资源配置功能，强化对循环经济发展的金融支持力度显得尤为重要。

我国当前有关循环经济的研究主要集中于循环经济的内涵与必要性、重点等方面，尚处于起步阶段。与此相比，有关发展循环经济的金融支持体系的理论研究缺乏，对此的关注也很不够，学术界对此研究的成果也非常有限，更不用说专门对发展循环经济的金融支持体系进行全方位、系统性地研究探讨了。

---

① 中华人民共和国国家统计局.2007年国民经济和社会发展统计公报.2008－2－28.

② 胡锦涛在党的十七大上的报告，2007－10－24.

当前，系统性地研究发展循环经济的金融支持体系的成果相对较少，缺乏可操作性，而且也没有将发展循环经济放在国家经济增长与资源约束的宏观视野之下，把循环经济发展作为一种经济发展方式纳入经济学理论框架进行分析，没有真正有效结合中国国情，进行系统性的研究。理论上的匮乏当然无法为实践提供前瞻性的指导。因此，本研究选择从金融支持的角度对我国发展循环经济展开研究，力求有所突破，并提出相应的对策建议，以期推动我国经济发展方式的转变与经济增长质量的提高。

1.1.2 本课题的研究状况

在金融理论中，美国学者肖（E. S. Shaw）和麦金农（R. I. Mackinnon）的“金融中介理论”是支持金融对循环经济发展的基本理论基础。现代资本结构理论关于企业融资顺序为企业的融资活动提供了理论借鉴。国外的研究注重实践，也重制度建设、重社会宣传与公众参与，从消费环节入手，并向生产领域延伸。西方金融创新活动的兴起，为金融支持循环经济的发展提供了广阔的市场融资渠道。1988 年英国就率先推出了第一只生态基金——Merlin 生态基金，将投资者对社会以及环境的关注和他们的金融投资目标结合在一起，体现出强烈的社会责任意识。《京都议定书》通过后，国外出现了“环境金融”，把金融创新、循环经济放在一个有机的系统里，探讨能够提高环境质量、促进循环经济发展、转移环境风险的以市场为基础的金融创新。环境金融成为学术研究和发展循环经济实践的新领域，并在美国等国家得到广泛应用。1997 年，巨灾债券的推出，成为将巨灾风险向资本市场转移的一条有效途径。同年，发达国家开始出现了天气衍生品和减少排放信用等新型金融衍生产品，这种“碳金融[①]”已成为金融衍生品市场中最新、最具活力的品种之一。

---

① 所谓碳金融，一般是指由《京都议定书》而兴起的低碳经济投融资活动，泛指所有服务于限制温室气体排放等技术和项目的直接投融资、碳指标交易和银行贷款等金融活动。碳金融兴起源于国际气候政策的变化以及两个具有重大意义的国际公约——《联合国气候变化框架公约》和《京都议定书》。在我国，“碳金融”更多的是指依托 CDM 的金融活动。世界银行的统计数据显示，自 2004 年起，全球以二氧化碳排放权为标的的交易总额从最初的不到 10 亿美元增长到 2007 年的 600 亿美元，四年时间增长了 60 倍。交易量也由 1000 万吨迅速攀升至 27 亿吨。按照目前的发展速度，不久的将来碳交易将发展成为全球规模最大的商品交易市场。参见《董事会》杂志，2009 年 8 月 21 日。

关于我国金融支持循环经济发展的问题，虽然在实践中金融支持循环经济发展的力度在加大，但是理论上的研究却相对较少，也很不全面，即使有某一方面的成果也相对比较粗浅，缺乏深度和广度以及系统性。事实上，金融是支持循环经济发展的重要的市场化的力量，完善的金融支持体系是循环经济深入发展的必要条件。有限的研究主要有：陶君道（2005）分析了金融支持欠发达地区循环经济；李虹（2006）论述了循环经济的模式并提出若干金融支持方略；杨青（2006）就多样化的资金来源渠道进行了初步探讨；高波、张凤香（2005）认为发展循环经济的资金问题主要就是技术改造需要的资金问题；张丕景、姜学民（2006）等分析了循环经济的资金障碍，指出政府需要通过实行刺激循环经济的财政政策来扩大循环经济的资金来源。同时他也分析了普通生产企业和资源再生处理的非盈利组织怎样来扩大发展循环经济的资金来源；杨志（2006）认为，我国必须从制定有利于促进发展循环经济的宏观金融政策甚至法规入手，把发展循环经济的国策落到实处。从微观的角度看，发展循环经济为金融企业实施金融创新提供了绝好机遇；庞任平（2006）认为通过创新金融组织、创新金融评估体系、开发环境金融产品、完善金融产品结构，为循环经济的发展提供好的融资环境，推动循环经济的发展；杨涛（2006）分析了金融支持的政策；吴易明（2004）从建立循环经济的法律法规支撑体系、经济政策支撑体系、绿色技术支撑体系、评价支撑体系与公众参与等方面，对构建促进循环经济发展的支持体系进行了积极的探讨，但是并未涉及金融方面；王卉彤等（2006）提出发展环境金融产品，以促进循环经济发展；陈柳钦（2008）更多的是从微观上对如何构建循环经济的金融支持对策做了具体分析；张天蔚、孙彤（2008）指出尽管我国企业循环经济项目的融资规模日趋扩大，但仍有明显不足，主要表现为融资主体行为被动以及融资渠道较为单一。

不过，关于金融支持循环经济的研究还远没有形成完备的理论框架和研究方法体系。从理论方面来看，研究的深度十分有限，许多理论上的问题还有待于研究和探索。现有的有关研究大多是从宏观角度展开，往往停留在政策层面上，很少甚至没有涉及对金融支持循环经济发展的深层次理论问题的展开研究。至于在循环经济发展的金融支持的机理、机制、模式与制度创新等问题上的研究则显得较为匮乏。从研究方法上看，大部分研究，特别是国内研究所采用的大都是描述性的定性分析方法，研究方法过于单一。因此，无论是从理论上还是从方法上来看，研究金融支持循环经济问题都具有非常重要的学术价值。同时，许多分散的研究需要进行系统化的整理和深化，以推动循环经济金融支持的理论研究与实践进程。

1.1.3 选题的意义

资源环境是社会经济发展的基础，是生产力要素的重要组成部分。本研究基于经济增长与资源约束的宏观视野，基于资源环境内生的经济增长因素，力图把循环经济发展作为一种经济发展方式纳入经济学理论框架，构建适应循环经济发展的金融支持体系，其实际意义和理论意义主要在于：

（1）金融是现代经济的核心，在经济增长和经济发展中发挥着巨大的作用。现代市场经济条件下，金融处于核心地位，是经济增长中的重要一极，对社会经济发展的支持与推动作用越来越显著，在很大的程度上决定着社会经济的发展速度与效率。金融发展能够促进循环经济的快速增长，但由于没有完善的发展循环经济的金融支持体系，金融对发展循环经济的作用并没有完全发挥。金融支持循环经济的发展就是要为循环经济提供金融动员和金融资源配置，为循环经济的发展奠定坚实的基础。正是基于以上认识并考虑到对这一课题研究的缺失，我们选择对此课题进行研究。金融支持是促进循环经济健康持续稳定发展的重要保障，对它的深入研究和探讨有助于我们全面深刻了解金融理论和实践的现状和形势，选择有效的金融支持政策，把握正确的金融发展方向，并以此促进循环经济的发展。

（2）发展循环经济，必须要有强大的金融力量的支持。我国循环经济发展仍处于刚刚起步阶段，面临诸多问题，尤其是金融支持缺乏力度。如何抓住机遇，发挥后发优势，缩短与发达国家循环经济发展的差距，促进中国循环经济的发展，构建资源节约型和环境友好型社会，是一项重大的系统性工程。而这个系统工程需要多方面的保障支持，其中金融力量的支持将起到核心的作用，为促进循环经济的发展提供强大的资本支持。

（3）我国发展循环经济的必要性和紧迫性日益凸显。这一现实迫切需要对循环经济金融支持进行深入的研究和分析。我国经济发展面临的严峻的自然资源瓶颈和生态环境承载力的双重约束，党的十六届三中全会提出“五个统筹”，要求正确处理经济发展与环境的关系。就与环境的关系而言，应遵循生态学规律，合理利用自然资源和环境容量，在物质不断循环利用的基础上发展经济，使经济系统和谐地纳入到自然生态系统的物质循环过程中，实现经济活动的生态化。因此，必须寻求一种与环境和谐的有效的经济发展方式，即资源、环境与经济增长相和谐的循环经济发展方式。循环经济的发展有赖于发达健全的金融体系的支持。从金融支持角度研究循环经济的发展，有助于经济发展方式的转变与经济增长质量的提高，符合党的十七大提出的建设生态文明、进一步发展循环经济的要求。

（4）本研究结合国情，专门从金融支持角度对循环经济进行系统研究，力图在循环经济金融支持的分析框架、机理与机制、模式及制度创新等方面取得突破，具有一定的学术价值及指导意义，有助于深化循环经济金融支持的理论研究。

（5）研究建立和完善有效的循环经济金融支持体系具有重要实际应用价值。循环经济的发展有赖于发达而完善的金融支持体系，没有相应的金融支持，就难以有发展循环经济所需技术的研发，也就没有循环经济产业的快速形成并产生良好的社会效益和经济效益。对循环经济金融支持问题进行深入研究，提出有针对性和可行性的对策和发展思路，为保障中国经济持续快速健康发展提供理论指导与政策建议，具有重要实践价值。

1.2 研究结构体系安排及主要内容

在导论的基础上，依据研究思路，我们将本研究分为八章：

第一章，导论。实施循环经济战略是金融支持循环经济发展的逻辑起点。社会经济面临的严峻的生态环境和自然资源双重约束越来越明显，必须寻求有效的经济发展方式，推行资源、环境与经济增长相和谐的循环经济发展方式。充分发挥金融的筹资融资、资源配置功能，强化对循环经济发展的金融支持力度显得尤为重要。因此，本研究选择从金融支持的角度对我国发展循环经济展开研究，力求有所突破，并提出相应的对策建议，以期推动我国经济发展方式的转变与经济增长质量的提高。

第二章，循环经济的理论透视与实践考察。循环经济战略的确立是构建循环经济金融支持体系的逻辑起点。本部分以马克思主义理论为指导，借鉴西方经济学有关循环经济的研究成果，对循环经济基本理论与实践及其对中国发展循环经济的启示进行较为全面的考察，考量中国经济增长与资源约束的宏观视野之下循环经济发展的战略背景，从发展的视角得出发展循环经济的客观必然性，并分析中国循环经济发展状况。

第三章，金融支持循环经济发展的理论考察。对循环经济金融支持的理论基础进行分析，是研究循环经济金融支持的逻辑前提。本章主要从马克思主义经济学、发展经济学和现代西方金融经济学等方面，对我国当前循环经济金融支持的指导理论进行梳理，并阐述循环经济金融支持的理论分析框架。邓小平同志早就敏锐地指出：金融是现代经济的核心，金融搞活，全盘皆活。金融对经济、政治乃至国际关系的影响力和控制力也达到了极高的程度。在经济发展理论以及金融理论中，都有关于金融问题的研究和论述。在成熟的经济增长理论及模型中，如哈罗德—多马模型，麦金农和肖等提出的金融压抑、金融深化论等，都强调了金融因素在经济发展中的重要作用。金融支持在发展循环经济中具有重要的作用，中国发展循环经济离不开健全发达的金融体系的支持。金融支持循环经济的发展有其自身的机理与边界。

第四章，中国循环经济发展中的金融因素。当前中国循环经济金融支持体系存在一系列问题，如支持渠道狭窄，未形成多层次、多形式的筹资机制，不能满足循环经济发展和产业结构调整对金融服务的需求，影响和制约了循环经济快速健康持续发展。其主要原因是我国尚未构建起完善的循环经济金融支持体系。同时，在社会经济发展过程中又存在着金融支持循环经济的诸多有利因素，这为金融支持循环经济发展提供了良好基础。

第五章，循环经济金融支持的制度创新。转型期中国金融制度变迁的基本特点致使金融支持政策集中体现了政府的意志和偏好。为了充分利用国内和国际两个金融市场、两种金融资源，必须按照市场化原则进行金融制度创新和机制创新，弥补现有融资体系的不足和缺陷。通过鼓励金融支持循环经济发展中的金融创新，为循环经济的发展提供可靠的制度保障。

第六章，循环经济金融支持的机制研究。金融是经济发展的核心，也是促进经济增长的必要条件。金融是非常重要的市场化调控和引导手段，对经济主体的行为有重要的引导和影响作用。因此，促进循环经济发展，必须充分发挥市场机制的作用，建立循环经济发展的市场化的金融支持机制体系。同时，规范循环经济金融支持的政府行为，克服“政府失灵”现象，为循环经济金融支持机制的建立提供良好的制度环境。

第七章，市场机制与政府导向相结合的金融支持模式研究。由于存在市场化失灵现象，依据中国国情，应当建立市场机制与政府导向相结合的适应循环经济发展要求的金融支持模式。在这一模式中，构建一个以证券业为主体，银行、保险为两翼，政府扶持为辅的市场化金融支持体系。

第八章，循环经济金融支持的政策举措。把金融发展、循环经济发展与经济可持续发展作为一条发展路径，建立起我国适应循环经济发展要求的新型金融支持体系，在实践上提出一系列符合我国国情促进循环经济发展的金融支持方略，如建立国内统一的碳金融交易市场，建立健全金融生态，建立金融稳定协调机制，实施统一的有效的金融监管等具有很强针对性的政策举措。

1.3 本研究主要创新之处

本研究是一种尝试性的探讨，力求结合实际，有所创新。

本研究的主要创新之处是：

（1）全面系统地从中国经济发展与资源循环约束的宏观视野出发，在分析、反思现代经济增长理论的基础上来研究循环经济，把循环经济发展作为一种经济发展方式纳入经济学理论框架分析，将生态内生到经济增长理论之中，建立基于生态内生的经济增长模型，考察循环经济在经济发展过程中的意义，探讨循环经济发展与金融支持的关系。

（2）提出符合中国国情的循环经济金融支持的理论分析框架。本研究从循环经济发展的金融基础角度，考察分析我国循环经济发展金融支持的内生逻辑，提出了一个基于循环经济资本形成——循环经济金融运行——循环经济发展逻辑的符合中国国情的循环经济金融支持的理论分析框架，阐述金融支持循环经济发展的机理、机制与模式以及制度创新等等。当前学界对这些问题的研究尚处于缺失状态。这是研究内容和理论体系上的创新。

（3）提出建立市场机制与政府导向相结合的适应循环经济发展要求的金融支持模式。本研究把金融发展、循环经济发展与经济可持续发展作为一条发展路径，提出构建循环经济金融支持模式及其相应的保障措施，在实践上就构建循环经济金融支持体系提出一系列诸如建立健全金融生态、建立金融稳定协调机制、实施统一的有效的金融监管等具有很强针对性的政策举措。这是对策上的创新。

（4）尝试运用适合我国循环经济金融支持的研究方式和方法体系。研究方式上，进行从理论到实践逐步推进性的研究，先对循环经济的内涵、现状和世界各国的金融支持进行比较性的研究，再结合我国循环经济的金融支持的实际进行实践性的研究。研究方法上，在坚持马克思主义经济学分析方法前提下，注重理论分析与数理模型分析相结合、规范研究与实证研究相结合的现代经济学分析方法与思维方式。

1.4 主要研究方法

本研究从金融支持角度对循环经济进行了较为详细的考察，进而提出了相应的政策建议。主要运用了以下方法。

1. 实证分析与规范分析

这是经济学的基本分析方法。前者偏重于对现实经济问题的概括和归纳，即从经济现象出发，总结和分析其具有的内在规律性，强调对事实的陈述与描述，说明“事实”是什么；后者偏重于对经济规律的推理和演绎，即从已有的经济学原理出发，对所发生的各种经济现象加以阐述和解释。本研究试图从两种方法联系的角度入手，循环经济理论研究与循环经济建设实际调研相结合，通过对循环经济现实问题的具体研究，在回答“是什么”的基础上，提出“应该怎样”的对策建议，注重在实践中验证理论的可行性，同时通过实践丰富和深化理论。

2. 定量分析与定性分析

定量分析是对事物描述的量化和精确化，能够揭示不同要素之间的数量关联，从而验证相关理论在实证层次上的有效性。定性分析就是对相关资料进行归纳、整理，以期对纷繁复杂的经济运动过程及其关系进行逻辑分析，揭示其规律。定性分析是定量分析的基础，以辩证唯物主义作为理论依据。对金融支持循环经济发展的研究必须把两者结合起来。本研究力图通过运用统计方法（经济模型）、图表、个案分析等量化工具，对定性分析进行量化处理，增强定性分析结果的可靠性和实证性，结合中国国情和国外经验，提出推动循环经济金融支持的理论框架及其对策，有助于更好的定性分析金融支持循环经济发展的状况。

3. 制度分析方法

在马克思主义理论中，“制度”是一个被加以深刻阐述的基础性概念。马克思主义经济学以生产力与生产关系相互作用为依据，阐述制度及其变迁的经济社会基础。改革重在制度创新，制度变迁是一切变迁的根源。制度分析方法要求从制度的角度来考察循环经济运行，分析制度的产生及变迁对人们的经济行为及社会经济活动的决定性影响。本研究也将从制度的角度来分析构建中国发展循环经济战略的金融支持问题。

4. 历史与逻辑相统一的方法

历史与逻辑的统一是马克思主义经济学的方法论基础。历史的方法是从研究对象发生发展的自然历史过程中揭示其规律性。恩格斯指出：“历史从哪里开始，思想进程也应当从哪里开始，而思想进程的进一步发展不过是历史过程在抽象的、理论上前后一贯的形式上的反映；这种反映是经过修正的，然而是按照现实的历史过程本身的规律修正的，这时，每一个要素可以在它完全成熟而具有典型性的发展点上加以考察。”① 逻辑的方法是通过概念、推理、判断等形式来再现研究对象发展变化的本质特点及其规律，“不过是历史进程在抽象的、理论上前后一贯的形式上的反映”，“是按照现实的历史过程本身的规律所修正的”②。历史分析是科学研究的基础方法之一，逻辑归纳则是认识事物本质的必由之路。本研究通过对循环经济理论与实践的历史分析和比较归纳，从国情出发揭示了中国发展循环经济的客观必然性，力求做到对中国循环经济金融支持实践的合理把握，同时又是对其发展演化的逻辑必然，以有助于对构建中国循环经济金融支持形成客观、完整的认识。

---

① 马克思，恩格斯．马克思恩格斯选集（第2卷）［M］．北京：人民出版社，1995：43.

② 马克思，恩格斯．马克思恩格斯全集（第13卷）［M］．北京：人民出版社，1972：532、533.

第2章 循环经济的理论透视与实践考察

自然资源与生态环境是人类生存和发展的基本条件。然而传统经济发展方式却依赖自然资源的高投入、高消耗、高排放、低效率，经济的发展以牺牲生态环境为代价。工业文明发展已经积累起足以毁灭人类的生态环境代价，严重危及人类生存的自然基础。人类在伤害自然界的同时也伤害了自身的心灵。尤其第二次世界大战后，现代科学技术取得空前繁荣和进步，技术创新日新月异，人类借助于现代科学技术手段，对生态环境进行毁灭式的破坏，对自然资源进行掠夺式的开发，纵然在短短的半个世纪时间里，就创造了以往任何时代都不可比拟的巨大社会生产力，但却致使人与自然资源环境的矛盾日趋尖锐，资源的有限性和生态环境的脆弱性日益暴露出来，人类面临着一系列严峻的挑战，迫使人们对传统的价值观和发展观进行深刻的反思。发展循环经济，就成为人们破解经济发展与资源环境双重约束和转变经济发展方式的理性选择。

2.1 循环经济基本理论透视

“循环经济”是国际社会在追求从工业可持续发展到社会经济可持续发展过程中出现的一种发展方式，使传统的高投入、高消耗、高排放、高污染、低效率等“四高一低”为特征的粗放经济发展方式转变为低消耗、低排放、高效率的集约型经济发展方式，是人类对人与自然关系深刻反思后的必然选择。

2.1.1　循环经济的内涵

一般认为，循环经济是人类社会在深刻认识资源消耗与环境污染之间关系的基础上，以提高资源与环境效率为目标，以资源节约和物质循环利用为手段，以市场机制为推动力，在满足社会发展需要和经济上可行的前提下，实现经济发展过程中资源效率最大化、废弃物排放和环境污染最小化、物质和能量循环利用的一种新型经济发展方式。

关于循环经济的内涵，一般来说主要包括三个方面的内容：第一，循环经济的发展遵循生态经济学原理；第二，循环经济的实现途径是将物质流从单向型转向循环型；第三，循环经济的发展目标是在社会经济的各个环节中实现减量化（Reduce）、再利用（Reuse）和再循环（Recycle）（即“3R”原则）。

我们认为，循环经济就是以理念为先导，以减量化、再利用、再循环（3R）为原则，以资源循环利用为基础，以技术创新为支撑，以制度创新为保障，以清洁生产、生态产业园区、循环型社会为典型形式，用生态链条把工业与农业、生产与经营、城区与郊区、行业与行业有机结合起来，根本变革传统的经济发展方式，是处于不同经济发展阶段的国家实现可持续发展的必由之路。

2.1.2　循环经济思想的演化

工业革命以来，由于人类科技进步，尤其是第三次科学技术革命，[①]使社会生产力获得极大提高和经济规模空前扩大，创造了前所未有的物质财富，大大推动了人类文明的进程。然而科技是一把“双刃剑”，它在创造了辉煌的物质文明、给人类生活带来了巨大福祉的同时，也大量消耗了地球上有限的自然资源，人类社会面临着工业文明和进步与资源枯竭、生态环境破坏同时并存的问题，危及到人类自身的生存环境和人类社会的可持续发展。“人类好像在一夜之间突然发现自己正面临着史

① 工业革命初期，发生了以蒸汽机的发明与使用为主要标志的第一次技术革命，出现了棉纺织、钢铁等工业。19 世纪 70 年代以后，发生了以电力的发明与应用为标志的第二次技术革命，出现了电力、化学、石油开采和加工、汽车与飞机制造等工业。20 世纪 50 年代以来的新技术革命，产生了以信息、生物、材料、空间、海洋、微电子技术、能源为主导的高技术发展与应用为代表的高技术产业。

无前例的大量危机：人口危机、环境危机、粮食危机、能源危机……这场全球性危机程度之深，克服之难，对迄今为止指引人类进步的若干基本观念提出了挑战。”①这就使得人类社会开始反思这种难以为继的社会经济发展方式，由此揭开了对循环经济思想进行探索的大幕。

1. 马克思主义的循环经济思想

马克思、恩格斯基于对“人与自然界和谐”的深刻认知，敏锐地意识到了循环经济思想，他们所提出的观点成为循环经济研究的理论先声。

马克思依据所处时代的工业化程度与社会经济发展中出现的资源、环境等问题，很早就在他们的著作中提出过“人与自然界和谐”思想，深刻洞察到循环经济思想的重要性。马克思在《1844 年经济学一哲学手稿》中，论述了“实践的人化自然观”的基本思想，深入研究了人与自然的对象性关系以及自然与社会的互动关系。马克思深刻指出：“在实践上，人的普遍性正表现在把整个自然界——首先作为人的直接的生活资料，其次作为人的生命活动的材料、对象和工具——变成人的无机的身体。自然界，就它本身是人的身体而言，是人的无机的身体。人靠自然生活，这就是说自然界是人为了人们不致死亡而必须与之不断交往的人的身体。所谓人的肉体生活和精神生活同自然界相联系，也就等于说自然界同自身相联系，因为人是自然界的一部分。”② 这体现出马克思循环经济思想的萌芽，也是可持续发展思想的先声。

马克思强调人的自然主义和自然的人道主义的辩证统一关系。在人与自然的关系中，人类必须按照客观规律办事。当人的行为违背自然规律、资源消耗超过自然承载能力、污染排放超过环境容量时，就将导致人与自然关系的失衡，造成人与自然发展的不和谐。马克思说：“不以伟大的自然规律为依据的人类计划，只会带来灾难。”③ 恩格斯则指出：“我们必须时时记住：我们统治自然界，决不像征服者统治异民一样——相反地，我们连同我们的肉、血和头脑都是属于自然界，存在于自然界的。我们对自然界的整个统治，是在于我们比其他一切动物强，能

---

① M. 梅萨罗维克等著，刘长毅等译. 人类处在转折点上［M］北京：中国和平出版社，1987. 36.

② 马克思，恩格斯. 马克思恩格斯全集（第 42 卷）［M］. 北京：人民出版社，2003：95.

③ 马克思恩格斯全集：第 31 卷［M］. 北京：人民出版社，1971：124.

够正确认识和运用自然规律。”[①] 恩格斯还以美索不达米亚平原变成沙漠为例论证了自己的观点，曾经郑重地发出警告：“我们不要过分地陶醉于我们对自然界的胜利。对于每一次这样的胜利，自然界都报复了我们。每一次胜利，在第一步都确实取得了我们预期的结果，但是在第二步和第三步却有了完全不同的、出乎预料的影响，常常把第一个结果又取消了。”[②] 自然界的强力报复使人类付出了惨重的代价。由于人类大规模地征服、改造和利用大自然，人与自然的关系日渐失衡，最终导致了严重的紧张，人类陷入了全球性生态危机的深层困境之中，环境危机、粮食危机、能源危机、气候问题等在当代不断出现。马克思主张社会变革与生态革命相结合，“红色政权”与“绿色文明”相结合；提出了自然科学通过工业日益在实践上进入人的生活，改造人的生活，改变人与自然的关系，并为人的解放做准备的问题。人类要与自然共同进化，协调发展，形成人—社会—自然系统。

马克思在《资本论》中揭示了人类经济发展与自然环境之间的关系，其中关于人和自然之间的物质变换和“生产排泄物的利用”的观点在客观现实上揭示了循环经济思想的初步形成，尽管还没有直接使用“循环经济”概念。在《资本论》第三卷，马克思专门讨论了“生产排泄物利用”问题。“生产排泄物，即所谓的生产废料再转化为同一个产业部门或另一个产业部门的新的生产要素；这是这样一个过程，通过这个过程，这种所谓的排泄物就再回到生产从而消费（生产消费或个人消费）的循环中。”“化学的每一个进步不仅增加有用物质的数量和已知物质的用途，从而随着资本的增长扩大投资领域。同时，它还教人们把生产过程和消费过程中的废料投回到再生产过程的循环中去，从而无需预先支出资本，就能创造新的资本材料。”[③] 在马克思看来，资本家为了获得尽可能多的剩余价值，十分注重不变资本的节约。马克思在《资本论》第三卷第六章指出，昂贵的原料刺激资本家利用废物，以达到节约不变资本，提高利润率的目的也成为必然。马克思认为，“原料的日益

① 马克思恩格斯选集（第 1 卷）[M]．北京：人民出版社，1991：519.

② 马克思恩格斯选集（第 1 卷）[M]．北京：人民出版社，1991：519.

③ 马克思，恩格斯．马克思恩格斯全集（第 23 卷）[M]．北京：人民出版社，2003：664.

昂贵，自然成为废物利用的刺激。”① 因此，只要排泄物再利用能够增加剩余价值生产，它就会得到再利用。这不仅是马克思揭示的废物再利用和资源化的经济原因，而且与循环经济的“再循环”与“再利用”原则相一致，从而深化了对循环经济的思想认识。

马克思将生产排泄物划分为两类：生产排泄物和消费排泄物。所谓生产排泄物，是指工业和农业的废料，化学工业在小规模生产时损失掉的副产品，制造机器时废弃的但又作为原料进入铁的生产的铁屑等等。所谓消费排泄物，指人的自然的新陈代谢所产生的排泄物，也指消费品消费后残留的东西，如人的自然排泄物和破衣碎布等。马克思指出：“我们所说的生产排泄物，是指工业和农业的废料；消费排泄物则部分地指人的自然的新陈代谢所产生的排泄物，部分地指消费品消费以后残留下来的东西。”② 马克思认为，后者对农业来说最为重要：“消费排泄物对农业来说最为重要。在利用这种排泄物方面，资本主义经济浪费很大。例如，在伦敦，450万人的粪便，就没有什么好的处理方法，只好花很多钱用来污染泰晤士河。”③

马克思认为排泄物的存在是造成环境污染的原因，而科学技术是减少排泄物的有效手段。正如恩格斯在《在马克思墓前的讲话》中所指出的：“在马克思看来，科学是一种在历史上起推动作用的、革命的力量。”④马克思认为通过科学技术特别是化学的进步，可以发现废物的有用性，他指出：“科学的进步，特别是化学的进步，发现了那些废物的有用性质”，⑤ 例如把以前几乎毫无用处的煤焦油，变为苯胺染料，茜红染料，甚至把它变成药品。科技进步改变了对生产原料的利用途径和方式，那些在原有形式上本来不能被利用的各种废料或下脚料获得了一种在新的生产中可以再利用的形式。本来不能利用的物质，由于机器改良

---

① 马克思，恩格斯．马克思恩格斯全集（第46卷）[M]．北京：人民出版社，2003：115.

② 马克思，恩格斯．马克思恩格斯全集（第46卷）[M]．北京：人民出版社，2003：115.

③ 马克思．资本论（第三卷）[M]．北京：人民出版社，2004：116.

④ 马克思，恩格斯．马克思恩格斯选集（第3卷）[M]．北京：人民出版社，1995：575.

⑤ 马克思，恩格斯．马克思恩格斯全集（第46卷）[M]．北京：人民出版社，2003：115.

在一种新的生产中可以利用。“所谓的废料，几乎在每一个产业中都起着重要作用”。[1] 马克思《资本论》第三卷第五章用了一节的内容，论述了在大规模社会生产条件下，生产的排泄物由于数量大而能得到利用，这也会降低流动资本的支出，提高利润率。

马克思关于废料利用和废料减少区分的思想，体现了循环经济的“再循环”、“减量化”原则。马克思指出，“应该把这种通过生产排泄物的再利用而造成的节约和由废料的减少而造成的节约区别开来，后一种节约是把生产排泄物减到最低限度和把一切进入生产中去的原料和辅助材料的直接利用提到最高限度”。[2] 马克思所说的“通过生产排泄物的再利用而造成的节约”，实际上就是废弃物利用的“再循环”原则，即人类社会在生产中要最大限度地减少废弃物排放，力争做到排放的无害化，并使废弃物最大限度地变成资源，变废为宝，化害为利。马克思举例论证道：“化学工业提供了废物利用的最显著的例子。它不仅找到新的方法利用本工业的废料，而且还利用其他各种各样工业的废料，例如，把以前几乎毫无用处的煤焦油转化为苯氨染料，茜红染料（茜素），近来甚至把它转化为药品”。[3] 马克思所说的“把生产排泄物减少到最低限度和把一切进入生产中去的原料和辅助材料的直接利用提到最高限度”，就是对生产中如何节约资源问题的精辟论述，不仅体现了清洁生产的思想，而且表明马克思循环经济思想得到了进一步发展。

马克思就调节人和自然之间的物质变换触及到经济发展方式转变的思想。马克思说：“社会化的人，联合起来的生产者，将合理地调节他们和自然之间的物质变换，把它置于他们的共同控制之下，而不让它作为盲目的力量来统治自己；靠消耗最小的力量，在最无愧于和最适合于他们的人类本性的条件下来进行这种物质变换。”[4] 这表明，人类必须采取可持续的生产方式和消费方式，依靠消耗最小的资源来进行人和自然之间的物质变换。如果人类不能将自然物质变换成适合人们需要的经济

---

① 马克思．资本论（第三卷）[M]．北京：人民出版社，2004：94.

② 马克思，恩格斯．马克思恩格斯全集（第 46 卷）[M]．北京：人民出版社，2003：117.

③ 马克思，恩格斯．马克思恩格斯全集（第 46 卷）[M]．北京：人民出版社，2003：117.

④ 马克思．资本论（第三卷）[M]．北京：人民出版社，1975：926－927.

物质，人类就难以生存和发展。无疑，这是完全符合循环经济理念的，同时也体现了马克思对于当时经济发展方式的深刻洞察。

2. 增长的极限：人类对经济发展方式的首次反思

传统经济增长与社会发展方式以经济效益的增长为唯一目标，它否认自然的价值，以过度消耗自然资源和损害生态环境为代价发展经济。这种经济发展方式中，对自然资源的消耗与环境质量的损害都不计入生产成本中，环境污染和生态破坏带来严重的经济损失的同时，治理环境污染和生态破坏又需要巨大的经济投入。这是一种严重负债的不可持续的经济发展方式，引起了经济学家的严重关切。罗马俱乐部的研究小组提出的《增长的极限》（The Limits to Growth）是人类社会对传统的高生产、高消耗、高消费、高排放的经济发展方式的首次认真反思。

罗马俱乐部的研究小组考察了最终决定和限制我们星球增长的基本因素，探讨了关系全人类发展前途的人口、资源、粮食、环境等一系列根本性的问题，对原有经济发展方式提出了质疑，并于 1972 年出版了其研究成果——《增长的极限——罗马俱乐部关于人类困境的报告》。

《增长的极限》全书分为“指数增长的本质”、“指数增长的极限”、“世界系统中的增长”、“技术和增长的极限”、“全球均衡状态”五章，从人口、农业生产、自然资源、工业生产和环境污染几个方面阐述了人类发展过程中，尤其是产业革命以来，经济增长模式给地球和人类自身带来的毁灭性的灾难。书中以各种数据和图表有力地证明了传统的经济发展方式不但使人类与自然处于尖锐的矛盾之中，而且人类将会持续不断地受到大自然的报复。该书认为“如果让世界人口、工业化、污染、粮食生产和资源消耗方面按现在的趋势继续下去，这个行星上的增长的极限有朝一日将在今后一百年中发生”。该书指出“改变这种增长趋势和建立稳定的生态和经济的条件，以支撑遥远未来是可能的”，而且，“为达到这种结果而开始工作得愈快，他们成功的可能性就愈大”。“零增长”是罗马俱乐部发展观的核心。

《增长的极限》的论证为后来的环境保护与可持续发展的理论奠定了基础。《增长的极限》和罗马俱乐部一起成为环境保护史上的一座里程碑。它引起了全世界的广泛关注，也引发了人们对环境与发展关系的思考。1972 年，联合国通过了《人类环境宣言》，提出人类要承担起保护自然的责任和义务。世界各国由此走上了保护和改善自然资源与生态环境之路。

世界自然保护基金会2002年度《活着的地球报告》认为，地球的活力指数以1970年为1，2000年已下降了37%；森林物种指数下降了15%，淡水物种指数下降了54%，海洋物种指数下降了35%，1999年，全球生态影响指数已超出地球生物最大负荷的20%，按目前消耗自然资源的速度和全球人口增长的速度测算，未来人类对自然资源的"透支"程度将以每年20%的速度增加，到2050年，将要有两个地球才能满足人类对自然资源的需求。① 地球上的自然资源是有限的，其可再生的能力是有限的，生态环境的容量也是有限的。著名哲学家海德格尔说："自然生态的失衡与人类精神的破损同时展开。在吃草的牛被人们强迫吃下羊的脑髓时，人的心肠也早已经变冷、变硬；当牛的生命成了工业流水线上的物件时，人的心灵也开始在商品交换中被渐渐物化。"② 因此，经济发展方式必须由传统的数量增长型向质量提高型转变，否则人类社会的经济发展就不可持续。

3. 人类对可持续发展的不懈探索

20世纪五六十年代以来，随着环境问题的加剧和全球环境主义的兴起，人类社会开始对传统经济发展方式进行反思，从而孕育出可持续发展思想及其相关战略。可持续发展是从更深层次和更广层面解决生态环境与经济问题的一种整体性的新思路。

从20世纪70年代以来，人类就在全球范围内对气候变化问题进行了探索，力图减缓和适应气候变化引起的环境问题。1979年2月12—23日在瑞士日内瓦召开的第一次世界气候大会上，科学家警告说，大气中二氧化碳浓度增加将导致地球升温，粮食、水源、能源、住房和健康等各方面均与气候有密切关系。气候变化首次作为一个受到国际社会关注的问题提上议事日程。之后，国际社会为应对气候变化问题采取了一系列举措，具体包括1983年建立WMO长期规划过程、1985年保护臭氧层维也纳公约、1987年关于消耗臭氧层物质的蒙特利尔议定书，1988年成立IPCC、1989年建立全球大气监测网以监测大气成分与启动联合国气候变化框架公约谈判过程等。

① 孙家驹．人、自然、社会关系的世纪性思考［J］．北京大学学报，2005（1）：113—119.

② 朴素．精神裂谷边沿的呼喊——《精神守望》札记［EB/OL］．2007－04－06，http：//blog. tianya. cn/blogger/post _ read. asp？BlogID=13043&PostID=9155831

20 世纪 80 年代，社会学家里夫金和霍华德的《熵：一种新的世界观》，以深邃的思想告知我们能源资源耗费将不可逆转。1980 年，世界自然保护联盟发表了《世界自然保护战略》，首先提出了可持续发展的概念。该文件指出："可持续发展强调人类利用生物圈的管理，使生物圈既能满足当代人的最大持续利益，又能保护其后代人需求与欲望的潜力。"①

1987 年，在第 42 届联大"环境与发展会议"上，时任挪威首相的布伦特兰夫人第一次提出了可持续发展的理念，并系统地阐述了可持续发展的内涵。

1992 年，在世界环境与发展大会上，通过了《21 世纪议程》和《里约宣言》等重要文件，提出了走可持续发展之路。可持续发展战略已成为广泛接受的选择。

按照国际通行的解释，可持续发展是指既满足当代人的需要又不危害后代人满足其自身需要能力的发展，既实现经济发展的目标又实现人类赖以生存的自然资源和环境的和谐，使子孙后代能够安居乐业，得以永续地发展。可持续发展强调各社会经济因素与生态环境之间的联系和协调，寻求人口、经济和环境等各要素之间的相互协调发展。②

可持续发展观强调环境与经济协调发展，追求人与自然和谐相处。其基本思想包括三个方面：（1）生态持续，即可持续发展的标志是资源的永续利用和良好的生态环境；（2）经济持续，即可持续发展鼓励经济增长不仅追求经济增长的数量，更重视经济增长的质量；（3）社会持续，即可持续发展的目标是谋求社会的全面进步。其中，生态持续是前提，经济持续是基础，社会持续是目的。

可持续发展观包含了三个方面的基本原则：（1）公平性原则。所谓公平是指机会选择的平等性。公平性原则包括代内公平、代际公平和区际公平三个方面。代内公平是指本代人的公平，即同代人之间的横向公平。在贫富悬殊、两极分化的社会，不可能实现可持续发展。代际公平是指世代人之间的纵向公平。一代人的发展不能以损害后代人的发展条件为代价，要给后代人公平利用自然资源和环境的权利。区际公平是指

① 李光玉，宋子良主编．经济 环境 法律［M］．北京：科学出版社，2000：19.

② 罗勇，曾晓非．环境保护的经济手段［M］．北京：北京大学出版社，2002：20.

各国公平分配有限资源。即无论是发达国家和发展中国家，发达地区和不发达地区，都公平限制对有限资源的开发和利用。（2）可持续性原则。可持续性原则的核心是人类经济和社会发展不能超越资源与环境的承载能力，人类活动的目标是经济、社会和生态环境三者持续发展的高度统一。（3）共同性原则。可持续发展作为全球发展的总目标，所体现的公平性和可持续性是共同的，而且必须采取全球共同的联合行动。例如在气候方面，1988 年成立联合国政府间气候变化专门委员会（IPCC），专门负责评估气候变化状况及其影响。1992 年 5 月 22 日联合国政府间谈判委员会就气候变化问题达成《联合国气候变化框架公约》，于 1992 年 6 月 4 日在巴西里约热内卢举行的联合国环发大会（地球首脑会议）上通过，1994 年 3 月 21 日正式生效。1997 年 12 月，为使 21 世纪的地球免受气候变暖的威胁，149 个国家和地区的代表在日本东京召开《联合国气候变化框架公约》缔约方第三次会议，通过了旨在限制发达国家温室气体排放量以抑制全球变暖的《京都议定书》，对 2012 年前主要发达国家减排温室气体的种类、减排时间表和额度等作出了具体规定。在 2007 年 12 月的巴厘会议上又制定了"巴厘路线图"，规定在 2009 年之前达成新的减排协议，强调坚持公约和议定书的原则等。2008 年 7 月 8 日，八国集团领导人在八国集团首脑会议上就温室气体长期减排目标问题达成一致。2009 年 12 月 7～19 日，119 个国家的领导人和联合国及其专门机构和组织的负责人出席在丹麦首都哥本哈根举行气候变化大会，经过各方的艰苦磋商，大会达成不具法律约束力的《哥本哈根协议》，维护了《联合国气候变化框架公约》及其《京都议定书》确立的"共同但有区别的责任"原则，就发达国家实行强制减排和发展中国家采取自主减缓行动作出了安排，并就全球长期目标、资金和技术支持、透明度等焦点问题达成广泛共识。

4. 循环经济思想的形成与发展

20 世纪六七十年代，关于人类发展战略、发展方式的各类观点风起云涌，催生出经典的"可持续发展观"。而在可持续发展观孕育过程中所出现的"循环经济"理论，引起社会广泛关注。

早在 1962 年，美国的女海洋生物学家雷切尔·卡尔逊（Rachel Carson）就在《寂静的春天》（Silent Spring）一书中揭露了美国农业商业为追逐利润而滥用杀虫剂而造成食物链和生物链被破坏的恶果及人体受害的情况，提醒人们关注近代污染对生态环境的影响，由此揭开了环境保护的序幕。

1966 年，美国经济学家 K. 波尔丁从系统论的角度思考人类社会经济活动，首次提出了“循环经济”（Circular Economy）这一概念。1969 年波尔丁在其著作《一门科学——生态经济学》中对传统工业经济“资源——产品——排放”的“开环”模式提出了批评，并首次提出了循环经济的概念，主要指在人、自然资源和科学技术的大系统内，在资源投入、企业生产、产品消费及其废弃的全过程中，把传统的依赖资源消耗的线性经济增长，转变为依靠生态型资源循环来发展的经济发展方式。他指出过去的时代为“牧童经济”时代，人类对地球资源的开发一直无所顾忌，认为地球是一个无穷大的仓库，有无限的资源，一个可以向其无限排放废物的垃圾场。然而我们必须改变我们的观点了。就物质而言，地球是一个封闭的系统，就像一个宇宙飞船一样，在这个飞船里，如果人类想无限生存下去，就必须要找到权衡经济发展、人口增长、资源消耗和环境保护这四者之间关系的发展之路。波尔丁把这一观点称为“宇宙飞船经济”，这标志着早期循环经济思想的形成。循环经济与传统经济有着很大的区别，传统经济是“四高一低经济”，即“高开采、高消耗、高生产、高排放、低效率”，对资源的利用是一种粗放型的；而循环经济是一种可持续发展的“和谐经济”，具有“低开采、低排放、高利用、高效率”的特点，本质上是一种资源节约型、环境友好型的生态经济。

1989 年，美国的福罗什在《加工业的战略》一书中，首次提出了工业生态学的概念，为生态工业园建设和发展奠定了理论基础。循环经济的理念也因此而成为政府决策意识。循环经济发展方式兼顾了经济社会发展与资源节约、环境保护，强调从源头预防和全过程管理控制，从真正意义上取代末端治理。循环经济发展方式由此真正成为国家资源环境与发展政策的主流，并开始整合形成一套系统的以避免废弃物产生为特征的国家循环经济发展战略。

为积极应对环境恶化带给人类的挑战，世界各主要国家开始空前地注重本国与国际上各种元素之间的紧密合作，以改变经济发展方式，并纷纷把大力发展循环经济作为实现可持续发展战略的具体途径。自 1990 年代起，可持续发展战略成为世界各国的共识，可持续发展战略理念已成为广泛接受的选择，发达国家以生态理念为基础，重新规划产业发展，提出循环经济发展的思路。

1992 年，在世界环境与发展大会之后，各国开始积极探索适合本国的可持续发展道路。德国于 1994 年 9 月 27 日正式颁布了《循环经济与废弃物管理法》，并于 1996 年正式生效。日本也相继颁布了《促进循环型社会建设基本法》等一系列法规。循环经济开始由理念上升到了法律、法规的层次，并付诸实际行动。2002 年世界环发大会决定在世界范围内推行清洁生产，并制订行动计划。

目前，循环经济的理念已经深入到世界经济、贸易、环境管理中，成为时代的热点和未来的潮流。

2.1.3 循环经济的原则

循环经济的原则是减量化、再利用、再循环，即通常所说的 3R 原则。

1. 减量化原则

减量化原则又叫减物质化原则，是指为了达到既定的生产目的或消费目的而在生产过程中减少稀缺或不可再生资源的投入量并减少废物的产生量，也就是要最大限度地提高自然资源的利用效率，减少生产过程中土地、能源、水等资源的投入，在自然生态系统承载能力范围之内满足人类的欲望。这有利于避免先污染、后治理的传统发展方式所造成的不必要的资源浪费与生态环境的破坏。如种植业通过有机肥提高地力、生物措施防治病虫草害、减少化肥农药和动力机械的使用量，既可减少能源的投入，又可减少污染物和保护生态环境。

减量化原则属于输入端控制原则，在生产的源头就注重节约资源和减少污染。在生产中，减量化原则要求企业通过技术创新或优化设计制造工艺等方法来减少产品的物质使用量，最终达到节约资源和减少污染物排放的效果。例如，制造轻型汽车替代重型汽车，既可节省资源，又可节省能源，同时又能满足消费者的使用要求。采用替代动力源代替石油源作为汽车的燃料，则可减少甚至消除有害尾气排放量，还可降低尾气的治理费用，控制或缓解全球性“温室效应”，减缓气候变化所带来的不利影响。

在消费过程中，这一原则要求人们减少对物品的过度需求，反对消费至上主义的生活方式，倡导由过度消费向适度消费和“绿色消费”转变。例如，尽可能减少人们所要购买的物品数量。如果人们由于消费至上主义而去购买它，它就会变成垃圾。

减量化原则还反对过度包装，提倡人们选择包装物较少的物品，购买耐用的可循环使用的物品而不是一次性物品，这样不仅可以减少对资源的浪费，也可削减废弃物的排放量等等。如果人类社会这样去做，那就是在身体力行地减少对自然资源消耗的压力、减少对垃圾填埋场的压力。统计数据表明，美国1920年每天户均排出1.225kg的固体废弃物，1970年为2.404kg，1980年则上升到3.6kg，如果加上工矿企业的废弃物，则已接近22.680kg。[①] 因此，改变人类社会消费方式以实现减量化对循环经济的发展具有不可估量的作用。

2. 再利用原则

再利用原则是指资源以初始的形式被多次使用，通过延长产品和服务的时间强度，来减少资源的使用量和污染物的排放量。人类的可持续发展依赖自然资源的永续支持，[②] 因此，必须在可再生资源再生能力范围内充分利用其有用性，减少不可再生资源的利用，逐渐以可再生资源取代不可再生资源。这就可以防止产品过早地成为垃圾。如在渔业养殖中，利用养殖用水的循环系统，使养殖污水经处理达标后循环使用，达到零排放的要求。

再利用原则属于过程性控制原则，在生产中，再利用原则要求企业提供的商品便于更换零部件，提倡拆解、修理和组装旧的或破损的物品。这就要求尽量设计、使用标准化的产品，企业可以使用标准尺寸进行设计实现部分优化替代的技术，以防止因产品某元件的损坏而导致整个产品的报废。例如标准尺寸设计能使计算机、电视机和其他电子装置中的电路非常容易和便捷地更换，而不必更换整个产品。某些欧洲汽车制造商正在把它们的轿车设计成标准尺寸的零件，以便于拆卸和再使用。

再利用原则要求人们在消费中对消费品进行重复使用或修理而不是频繁更换，提倡二手货市场化，人们可以将能够维修的物品返回市场体系或捐献自己不再需要的物品供别人使用。例如，在发达国家，一些消费者常常喜欢从好心会和救世军这样的慈善组织购买二手货或稍有损坏

① 中国经济网，2005－09－02. http：//www.ce.cn/books/read/2005/xhjj/lz/200509/02/t20050902_4581113.shtml

② 孙根年，康国栋．可持续理念下新资源观与资源产业开发［J］．生态经济，2007（11）：60.

但并不影响使用的产品。可再利用的饮料瓶可以通过消毒、再灌装、返回到货架上去，这样的循环有时候甚至可以多达50次。像纸板箱、玻璃瓶、塑料袋这样的包装材料也可以再利用以节约能源和材料。[①]

3. 再循环（资源化）原则

再循环原则是指对生产或消费产生的废物进行循环利用，使生产出来的物品在完成其使用功能后能重新变成可以利用的资源，即在企业生产流程中形成资源循环利用，而且资源的循环利用首先在整个产业内部尽可能配置完成，或在整个经济系统实现配置。如种植业的废物——秸秆，经过青贮氨化处理，成为草食家畜的优质饲料，而家畜的粪便又可作为农作物的优质有机肥。

资源化原则是输出端控制原则，使废弃物转化为再生原材料，重新生产出原产品或次级产品。

资源化可分为两种，一种是原级资源化，即将消费者遗弃的物品资源化以后形成与原来相同的新产品。例如，将废纸生产出再生纸，废玻璃生产玻璃，废钢铁生产钢铁等。另一种是次级资源化，即废弃物被变成不同类型的新产品，此种资源化的效果较前种方法略为逊色。将废弃物中可转化为资源的物质（即可循环物质）分离出来是资源化过程的重要环节。原级资源化在形成产品中可以减少20%～90%的原生材料使用量，而次级资源化减少的原生物质使用量最多只有25%。[②]

与资源化过程相适应，消费者和生产者应该通过购买能最大比例消费后再生资源制成的产品，使得循环经济的整个过程实现闭合。这样，自然资源在经济系统里被循环利用，从而实现资源利用上的变革，人类将结束向大自然直接排放废弃物的历史，实现人和自然和谐相处，共生共存。

循环经济的3R原则是一个有机联系的整体，其中减量化原则是基础和前提，综合运用3R原则可以使资源利用达到最优。这三个原则的优先顺序是：减量化——再利用——再循环（资源化）。

首先，要减少经济源头的污染产生量。因此，工业界在生产阶段、

① 中国经济网，2005－09－02. http：//www.ce.cn/books/read/2005/xhjj/lz/200509/02/t20050902_4581113.shtml

② 中国经济网，2005－09－02. http：//www.ce.cn/books/read/2005/xhjj/lz/200509/02/t20050902_4581113.shtml

消费者在使用阶段就要尽量避免各种废物的排放。

其次，对于源头不能削减的污染物和经过消费者使用的包装废物、旧货等要加以回收利用（这部分被称为可利用废弃物），使它们回到经济循环中去。

最后，只有当避免产生和回收利用都不能实现时，才允许将最终废物（这部分被称为处理性废弃物）作最终的无害化处置。① 例如，1996年生效的德国《循环经济与废物管理法》规定了对待废物问题的优先顺序为：避免产生——循环利用——最终处置。以固体废弃物为例，这种预防为主的方式在循环经济中有一个分层次的目标：（A）通过预防减少废弃物的产生；（B）尽可能多次使用各种物品；（C）尽可能地使废弃物资源化和堆肥；（D）对于无法减少、再使用、再循环或者堆肥的废弃物则焚烧或做其他处理；（E）在前面四个目标满足之后剩下的废弃物在先进的填埋场予以填埋，作无害化处置。

循环经济3R原则的排列顺序，实际上反映了20世纪下半叶以来人们在生态环境与发展问题上思想认识所经历的三个历程：首先，以生态环境破坏为代价追求经济增长的理念终于被抛弃，人们的思想从排放废物进步到了要求净化废物（通过末端治理方式）；随后，由于生态环境污染的实质是资源浪费，因此要求进一步从净化废物升华到利用废物（通过再使用和再循环）；最后，人们认识到利用废物仍然只是一种辅助性手段，生态环境与发展协调的最高目标应该是实现从利用废物到减少废物的质的飞跃。

2.1.4 循环经济的层次

循环经济可分为三个层次：

一是企业层次（小循环）。即在企业内部通过推行清洁生产工艺、废料回收生产技术和推行污染排放的生产全过程控制，全面建立节能、节水、低耗的现代化新型工艺，以达到少排放甚至零排放的生态环境保护目标。

二是区域层次（中循环）。即按照工业生态学的原理，建立生态工

① 有的学者提出循环经济除3R原则外，还有“无害化原则”。无害化原则要求将生产和消费过程中产生的废物进行无害化处理。对那些不能利用的废弃物，作最终的无害化处置是循环经济发展的最终目标。

业园区，通过企业间的物质集成、能量集成和信息集成，形成企业间的工业代谢和共生关系。在生态工业园区内，通过各企业之间废弃物、能量和信息的交换，实现系统内各生产过程从原料、中间产品、废弃物到产品的物质循环，达到资源、能源、投资的最优利用目标。这一生态循环系统可以扩大到包括工业、农业和畜牧业在内的不同产业领域。

三是社会层次（大循环）。即通过废弃物的再生利用，实现消费过程中和消费过程后物质与能量的循环，建立起与发展循环经济相适应的、限制自然资源消耗、生态环境负担最小的循环型经济社会。

2.2　国内外循环经济理论研究综述

2.2.1　国外循环经济理论研究简况

循环经济（Circular Economy）由美国经济学家 K. 波尔丁在 20 世纪 60 年代提出。如前所述，循环经济思想直接来源于波尔丁的“宇宙飞船理论”，要求以“循环经济”取代传统的“线性经济”。“罗马俱乐部”则是人类第一次系统地对人类经济发展方式进行了深刻的反思，对经济增长的极限进行了深入探讨，促使人类改变旧的发展观。20 世纪 90 年代以后，循环经济思想成为追求可持续发展的主流思想。1990 年，英国环境经济学家大卫·皮尔斯和图奈（Pearce，D. W. & Turner，R. K）在《自然资源和环境经济学》一书中首次使用了“Circular Economy”一词，试图依据可持续发展原则建立资源管理规则，并建立物质流动模型；认为类似于工业代谢，循环经济模型由自然循环和工业循环组成，这两种循环都为再生产提供原料。①

自循环经济思想诞生以来，循环经济发展方式就成为可持续发展的必然选择，西方国家围绕循环经济支持系统的研究不断发展，研究领域已经从单纯的技术、理论支持体系等转向了对政策、制度等的研究，提出了一国的制度对循环经济的发展具有重要影响等结论。

目前，循环经济研究已经在微观、中观和宏观等层次上展开，并进

① 梁怡．循环经济学构画的图景日渐清晰［N］．上海证券报，2007－6－11．

一步转向低碳经济。在微观层次上，主要以清洁生产、废弃物综合回收和循环利用与无害化处理为主要内涵，强调资源消耗的“减量化、再利用和再循环”。

在中观层次上，强调构建产业链为载体的物质循环利用网络，实行全社会范围的资源优化配置与循环利用。

在宏观层次上，发展循环经济需要一种新的制度安排和经济运行机制，加强政府的调控力度，充分发挥市场机制的作用，需要把自然资源和生态环境看成稀缺的、社会大众共有的自然福利资本，要求将生态环境纳入经济循环过程中参与定价和利益分配，将废弃物排放与环境要素纳入市场经济运行的具体实践之中。

围绕上述三个层面，在科学与技术方面为适应循环经济发展需要进行了比较有益的探索。从技术层面上看，发展循环经济就是要在生产实践中，通过生产技术与资源节约技术相融合，减少单位产出的资源消耗，最高效率地节约使用资源。所有体现“3R”原则的生产活动、消费活动都属于循环经济范畴，如生态工业、生态农业、清洁生产、污染预防等。如清洁发展机制（CDM）是为了解决全球温室气体增长而衍生出的一种减排机制，它是 1997 年《京都议定书》规定的跨界进行温室气体减排的三大机制之一。在科学研究领域，在资源、能源生产和使用效率方面有不少单项研究，如某行业或企业的废物像废纸、废塑料等资源的再生循环模型；一些应用研究如利用有机废物发电堆肥等；生态经济学得到发展；在经济学领域，对于物流代谢理论和投入产出模型的相关研究也取得成果，并得到了应用；学者 Wulf－Peter Schmit 提出推行生态型经济学，将生态设计、生命周期评价、资源综合利用、服务替代产品等一系列政策活动整合起来形成一种新型经济，并与旧的经济进行衔接，达到实现可持续生产和消费的目的。①

当前循环经济研究重点转向了低碳经济。由于气候问题的凸显，其已经严重影响到一个国家的安全，循环经济的研究重点转向到了低碳经济上。低碳经济最早见诸政府文件是在 2003 年的英国能源白皮书《我们能源的未来：创建低碳经济》。

我们认为低碳经济是在循环经济理念的指导下，通过相关支持体

① 崔铁宁．循环经济概论［M］．北京：中国环境科学出版社，2007：51～52.

系，尽可能地减少煤炭石油等高碳能源消耗以实现更少的大气环境污染，获得更多的经济产出，创造更高的生活标准和更好的生活质量的途径和机会，达到经济社会与自然资源和生态环境的和谐发展。从这一含义来看，低碳经济仍然从属于循环经济的范畴。

2.2.2 我国循环经济理论研究状况

我国从20世纪90年代起引入了关于循环经济的思想。相比较而言，我国研究循环经济起步晚、发展快。1998年引入德国循环经济概念，确立“3R”原则的中心地位；1999年从可持续生产的角度对循环经济发展方式进行整合；2002年从新兴工业化的角度认识发展循环经济的意义；2003年将循环经济纳入科学发展观理论之中，确立物质减量化的发展战略；2004年，提出从不同的空间规模，即城市、区域、国家层面大力发展循环经济；2005年制定循环经济发展战略。

学术界对循环经济的研究仍处于起步阶段，介绍性的研究较多，较少将其延伸到比较深入的层次。相关研究主要体现在以下几方面：(1) 循环经济的含义与发展循环经济的必要性。如任勇认为中国特色循环经济的内涵是对生产和消费活动中物质能量流动方式管理的经济[①]。周宏春（2005）认为，循环经济学是研究人类按生态学规律进行经济活动的一门科学，“循环经济”中的循环是指生态学意义上的循环，而不是经济学意义上的循环。[②] 吴季松提出5R原则（3R加上再思考Rethink、再修复Repair）认为循环经济是一种与环境和谐发展的经济模式。[③] 张天柱则认为循环经济核心内容可归结为产业的生态化。[④] 欧阳志远认为，可持续发展战略的中心任务是实现经济的生态化，生态化的具体目标应当是建立一个“节约型经济系统”，而不是“循环型经济系统”，应以“节约型经济”取代“循环型经济”作为可持续发展的经济模式等[⑤]；（2）循环经济与环境保护的关系；（3）循

① 任勇．中外循环经济的比较［J］．企业科技，2004（8）．

② 周宏春．循环经济与循环经济学［J］．科技中国，2005（9）．

③ 吴季松．新循环经济学——中国的经济学［M］．北京：清华大学出版社，2005：221－240．

④ 张天柱．循环经济的概念框架［J］．环境科学动态，2004（4）．

⑤ 欧阳志远．再论“循环型经济”与“节约型经济”［J］．淮阴师范学院学报（哲学社会科学版），2005（4）．

环经济与可持续发展的关系；(4) 适合我国的有效的循环经济发展方式的分析；(5) 循环经济的有效管理方法；(6) 从工业技术层面对循环经济应用中的技术问题（如资源的利用与再生、废弃物的综合利用、国际上提高资源利用率的方法等）进行研究；(7) 循环经济立法的研究。在 1998 年循环经济概念引入到 2005 年制订循环经济战略的 7 年中，我国已在企业层面、产业层面、区域层面开展了试点工作，取得了丰富的实践经验。有关促进循环经济发展的支持系统的研究也不断深入。2004 年 9 月 26 日，我国第一部循环经济领域的法规——《贵阳市建设循环经济生态城市条例》问世。经过多年的努力，2009 年 1 月 1 日起《中华人民共和国循环经济促进法》正式施行，标志着我国促进循环经济发展的制度建设有了突破性进展；(8) 从政策、法律、制度等社会层面上对建构循环型社会、节约型社会进行理论与实践探索等。如部分省市还进行了排污权交易试点，旨在利用市场手段调节企业行为。这些研究多偏重于循环经济内涵、技术的研究，研究的出发点是保护生态环境问题。而主流经济学对此很少关注，严重影响了循环经济在我国的推广。纵然有许多完美的规划和美好的试点，却往往难以被市场所接受。

资料显示，2005 年松花江污染事件之后仅 4 个月时间，全国又发生了 73 起与水相关的环境污染事件。环境违法事件屡禁不止的现象，说明了我国有关循环经济支持系统的研究水平严重落后于实践，已有的法规、条例和优惠政策还不足以抑制企业环境违规的行为。因此，建立健全促进循环经济发展的价格、财税、收费、投资、政府优先购买等政策支持系统，已成为促进中国循环经济健康发展的重要方面。

而对于金融支持循环经济的发展问题，研究得很少，也很不全面，缺乏深度和广度。事实上，金融是支持循环经济发展的重要的市场化的力量，完善的金融支持体系是循环经济深入发展的必要条件。

2.3 发达国家循环经济实践概况及对我国的启示

发展循环经济在发达国家已经成为一种重要趋势和发展主流，取得了一定成就。

2.3.1　发达国家循环经济实践简况

从循环经济的演变过程来看，它是国际社会在追求可持续发展过程中出现的一种新的发展方式，是与传统线性经济发展方式完全不同的创新模式。由于所处的社会经济发展阶段不同，面临的资源环境与可持续发展问题不一，各个国家在循环经济的认识与实践方面都存在较大差异。

1. 总体概况

自循环经济思想诞生以来，西方国家在实践上不断发展。在法规层面，以德国、日本等为代表的西方国家率先完成了循环经济立法。美国、澳大利亚、荷兰、丹麦等发达国家在清洁生产立法、组织机构建设、科学研究、信息交换、示范项目和推广等领域已取得显著成就。在技术层面，清洁生产最早由美国 3M 公司在 1974 年提出；1976 年欧共体在巴黎举行的“无废工艺和无废生产国际研讨会”上提出了“清除造成污染的根源”的思想；1987 年，瑞典、荷兰、丹麦和奥地利等国也相继开展了清洁生产。自 1995 年以来，OECD 国家开始把生态环境战略应用于产品而不是工艺。以此为出发点，引进生命周期分析（LCA），并推动了产品生态设计（Eco－design）的发展。1997 年，149 个国家和地区的代表通过了旨在限制发达国家温室气体排放量以抑制全球变暖的《京都议定书》，进一步促使了世界各国改变经济发展方式，推动经济社会可持续发展。在政策支持层面，西方国家把财政资助与补贴、税收优惠与限制、价格杠杆等作为基本促进政策，通过刺激技术创新和发展产品生态设计，推动循环经济发展。

欧盟国家对循环经济的政府扶持措施主要为融资帮助，鼓励循环经济企业的股票上市，优先发展循环经济债券和彩票等，政府绿色采购，财政绿色补贴，环保专项基金支持，贴息贷款，增值税和所得税减免，鼓励绿色消费，照顾性地分配污染物排放总量指标，建立循环经济科研基金和中小企业发展基金，鼓励废物回收与再生企业建设与运营的市场化。减税是德国清洁工艺和英国风力发电迅速发展的原因。由于西方国家促进循环经济发展的支持系统相对完善，因此，其循环经济发展迅速，并取得了良好的经济效益和生态环境效益。

2. 德国循环经济实践概况

德国的循环经济是以生活和工业废弃物的再利用与处置为主线演变

而来，其起源于“垃圾经济”。其发展循环经济的总体战略是以社会生态市场经济为框架，由资源消耗污染型增长转向生态效益型增长，形成可持续发展相协调的生产和消费模式，并促进创新。

二战后，德国经济发展面临着巨大的社会压力，经济增长成为国家的主要目标。而随着经济的增长，由垃圾引发的生态环境问题日益突出。从 20 世纪 50 年代起，德国开始探索垃圾处理技术。到 1970 年，德国共建起了 11 个堆肥厂、22 个大中型垃圾焚烧设施，用垃圾生产热力和电力。但是，这一时期垃圾处置管理是相当混乱的，大部分垃圾堆放场产生了较为严重的二次污染问题，危害生态环境和周边人群的身体健康。

1972 年，德国颁布了《废弃物处理法》，确立了垃圾无害化处理和允许私营企业进入垃圾处理行业等重要原则，要求关闭经营不善的垃圾堆放场，建立垃圾中心处理站进行焚烧和填埋活动。《废弃物处理法》的出台既表明德国的生态环境政策从废物倾倒向物质循环管理的逐步转变，同时也标志着德国的垃圾处理走向了有序化和法制化的时代。

但是，德国这种垃圾处理方式是一种末端处理，不能从根本上解决垃圾引发的生态环境问题，而且日益增加的费用也要求德国开始寻找更加经济的解决办法。为此，1986 年，德国将《废弃物处理法》修改为《废弃物限制处理法》，提出了两条创新性的规定：一是首次规定了预防优先和垃圾处理后的重复使用；二是首次对生产者的责任进行了规定。这一法律将废弃物处理从“怎样处理废弃物”转到了“怎样避免废弃物的产生”，从实践上开始走向“源头控制”。

20 世纪 90 年代初，德国出台了许多旨在提高垃圾处理水平、完善经营和管理的新条例，以防止垃圾处理过程中产生的二次污染。在这些法规实施并取得经验的基础上，德国于 1994 年 9 月 27 日正式颁布了《循环经济与废弃物管理法》，并于 1996 年正式生效。该法的核心是产品责任制，即在生产过程中和使用产品时要尽量避免废物的产生，在产品使用完后还可以重新利用或者其处理不会对环境产生消极影响。该法的颁布使德国的垃圾管理适应了可持续发展原则的要求，将垃圾处理废弃转向重新利用，变为一种节省初始原材料和保护生态环境的积极措施。这就是德国最早提出的物质闭路循环的循环经济概念的实质内涵。

德国西门子富士通计算机公司就是成功的例子。它是德国 SIEMENS 与日本 Fujitsu 合资共建的计算机及其零部件专业回收公司，是德国少数制造商回收企业之一。该公司以“使用创造和创新技术能力保护环境”为原则，建立公司的环境保护战略。该战略以法律为基础，坚持“绿色”思想，以生态环境管理职责和生态环境管理技术基础为支撑，围绕生态环境保护将设计——开发——生产——使用形成闭环系统运作，以满足客户的需求。公司有自己的环保指南、管理规范和严格的技术要求，通过了 ISO9001 认证。其服务宗旨是从产品的开发开始解决废旧电子产品问题，尽可能回收或经加工达到回收利用。①

2004 年以来，德国正在试验采取整体性物质流管理战略，推进不同层次，特别是区域层次的循环经济与经济社会可持续发展。目前德国已经在食品领域的资源和能源流管理上取得了成功。通过物质流管理，该领域的垃圾流变成了资源流，不仅避免了城镇垃圾外运到郊区处置的传统做法带来的二次污染问题，而且在区域垃圾流分类、收集、运输、在沼气厂和电厂的运营等环节增加了就业机会，产生了巨大的社会效益和经济效益。

3. 日本的循环经济实践概况

日本是资源消费大国，但其自然资源十分短缺，经济发展所需要的资源和能源主要依赖从国外进口。1990 年经济泡沫的破灭，使得日本过分依赖国外原料和市场的矛盾日益突出。于是，日本提出了循环经济的思想。1998 年，在日本提出的新千年计划中，把推进循环经济作为构建 21 世纪社会结构的目标，并以 2000 年为循环经济社会元年，从此拉开了日本建设循环经济和循环型社会体系的序幕，通过循环经济促进经济发展方式转变。

为促进垃圾的减量排放和提高垃圾的循环利用率，1991 年以来，日本政府对 20 世纪 70 年代颁布的《废弃物处理与公共清洁法》进行了多次修订，增加了生活垃圾分类收集和循环利用等内容，极大地推动了垃圾的减量化排放。1994 年又一次修订《废弃物处理与公共清洁法》，强化产业废物管理制度和对非法丢弃废弃物的惩罚处理措施，促进了产业废物的“3R”化。1994 年 12 月日本内阁制定生态环境基本计划，首次提出“实现以循环为基调的经济社会体制”。1998 年日本制定“新千年

① 国际环保产业促进中心．循环经济国际趋势与中国实践［M］．北京：人民出版社，2005.

计划”，把循环经济作为构建 21 世纪日本社会发展的目标。《环境白皮书》提出“生态环境经济立国”的新战略，以昭显其与先前的“贸易立国”和“科技立国”等战略具有同等重要的地位。1999 年 7 月日本通产省产业结构审议会发表了一份《构筑循型经济体系（循环经济展望）》报告，提出要建立物质循环型社会和制定循环型社会推进计划。1999 年 10 月，当时的日本执政党（自民党、公民党和民主党）就循环型社会建设的法制问题达成“政策合意”，明确提出将 2000 年定位为循环型社会元年，谋求制定以循环型社会建设为基本框架的法律。

2000 年 5 月日本召开“环保国会”，参众两院表决通过和修订了《推进建立循环型社会基本法》、《促进资源有效利用法》等多项法规，提出建立“环之国”即创建循环型社会的国家目标。“环之国”会议机制由日本内阁成员与 10 位日本民间的有识之士组成，其基本理念是彻底抛弃 20 世纪的“大量生产、大量消费、大量废弃”的社会经济模式，谋求建立“以可持续发展为基本理念的简洁、高质量的循环型社会”，以及“以清洁生产、资源综合利用、生态设计和可持续消费等为指导思想的、运用生态学规律来指导人类社会经济活动的循环经济发展方式”。2002 年初，日本环境厅升格，更名为环境省，其行政职能也有变化，将原来多部门执掌的废弃物管理职能统一划归环境省，由大臣官房下属的废弃物回收利用对策部统一管理。升格后的环境省突出重点：一是从环境管理的角度出发，通过强化与相关省厅调整、联合，开展综合性的环境管理；二是在防止全球变暖等环境事务方面，加强国际上齐抓共管，强化其职能、体制。2004 年 5 月 28 日，环境大臣小池百合子在内阁会议上提出“环境革命”的概念，强调应改变以牺牲环境为代价追求便利和舒适的观念，改变盲目消费把大量资源变为垃圾的社会现状。①

在融资制度上，对从事 3R 研究开发、设备投资、工艺改进等活动的各民间企业，根据不同情况分别享受政策贷款利率。日本政策开发银行的政策利率分为三级，各级利率分别为 1.85%、1.80%、1.75%；融资比例（贷款占投资经费比重）为 40%；中小企业金融贷款利率

① 吴大华．国外发展循环经济的经验与启示［J］．贵州民族学院学报（哲学社会科学版），2007（3）．

为 1.45%。[①]

4. 美国的循环经济实践概况

美国是循环经济的先行者之一。经过几十年的发展，循环经济已经成了美国经济中的重要组成部分。虽然到目前为止，美国还没有一部全国性的循环经济法规或再生资源法规，但是自从 20 世纪 80 年代以来，半数以上的州制定了不同形式的物质循环再生法规。美国地方政府以及企业在“产品责任制”的意识上走在世界前列。[②] 美国的循环经济战略主要体现在其在可持续发展与生态环境保护战略上的实际行动之中。

美国主要通过立法促进资源的回收利用。美国环境保护署 1988 年宣布，用 5 年时间使城市垃圾回收率达到 25%。据此，各州纷纷通过立法，对本州居民严格要求。到 20 世纪 90 年代中期，美国回收利用项目已达 7500 多个，影响到近 50%的人口。

美国政府还通过财政手段鼓励可再生能源的开发利用。美国不仅拨款资助可再生能源的科研项目，还为可再生能源的发电项目提供抵税优惠。2003 年，美国将抵税优惠额度再次提高，受惠的可再生能源范围也从原来的两种，扩大到风能、地热、太阳能等更大范围。为了扩大可再生能源市场，美国采取了由政府部门带头使用新能源的办法。要求联邦机构使用可再生能源的比例在 2011 年达到总耗能的 7.5%。

消费品的循环利用也是美国循环经济实践的重要环节。一件物品直到对任何人都没有价值时，才将其作为垃圾回收，从而使消费品发挥它最大的价值。美国人开展消费品循环利用的渠道很多，既有家庭的庭院甩卖，也有慈善机构的旧货交易，还可以通过一些商业网站（如 eBay）或政府支持的网站进行旧货买卖。美国循环消费中的另一个重要环节是遍布全国的节俭商店，即旧货店。节俭商店也为捐物的居民提供减税证明。随着循环经济观念的普及和循环型社会的发展，循环消费已成为美国社会和经济生活中的一大效益，其社会效益和经济规模并不亚于以废品、垃圾处理和加工为中心的资源再生工作。

5. 其他国家循环型农业

澳大利亚是世界上降雨量最少的大陆之一，因此大力发展节水灌溉

---

① 广东回收网．国外发展循环经济财税杠杆的经验做法［EB/OL］．http：//www.hs250.net/hangyexingwen/38.htm

② 吴宗杰，桑金琰，周涛．从传统经济到循环经济的产业转型研究［M］．北京：人民出版社，2007：119－120.

和旱作农业，推广应用先进的微喷、滴灌节水技术，鼓励种树。澳大利亚非常重视环境保护，尤其强调植被覆盖率和土壤肥力的恢复与提高，通过长期定位观测、系统模拟和试验研究，普遍建立了粮草作物轮作种植制度。政府对种树农场提供相应的补助，政府出资鼓励科研机构进行节水技术的研究，对节水技术和产品实行产业化开发。

沙特、埃及则在荒无人烟的沙漠腹地中，采用适宜当地生态环境的各种措施，建设沙漠绿洲，发展生态农业。沙特、埃及两国在推行新型农业技术上，无论是国家的大型农场，还是私人企业承包的中、小型农场，都特别注重发展循环型生态农业，即农林作物——产出粮食或水果产品——秸秆转化饲料——喂养动物——产出肉食，动物粪便转化肥料，肥料又返回农田。这种良性循环的农业作业方式，大大发展了有机农业，避免了以往农业中无机肥料、农药过量使用所造成的农产品和环境的污染。

2.3.2 国外发展循环经济对我国的启示

发达国家最初均是以经济发展为中心，逐步转向经济发展与环境保护并重的循环经济战略。发达国家循环经济的发展较为成熟，成就突出，其发展循环经济的措施对我国发展循环经济具有一定的指导意义。

1. 政府介入循环经济，解决市场失灵问题

循环经济本质上是一种以生态为基础的经济发展方式，并解决经济发展过程中的外部性问题。因此，循环经济的生态化转向，要求国家政府介入生态环境问题，因而环境问题也由此进入政治制度结构。各国政府都把生态环境保护纳入国家发展战略，由国家出面负责生态环境问题，是政治绿化的重要表现。为此，美国于 1969 年成立了对总统负责的环境质量委员会。1971 年日本政府在民众反对公害的抗议声中成立了环境厅。我国 1974 年成立国务院环境保护小组，1986 年成立了国家环保总局，2008 年 3 月成立环境保护部，以加强对生态环境的保护力度。而在德国，政府与工商界的坦诚合作是达到避免废弃物这一目标的关键所在。通过对废弃物按不同材料来设定减少和再循环的目标，联邦政府强调工商界的自愿承诺，而法律约束只起到辅助作用。这种自愿承诺原则的最成功范例是工商界与政府之间达成的关于废旧电池、废纸、废汽车和建筑废料的回收和再循环协议。

2. 立足国情，选择切入点

每个国家的国情不同，经济社会发展的条件不同，开展循环经济的切入点也不同。如德国从垃圾处理入手，美国从合理利用资源和可再生能源开发利用入手，日本则从资源减量化入手。我国发展循环经济，要切实从我国的具体国情出发，探索我国循环经济发展的切入点。

3. 立法先行，法治推动

健全的循环经济法律是循环经济得以顺利发展的重要保证。立法先行，是发达国家发展循环经济的共识。发达国家循环经济立法几乎都是由废弃物处理处置法开始，逐步引入 3R 原则，最终引入消费者付费和生产者责任延伸制度。[①] 德国从 20 世纪 80 年代就开始探索循环型社会的建立，颁布了《废物管理法》（1986 年）、《包装条例》（1991 年）、《循环经济和废物管理法》（1996 年）等法律法规。1969 年美国制定了第一部联邦环境成文法——《国家环境政策法》（National Environmental Policy Act，NEPA）。美国的《资源保护和回收法》和《污染预防法》在一定程度上体现了发展循环经济的要求，已有半数以上的州制定了不同形式的资源再生循环法规。日本从最早的《废弃物管理与公共清洁法》到《循环型社会形成推进基本法》，都体现了循环经济立法的发展过程。

不管是德国的《循环经济与废弃物管理法》还是日本的《循环型社会形成推进基本法》都强调了避免废弃物产生的指导思想，引入了“消费者付费”和“生产者责任延伸”两大制度，不仅要求在生产过程中避免废物的产生，同样要求生产者、销售方与使用者都承担起避免废物产生，再回收、再利用废物或对其进行环境友好处置的责任。

4. 注重发挥市场机制的作用

从国外发展循环经济的经验来看，市场机制的作用不可忽视，充分发挥市场机制的积极作用，推动循环经济的发展。我国是正处于转型阶段的发展中国家，市场机制还不健全，因而现阶段必须加强政府在金融支持循环经济发展中的导向作用，同时要发挥市场机制的基础性作用，充分调动各方面积极性，借鉴国外发展循环经济的经验，在全社会营造

① 吴大华．国外发展循环经济的经验与启示［J］．贵州民族学院学报（哲学社会科学版），2007（3）．

循环经济发展的良好氛围。

5. 配套的政策和制度

(1) 奖励和激励政策。德国把可行性论证和投入产出分析作为成功与否的核心，他们希望这一封闭物质循环系统不仅可以减少对生态环境的影响，而且更有助于降低工业流程和宏观经济的成本。德国工商界可以不断地从减少废弃物和提高企业内部再循环比例而获得巨大的潜在利益。这也正是驱使工商企业积极主动地参与废弃物管理的根本动因所在。美国1995年设立了“总统绿色化学挑战奖”，支持那些具有基础性和创新性、对工业界有实用价值的化学新工艺，以达到减少资源消耗和预防污染的目的。日本许多城市采用资源回收奖励的方法，鼓励市民回收有用的物质。

(2) 税收政策。首先，对那些产生污染的企业和行业实行加税的政策。新泽西州和宾夕法尼亚州针对将垃圾直接运往倾倒场的公司或企业征收填埋和焚烧税。北欧国家普遍征收化石能源税等。其次，通过减税的政策鼓励再生资源等的开发和利用。如日本规定废塑料制品再生处理设备在使用年度内，除了普通退税外，还按售价的14%进行特别退税等。如美国规定，购买燃料电池车等新型车辆的消费者可享受抵税优惠；美国亚利桑纳州1999年颁布有关法规，对分期付款购买再生资源及污染控制型设备的企业减税（销售税）10%。

(3) 收费政策。在德国，倒生活垃圾需要付费。但是由于包装材料已由店铺直接配送DSD（Direct Store Delivery）企业成员付过费，因此不仅不用交钱，而且还有专业人员定期上门回收包装材料。如果消费者对包装垃圾不进行分类，清理垃圾箱的次数便会增多，消费者就要为此多支付垃圾清理费。这是“绿点系统”鼓励消费者回收包装材料的得力措施。德国居民水费中含有污水治理费，市、镇政府必须向州政府交纳污水治理费，污水治理没达到要求的企业要承担巨额罚款。日本有关法规规定，废弃者应该支付与废旧家电收集、再商品化等有关的费用。美国的200多个城市进行扔垃圾要付钱的计划。一项研究表明，如果每袋32加仑的垃圾收15美元的费用，将使得城市垃圾数量减少10%～20%，体积减小40%～60%。[①]

① 刘文强，周宏春．国外发展循环经济的做法与启示［J］．经济研究参考，2006（46）．

6. 促进技术创新

发达国家的经济增长，推动了循环经济关键技术的进步，对循环经济关键技术的投入，有力促进了循环经济的快速发展。国际经验表明，循环经济同样需要先进的科学技术为支撑，实现循环经济所追求的经济和生态环境等目标。循环经济的支撑技术体系主要由五类构成：减量化技术、再利用技术、资源化技术、系统化技术、物质流管理技术。①

7. 鼓励公众参与

发达国家非常重视运用各种手段和舆论传媒宣传循环经济的思想，以提高市民对建设循环型社会的意识。西方发达国家，循环经济的思想已经深入人心，公众在循环经济发展的众多领域如循环消费，绿色消费等方面都有着直接的责任和义务。这大大增强了循环经济政策的贯彻力度，提高了循环经济实施的效果。

8. 增加就业

与传统线性经济缩短经济的链条不同，循环经济是通过延长经济的链条而增加就业机会的。在德国，1990 年大约有 60 万人从事环保职业；到 1996 年底，有 7.4 万人直接从事废弃物管理工作；1997 年已达近 100 万人，约占就业总人数的 3%。根据包装工业的估算，仅仅由于 1991 年颁布的《包装管理条例》，德国 3 年之内就创造了 1.7 万个就业机会。同时，由于德国十分严格的环保规定，在那些污染特别严重的行业减少了许多就业岗位。但专家认为，今后由于颁布新的环保法律而新增的环保产业的就业机会将远远多于由此而被迫消减的就业岗位。因为，为了实施新的法律和条例，需要开发新的技术和改造设备，这些都会增加新的就业机会，这还不算在国际市场上推销德国环保技术所带来的就业岗位。据美国全国物质循环利用联合会公布的数字，全美共有 5.6 万家企业涉及该行业，为美国人提供了 110 万个就业岗位，每年的毛销售额高达 2360 亿美元，为员工支付的薪水总额达 370 亿美元。在一定程度上，该行业的规模已经与美国的汽车业相当。1997 年日本通产省产业结构协

① 减量化技术，所有高效率利用资源和能源的技术都是减量化技术的组成部分。再利用技术，延长原料或产品的使用周期，通过多次反复使用，来减少资源消耗的技术。资源化技术，将生产或消费过程产生的废弃物再次变成有用的资源或产品的再生技术。系统化技术，指多种技术的集成组合。物质流管理技术，物质流管理是清洁生产、环境审计、静脉产业布局等多方面的基础技术。

会提出了《循环型经济构想》，预期到 2010 年，循环经济将使日本环保产业创造近 37 万亿日元产值，提供 1400 万个就业机会。①

2.4 循环经济视野下的经济增长

2.4.1 经济增长要素的拓展

社会经济的增长或发展是促进经济增长的各种生产要素的组合、配置、叠加和质变的结果。传统经济学理论以生态与经济相脱离为特征，把自然界视为一个不变的因素，把经济发展过程看成纯粹是由社会经济系统本身的规律孤立支配，而不受那些支配自然生态系统进化和发展的规律制约。传统经济学经济发展理论的根本缺陷在于："它完全忽视了现代经济社会健康、稳定、持续发展的前提条件是要维持自然生态财富（即生态资本存量）的非减性，完全否定了自然资源和自然生态环境的承载力即生态环境支撑能力的有限性，完全违背了经济不断增长物质财富日益增加要以生态环境良性循环为基础的这个铁的法则"。② 然而，传统经济学在解决人与自然的发展关系、促进生态与经济协调发展问题上显得无能为力。

古典经济学所说的资源主要是指人口、土地和资本。古典经济学主要关注资源的稀缺程度与经济增长的关系。魁奈、斯密、李嘉图和马尔萨斯等人更强调土地的稀缺程度对经济增长的影响。

新古典经济学对于生态环境的关注，始于庇古在 20 世纪初关于福利经济学的分析。庇古首先对生态环境污染进行了经济分析，他认为生产和消费过程中的排污如果是免费或低价的，就会起到降低生产者或消费者成本的作用，并引起对生态环境的滥用。只有通过征税使外部不经济性内部化，并给具有正外部性的经济活动以补偿，才能有效地抑制生态环境滥用。但庇古关于污染经济分析直到 20 世纪 60 年代末 70 年代初，才受到重视，并再次系统展开。可以看到，生态环境因素开始进入

① 循环经济理论基础简论［EB/OL］. www.chengdu.gov.cn，2006－04－03，http://www.chengdu.gov.cn/special/EnergyConservation/detail.jsp?id=180612

② 刘思华主编．经济可持续发展论丛［M］．北京：中国环境科学出版社，2002：5．

新古典经济学家的视野。

西方的反增长论者和生态环境保护论者，认为经济增长必然要受到自然资源和生态环境容量的限制，开始关注生态环境对经济增长的重要影响。1972 年，美国经济学家 D. 梅都斯等人在题为《增长的极限》的研究报告中提出了生态环境资源有限论，深深地动摇了传统的资源与生态环境观念。

美国马里兰大学公共事务学院教授 H. E. 戴利提出了稳态经济理论，认为增长是一种物理上的数量性扩展，发展则是一种质量上、功能上的改善，宏观经济的数量性增长是有规模的，而不是无限的。在工业经济社会的开始，当人造资本是稀缺的限制性因素的时候，追求经济子系统的数量性增长是合理的。当自然资本替代人造资本成为稀缺的限制性因素的时候，经济子系统就需要从数量性增长转换为质量性发展。只有非再生性资源的投资流形成再生性替代资源，才能实现经济可持续发展要求的资源存量不变的目标。

现代经济增长理论的真正形成，是以哈罗德—多马经济增长理论和模型的出现作为开端。现代西方经济学中，把经济增长作为一个独立的领域，是从英国经济学家哈罗德（R. F. Harrod）和美国经济学家多马（E. Domar）开始的。该理论模型试图说明两个问题：一是资本主义经济稳定增长的条件；二是资本主义经济的短期波动、长期波动及其原因。这个模型只假定有劳动和资本两种生产要素，而没有考虑生态因素。除了这个假定外，该模型还假定社会只生产一种产品；在经济增长过程中资本和劳动的比率保持不变，从而资本和产出也保持不变；不存在技术进步，规模报酬不变；资本存量没有折旧。按照凯恩斯的理论，只有当 $I=S$ 时，即在投资能够吸收全部储蓄时，经济活动才能达到均衡状态。依照假定，社会资本存量 K 与国民收入 Y 之间存在固定的比例，在技术不变的假定下，哈罗德经济增长理论基本方程为：

$$G=\Delta Y/Y=s/v \tag{2.4.1}$$

式中，G 为经济增长率。该模型的基本经济含义是：要实现均衡的经济增长，国民收入增长率 G 就必须等于社会储蓄率 s 与资本和产出之比 v 的比。

20 世纪六七十年代，以索洛等为代表的新古典经济增长理论采用经济增长因素分析法，强调技术进步对经济增长的重要贡献。在哈罗德—

多马模型中，技术被看作是中性的，在经济增长中发挥作用的是资本和劳动，突破了经济增长理论中长期占统治地位的“储蓄转化为投资是经济增长的决定性因素”的观点，第一次提出了“技术进步对经济增长具有重要贡献”的观点，把技术作为经济增长中最有意义、贡献最大的一个因素独立出来，从劳动生产率、投资和技术进步来综合考察经济增长。新古典增长理论的基本假定包括：（1）社会储蓄函数为 $S=sY$，式中，s 是作为参数的储蓄率；（2）劳动力按一个不变的比率 n 增长；（3）生产的规模报酬不变。

在暂不考虑技术进步的情况下，设经济的生产函数为：

$$Y=F(N, K) \tag{2.4.2}$$

由假定（3），对上述生产函数，有：

$$\lambda Y=F(\lambda N, \lambda K)$$

对任何正数 λ 都成立，特别地，令 $\lambda=1/N$，有：

$$Y/N=F(1, K/N)$$

为说明简便起见，假定全部人口都参与生产，那么上式说明，人均产量 Y/N 只取决于人均资本 K/N。用 y 表示人均产量，即 $y=Y/N$，k 表示人均资本，即 $k=K/N$，则生产函数可表示为下述人均形式：

$$y=f(k)$$

其中

$$f(k)=F(1, k)$$

把一个只包括家庭部门和企业部门的简单经济中，经济的均衡为：

$$I=S$$

即投资或资本存量的增加等于储蓄。资本存量的变化等于投资减去折旧。当资本存量为 K 时，假定折旧是资本存量 K 的一个固定比率 δK $(0<\delta<1)$，则资本存量的变化 ΔK 为：

$$\Delta K=I-\delta K$$

根据 $I=S=sY$，上式可写为：

$$\Delta K=sY-\delta K$$

上式两边同时除以劳动数量 N，有：

$$\Delta K/N = sy - \delta k \tag{2.4.3}$$

另一方面，注意到 $k=K/N$，于是 k 的增长率可写为：

$$\Delta k/k = \Delta K/K - \Delta N/N = \Delta K/K - n$$

于是有：

$$\Delta K = (\Delta k/k)\ K + nK$$

上式两端同除以 N，则有：

$$\Delta K/N = \Delta k + nk \tag{2.4.4}$$

将（2.4.3）式和（2.4.4）式合并，消去 $\Delta K/N$，则有：

$$\Delta k = sy - (n+\delta)\ k \tag{2.4.5}$$

（2.4.5）式是新古典增长模型的基本方程。这一关系式表明，人均资本的增加等于人均储蓄 sy 减去 $(n+\delta)\ k$ 项。$(n+\delta)\ k$ 项可以这样理解：劳动力的增长率为 n，一定量的人均储蓄必须用于装备新工人，每个工人占有的资本为 k，这一用途的储蓄为 nk；另一方面，一定量的储蓄必须用于替换折旧资本，这一用途的储蓄为 δk。总计为 $(n+\delta)\ k$ 的人均储蓄被称为资本的广化。人均储蓄超过 $(n+\delta)\ k$ 的部分则导致了人均资本 k 的上升，即 $\Delta k>0$，这被称为资本的深化。因此，新古典增长模型的基本方程（2.4.5）式可以表述为：

资本深化＝人均储蓄－资本广化

为了把技术因素结合进来，把经济的生产函数（2.4.2）改写成：

$$Y = F\ (AN,\ K) \tag{2.4.6}$$

其中 AN 表示有效劳动，是考虑到技术进步所带来的劳动效率的提高。为了简单起见，我们假设 A 以某种不变的速率 g 增长。$y=Y/AN$ 为按照有效劳动平均的产量；$k=K/AN$，称其为有效劳动平均的资本。则生产函数可重新写成人均形式：

$$y = f\ (k)$$

这样，在考虑技术进步条件下的新古典经济增长模型的基本方程为：

$$\Delta k = sf(k) - (\delta + n + g)k$$

即：

$$\Delta k = sy - (\delta + n + g)k \quad (2.4.7)$$

这模型表明，人均资本的增加等于人均储蓄 sy 减去 $(n+\delta+g)k$ 项。其中 $(n+\delta)k$ 项的解释和前面一样，而 gk 可以理解为技术进步所创造的新的“有效劳动”提供资本所需要的资本量。

被称为“增长核算或增长原因分析之父”的美国经济学家丹尼森，提出了经济增长中的全要素生产率，即知识进步、资源配置改善和规模经济，与劳动、资本一起构成了他的经济增长因素理论。

美国经济学家库兹涅茨认为现代经济增长的三个重要因素是：知识存量的增加、劳动生产率的提高和经济结构的变化。

20 世纪 80 年代中后期，以卢卡斯（Lucas）为代表的新增长理论兴起。以美国经济学家卢卡斯等人为代表的一批经济学家，在对新古典经济增长模型重新思考的基础上，运用数学化和微观化的新方法并结合世界各国经济增长中出现的新问题，探讨了经济增长的长期性，将知识积累视为经济长期增长的决定因素，提出了具有外在收益递增和知识外溢效应的内生经济增长模型，由此形成了目前所谓的新增长理论，或者称内生增长理论（The Theory of Endogenous Growth）。卢卡斯将人力资本引入索洛模型，视其为索洛模型中技术进步的另一种增长动力。“人力资本（技能、教育和知识）与人造资本不同，它不受资本投资报酬递减规律的约束”，① 只有这种特殊的、专业的人力资本的积累才是产出增长的真正源泉。② 卢卡斯模型的其核心假定是：（1）人力资本的增长率是人们用于积累人力资本的时间比例的线性函数（这与纯粹的“干中学”模型有所不同），从而引入了人力资本生产部门；（2）工人的人力资本水平不仅影响自身的生产率，而且能够对整个社会的生产率产生影响（每一个经济个体在进行决策时不考虑这部分影响），这是该模型能够产生递增规模收益（整个经济水平）和政府政策增长效应的基础。该模型揭示了人力资本与技术进步及经济增长之间的关系。

---

① 罗伯特．艾尔斯著．转折点：增长范式的终结［M］．戴星翼，黄文芳译．上海：上海译文出版社，2001：309.

② 赵曙明，陈天渔．经济增长方式转型与人力资本投资［J］．江苏社会科学，1998（1）.

假定经济有两个部门，分别称为制造业企业和研究性大学。企业生产物品与劳务，这些物品与劳务用于消费和物质资本投资。大学生产被称为“知识”的生产要素，然后这两个部门免费利用知识。企业的生产函数，大学的生产函数，以及资本积累方程描述了该经济：

$Y=F\ [K,\ (1-u)\ EN]$　　企业的生产函数

$\Delta E=g\ (u)\ E$　　大学的生产函数

$\Delta K=sY-\delta K$　　资本积累方程

其中，u 是在大学的劳动力的比例，相应地 $1-u$ 是在企业的劳动力比例，E 是知识存量，函数 $g\ (u)$ 表明知识增长是关于大学的劳动力比例的函数。如果在大学的劳动力比例 u 是不变的，那么，知识存量 E 就按不变的比率 $g\ (u)$ 增长。一般地，假设企业的生产函数是规模收益不变的，即如果资本存量 K 和所谓有效工人的数量，即 $(1-u)\ EN$ 翻一番，那么，物品与劳务产出 Y 也翻一番。

如果使物质资本 K 和知识 E 都翻一番，根据以上关系式和假定可知，这时经济中两个部门的产出也都翻一番。因此，与前面的 AK 模型一样，这个模型也可以在不假设生产函数中有外生变动的情况下引起长期增长。在这里，长期增长是内生地产生的，因为大学的知识创造不会停止。

然而，新增长理论仍然没有认识到自然资源和环境（即生态）在经济增长中的重要作用。

由此可见，西方主流的经济增长理论长期以来舍弃了经济增长生态维度的考察，忽视了生态因素在经济增长中的重要作用，更不要说去考察生态在经济增长当中的贡献了。这不仅仅使经济增长理论有失完整，更重要的是对经济增长的实践产生误导。现有的经济增长理论虽然将产权等制度要素内生化了，如诺斯等人把产权等制度要素内生到经济增长理论之中，但仍然没有考虑到生态环境因素。正是由于这个巨大缺陷，才使得传统的经济增长理论长期盛行，导致人类对 GDP 的过分崇拜，对自然资源的过度掠夺，最终对生态环境造成了难以修复的损失。

2.4.2　基于生态资本约束的经济增长模型

经济增长不仅是经济理论研究的重要领域，也是各个国家和地区追求的重要宏观经济目标。资源与生态环境是经济增长有效性的首要物质基础。经济增长的有效性是指经济的物质财富增长与自然资源（可再

生）持续利用、生态环境保护相协调的状态。

在马克思主义经济学中，早就有了有关生态因素在经济发展中的作用的思想。马克思在《资本论》中已经将自然资源因素纳入影响经济增长的因素之中。他指出："劳动生产力是由多种情况决定的，其中包括：工人的平均熟练程度，科学的发展水平和它在工艺上应用的程度，生产过程的社会结合，生产资料的规模和效能，以及自然条件"。[①] 经济增长所依赖的劳动过程"首先是人和自然之间的过程，是人以自身的活动来引起、调整和控制人和自然之间的物质变换的过程"。[②] 这就是说，经济增长是以人对自然的支配为前提，以人与自然之间的物质变换为内容的。

我们认为，自然资源与生态环境（即生态）是人类生存和发展的物质基础，是经济增长的重要因素，而且是一个内生的因素。因此，我们将自然资源和生态环境称之为生态资本。作为资本，良好的生态将为人类社会的生存与发展提供强大的物质基础。没有自然资源与生态环境，就不会有人类的今天。人类必须改变过去无视资源环境、对自然界进行过度征服的欲望，应回到人类与自然和谐发展的正确之途。保护资源环境、实现可持续发展是全球的生态约束的客观要求，同时，也是实现从"环境换取增长"到"环境优化增长"的重要转变的客观要求。

罗伯特·艾尔斯在分析传统线性经济，尤其是现代资本主义社会何以对增长上瘾的原因的基础上，指出了传统经济学中环境与自然资源在生产函数中被严重忽视的问题，由于劳动成本的下降，以及自然资源在开发、加工和消费过程中的外部性被忽视，使初级产品的价格呈下降趋势，由此发出的失真信号又鼓励了对自然资源的滥用，因而提出了生态重构思想，指出"这需要做出重大努力（政府必须扮演领导者角色）来封闭物质循环。资源廉价而劳动力稀缺的'牧童经济'是一种过去的事物，我们必须快速转向资源被重复使用的'飞船经济'……人们在不断探索和总结的基础上，提出以资源利用最大化和污染排放最小化为主线，逐渐将清洁生产、资源综合利用、生态设计和可持续消费等融为一

---

① 马克思．资本论（第一卷）[M]．北京：人民出版社，1975：53.

② 马克思．资本论（第一卷）[M]．北京：人民出版社，1975：201～202.

套系统的循环经济战略。”①

在经济发展过程中，健全的生态条件、良好的生态环境质量直接作用于经济增长过程的全过程，成为经济增长的重要内生要素。将生态内生到经济增长理论之中，建立基于生态内生的经济增长模型，有助于揭示资源环境对经济增长的影响和规律。

为便于说明问题，我们做五点假设：

（1）不可再生资源可以找到其他替代性资源；

（2）政府可以对生态环境的破坏程度进行度量，对破坏生态环境的企业征取污染费并用于环境治理；

（3）我们可以对边际收益和边际成本进行计量；

（4）治理生态环境的边际治理成本随着生态的破坏的程度加深而增加；

（5）生态环境破坏在一定的范围是可以治理的。

首先，我们把新古典经济增长模型中的劳动和资本作一个技术处理，用 M 表示劳动和资本的一个组合，这里的 M 的意思是：在既定的产量条件下，M 是使得成本最低的劳动和资本的组合。

在生态成为经济增长的重要内生因素情况下，设经济的生产函数为：

$$Y=AF(M, E) \tag{2.4.8}$$

式中，A 代表生产技术，M 表示劳动和资本组合，E 为生态，表示生态环境的破坏程度或者称生态环境的利用程度，E 越大，说明开采的资源越多，生态破坏越大；反之，E 越小，开采的资源越少，生态保持得越完整，E 与生态保护是负相关的。

生态环境与资本不同。现行的经济增长一定程度上是以破坏环境为代价的。政府出台政策强制有关单位对破坏的环境进行治理或征收一定的污染费，征取费用的多少取决于环境被破坏的程度，这便增加了企业的生产成本。在重建生态时，每修复一单位生态的成本称为边际治理成本，记为 MCe，由假设（4）可得：MCe 与 E 正相关，即 MCe（E）是个增函数。例如，生态破坏的程度比较小时，生态环境会自动修复，有

① 国际环保产业促进中心．循环经济国际趋势与中国实践［M］．北京：人民出版社，2005.

可能根本就不需要治理；但是当环境的破坏较为严重时，再想修复成本很大，甚至花再多的资金本也不能使环境修复到初试状态。

其次，每破坏一单位生态所获得的收益称为边际生态收益或称边际收益，记为 MPRe；MPRe 是单调递减的，这可根据边际报酬递减规律得到。

下面用模型说明生态环境对经济增长的特殊作用。如图 2.1 所示，横轴代表 E，即表示环境的破坏程度；纵轴代表 Y，即代表产出或成本。

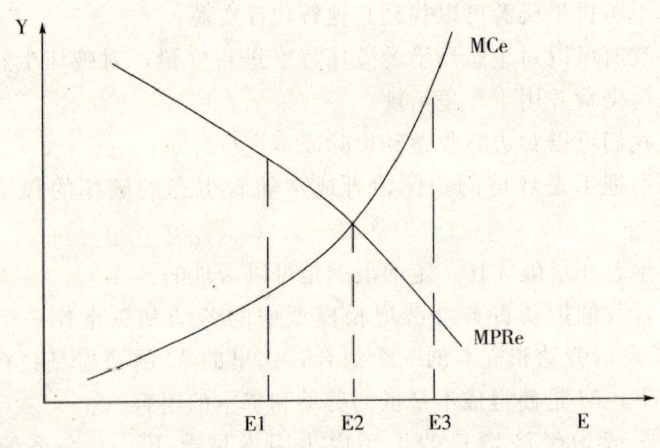

图 2.1　基于生态内生的经济增长

如果把环境从初始状态破坏到 E2 程度获得的总收益：

$$R=\int_{o}^{E2} MP\mathrm{Re}(E)\mathrm{d}E \qquad (2.4.9)$$

如果把环境从 $E2$ 治理到初始的状态，所耗费的总成本是：

$$C=\int_{o}^{E2} MCe(E)\mathrm{d}E \qquad (2.4.10)$$

生态的破坏程度在 $E2$ 点的左边时，$MP\mathrm{Re} > MCe$，企业增加一单位环境的破坏获取的收益大于治理一单位环境的成本；在 $E2$ 处，$MP\mathrm{Re} = MCe$，边际治理成本和边际生态收益相等；当破坏程度越过 $E2$ 时，$MP\mathrm{Re} < MCe$ 边际成本大于边际收益，企业必须停止环境的破坏。

在 $E2$ 处，$\frac{\mathrm{d}R}{\mathrm{d}E}=\frac{\mathrm{d}C}{\mathrm{d}E}$，即 $MP\mathrm{Re}(E2)=MC(E2)$，边际治理成本与边际收益相等；在 $E2$ 的左边，比如说 $E1$ 处，$\frac{\mathrm{d}R}{\mathrm{d}E}>\frac{\mathrm{d}C}{\mathrm{d}E}$，即 $MP\mathrm{Re}(E1)>$

$MC(E1)$；而在 $E2$ 的右边，比如说 $E3$ 处，$\frac{dR}{dE}<\frac{dC}{dE}$，即 $MP\mathrm{Re}(E3)<MC(E3)$。

当环境处在 $E2$ 的左边时，可以对环境进行利用，因为利用一单位的环境所获得的收入用来治理一单位的环境后还有剩余，比如说 $E1$ 处，把环境从 $E1$ 开发利用到 $E2$，再治理到 $E1$ 点，生态环境没有变化，而从生态所获得的净收益为：

$$\pi_1=\int_{E1}^{E2}[MP\mathrm{Re}(E)-MCe(E)]\mathrm{d}E \tag{2.4.11}$$

但是当环境处在 $E2$ 的右边时，最好不要对生态进行开发，因为利用一单位的环境所获得的收入不足以用来治理一单位的环境，比如说，把环境从 $E2$ 处破坏到 $E3$ 处，再治理到 $E2$，生态环境没有变化，所蒙受的净损失为：

$$\pi_2=\int_{E2}^{E3}[MCe(E)-MP\mathrm{Re}(E)]\mathrm{d}E \tag{2.4.12}$$

引入生态环境后，经济的增量为：

$$\Delta Y=MP_M\times\Delta M+F(M\cdot E)+\pi \tag{2.4.13}$$

π 是 π_1 和 π_2 的综合，指的是环境没有变化：当环境的破坏程度在 $E2$ 的左边时，$\pi=\pi_1$，此时先利用环境再治理有利；当环境的破坏程度在 $E2$ 的右边时；$\pi=\pi_2$，最好把环境进行治理到一定程度再开发。

(2.4.13) 式两边同时处以同除以 Y 得：

$$\frac{\Delta Y}{Y}=\frac{MP_M}{Y}\Delta M+\frac{F(M,\ E)}{Y}+\frac{\pi}{Y} \tag{2.4.14}$$

上式即为在生态成为经济增长的重要内生因素情况下经济增长模型，其中 MP_M 是资本和劳动组合 M 的边际产出，$\frac{MP_M}{Y}\Delta M$ 是劳动和资本组合对产出增长率的贡献，$\frac{F(M,\ E)}{Y}$ 是技术的贡献，$\frac{\pi}{Y}$ 是生态环境对经济增长的贡献。

综上所述，要想合理、充分利用生态资本促进经济的增长，必须把环境的利用程度控制在合适的范围内，当利用到一定程度后，如果继续对环境进行破坏，以后的治理成本会非常的大。所以有效利用生态环境，最好是保护，如果必要的破坏不可避免，则要尽早治理。但是单个企业很难从宏观上服从环境的治理，这需要政府部门进行统一的干预与规制。

从机会成本的角度来考察的话，投资者要考虑把$\int MCe(E)dE$资金投入到其他行业（不是生态行业）获得的收入(y)与投入生态的收入$\int MP\mathrm{Re}(E)\mathrm{d}E$的关系：$y>\int MP\mathrm{Re}(E)\mathrm{d}E$，理性投资者会投资到其他行业；$y<\int MP\mathrm{Re}(E)\mathrm{d}E$时，投资者会投资于生态行业。生态行业收益一般较低，私人投资者不愿把资金投入到生态行业，需要政府设立相应的激励机制，但投资于生态行业受经济波动的影响较小收益。尤其在经济危机时，有效需求不足，应该治理生态环境，比如说植树，以增加有效需求，为以后的生产打基础。

基于生态内生的经济增长模型分析和揭示了它对经济有效增长的影响。它把自然资源环境因素考虑到生产要素的组合中，资源环境作为重要的因素被纳入经济增长的视野，同人力资本和技术进步一样，成为经济增长的内生变量，这样就能确保“经济—社会—自然”系统的良性循环。因此，循环经济体现了可持续发展的理念，真正实现经济发展的可持续性。英国经济学家皮尔斯也曾经有预见性的将经济增长的定义界定为：“自然资本不变前提下的经济发展，或今天的资源使用不应减少未来的实际收入。”①

循环经济把自然资源和生态环境都看成是稀缺的内在生产要素，将生态即自然资源与环境要素纳入经济增长理论分析之中，作为基础性的约束条件来研究经济增长现象，分析和揭示它对经济有效增长的影响，不仅具有重要的理论价值，还具有紧迫的现实意义。在自然资源与生态环境约束的条件下，经济增长就不能再用GDP来衡量，因为GDP统计存在缺乏对资源和环境损耗计量的缺陷，“GDP测量尤其高估了为修复人类其他行为导致的环境或健康损害的支付的价值”，② 没有反映出资源

① 戴维·皮尔斯，杰瑞米·沃福德 世界无末日——经济学 环境与可持续发展［M］．北京：中国财政经济出版社，1996：49－69．

② 罗伯特．艾尔斯著．戴星翼，黄文芳译．转折点：增长范式的终结［M］．上海：上海译文出版社，2001：172.

的消耗以及环境在经济增长中的作用。世界银行组织有关专家重新定义和衡量世界及各国的财富，提出以绿色国民经济核算体系 GSNA（GSNA 体系）来衡量国民财富的主张，自然资产和人力资源则是 GSNA 中国民财富的重要组成部分。因此，应以绿色 GDP（GNP）作为衡量经济有效增长的指标，而以绿色 GNP（GDP）为核心的可持续发展能力也将会成为一个国家综合国力的重要指标。

2.5　中国发展循环经济的现实背景

在人类社会经济活动过程中，人类对生态资源的需求是无限增长的，而生态环境对生态资源的供给却是有限甚至是递减的，这对供求之间的矛盾贯穿人类社会发展历史的全过程，其集中表现和严重后果就是产生了自然资源与生态环境的双重危机。经济全球化、中国经济正处于快速发展阶段与人口资源环境的基本国情成为中国经济可持续发展的客观依据，而中国经济增长与资源约束的宏观形势决定了发展循环经济是一项战略性的基本国策。

2.5.1　中国经济增长与自然资源和生态环境承载力的双重约束

近年来，虽然中国经济增长依然保持着较高的增长速度，但是经济增长的质量却差强人意，存在着较多的问题与隐患。我国自然资源的破坏和过度消耗及严重的生态环境污染与可持续发展的目标相距甚远，生态安全日益严峻。这不仅阻碍了社会经济的持续健康发展，而且威胁到国家的生态环境安全。循环经济的内在本质就是促进人与自然之共生共存，和谐发展。发展循环经济，化解资源短缺与环境恶化两大危机已成为全球共识。

1. 中国经济增长与自然资源的约束

自然资源是社会经济发展的基础。长期以来，我们采取的是高投入、高消耗、高污染、低效率的传统经济发展方式，资源利用率低，资源综合利用水平和再生资源回收利用率低。资源约束是当前中国经济发展的首要问题。从资源拥有量来看，虽然我国资源总量不少，但由于人口众多，关系到国计民生的重要资源人均占有量低，一些重要资源长期依赖进口，资源紧缺状况将长期存在，而单位产出的能源资源消耗则明显高于世界平均水平。例如，我国资源利用效率极低，每创造 1 美元 GDP 所消耗的能源是美国的 4.3 倍，日本的 11.5 倍。① 2006 年中国国内生产总值占世界的 5.5%，却消耗了世界 54%的水泥、30%的钢铁、15%的能源。② 虽然 2007 年单位国内生产总值能耗比上年下降 3.27%，化学需氧量、二氧化硫排放总量近年来首次出现双下降，但仍远远高于国际发达国家水平，能源利用率不足问题依然突出，严重制约我国经济社会的可持续发展。同时，急剧膨胀的人口必然给资源环境带来巨大压力。例如，北京实际常住人口已达两千万，北京市 98%的能源靠外地调入。以水资源为例，全市年均可利用水资源仅 26 亿立方米，实际年均用水约 36 亿立方米。由于人口快速增长，生活用水已占用水总量的 44%，如果人口持续膨胀，南水北调的水量将被快速增长的人口所吞噬，难以从根本上解决北京缺水的难题。③

与此同时，经济增长也付出了沉重的自然资源与生态环境代价。我国近年来的经济高速增长实际上建立在资源高消耗的基础上，自然资产损失所占 GDP 比重已高达 30%，单位 GDP 的能耗是美国的 3 倍，日本的 6 倍，韩国的 4.5 倍；钢耗是美国的 5.8 倍，日本的 2.7 倍。资源危机日益凸显，成为影响我国经济安全和可持续发展的大问题。英国《金融时报》称，经济规模仅为美国四分之一到五分之一的中国，2007 年就超过美国，一跃而为全球最大的温室效应气体排放国。如果把生态环境因素考虑在内，经济的高速增长也要大打折扣，世界银行的报告估计，在 2003 年，污染的健康代价约为国内生产总值的 6%，即 7810 亿元人民币。这还不包括治理成本，以及当前不可持续发展对工业造成的未来成本。每年因水质污染、大气污染、自然灾害等造成的损失高达数千亿元，导致经济发展与资源短缺的矛盾日趋尖锐。而国家环保总局曾表示，中国 2006 年的环保项目投资达到创纪录的 2570 亿元人民币，相当于 GDP 的 1.23%。④ 从某种意义上，可以近似的认为，环保产业规模越大，表明生态环境治理的代价就越大。

---

① 谢秋凌．发展循环经济的法律保障研究［J］．云南大学学报（法学版），2007（4）.

② 何忠洲．科学发展观写入中共党章［J］．中国新闻周刊，2007（40）.

③ 北京实际常住人口达两千万 98%能源靠外调［EB/OL］．中国新闻网，2010－07－17，http：//www.chinanews.com.cn/df/2010/07－17/2408458.shtml

④ 何忠洲．科学发展观写入中共党章［J］．中国新闻周刊，2007（40）.

尤其现阶段，是我国工业化和城市化进程的关键时期，经济快速增长，资源需求将持续大幅度增加，资源供需矛盾将日益突出；而且生态环境遭到了严重污染与破坏。在可预见的未来，对资源的需求将会越来越大。有专家预测到2050年，我国能源消耗相当于2000年的3倍。我国属于矿物能源紧缺国家，煤、石油、天然气可采资源量有限，50年后矿物能源资源将趋于枯竭。因此，必须转变经济发展方式，切实把发展循环经济放在战略和全局的高度，促进经济社会的可持续发展。

2. 中国经济增长与生态环境承载力的约束

世界生态环境破坏的范围在扩大、程度在加剧，已经严重打破自然界本身的完美循环，导致自然生态系统严重失衡，生态安全问题日益严重。近年来，中国经济取得的快速发展是靠比拼资源的粗放型经济发展方式而获得的，资源消耗惊人，生态环境污染严重，对生态环境承载力构成了严重的压力。主要表现在：

第一，气候安全面临严峻的挑战。全球气候正经历一次以全球变暖为主要特征的显著变化，气候变化成为国际社会普遍关心的重大全球性问题。气候变化对人类社会的生存和发展带来严重挑战，严重影响国民经济的发展。中国是最易受气候变化不利因素影响的国家，正经历气候变化带来的不利影响，未来气候变暖的趋势将加剧。中国是一个发展中国家，人口众多、经济发展水平低、气候条件复杂、生态环境脆弱，易受气候变化的不利影响。政府间气候变化专门委员会（IPCC）第三次评估报告指出，近50年的全球气候变暖主要是由人类活动大量排放的二氧化碳、甲烷、氧化亚氮等温室气体的增温效应造成的。在全球变暖的大背景下，中国近百年的气候也发生了明显变化，而且中国未来的气候变暖趋势将进一步加剧。中国近百年来（1908—2007年）地表平均气温升高了1.1℃，自1986年以来经历了21个暖冬，2007年是自1951年有系统气象观测以来最暖的一年。[①] 一是与2000年相比，2020年中国年平均气温将升高1.3～2.1℃，2050年将升高2.3～3.3℃。全国温度升高的幅度由南向北递增，西北和东北地区温度上升明显。预测到2030年，西北地区气温可能上升1.9～2.3℃，西南可能上升1.6～2.0℃，青藏高原可能上升2.2～2.6℃。二是未来50年中国年平均降水量将呈增加

① 国务院新闻办公室《中国应对气候变化的政策与行动白皮书》，2008年10月29日。

趋势，预计到2020年，全国年平均降水量将增加2%～3%，到2050年可能增加5%～7%。其中东南沿海增幅最大。三是未来100年中国境内的极端天气与气候事件发生的可能性增大，将对经济社会发展和人们的生活产生很大影响。四是区域气候变化剧烈。很多地区从上世纪50年代到21世纪初的年代际气温差异达3～4℃。严中伟、杨赤①指出，近几十年我国区域一些极端温度变化幅度可以达到平均气候变化的5～10倍。降水变化则较为复杂，近几十年来的重大变化包括：华北区域呈现阶段性（跃变性）的干旱化②；长江中下游则洪涝增多③。降水分布不均现象更加明显，气候变暖可能将增加中国北方地区干旱化趋势。中国干旱区范围可能扩大、荒漠化可能性加重，将对经济社会发展和人们的生活产生很大影响。发生于2009年冬至2010年春的中国西南干旱或许就是一个严重的警示。五是中国沿海地区海平面仍将继续上升。六是青藏高原和天山冰川将加速退缩，一些小型冰川将消失。④ 冰川融化、土壤沙漠化、地表温度的变化和海平面的升高正给中国带来洪灾、干旱、农作物减产、家畜饲养不稳定、海岸线破坏和森林退化等一系列灾害。这些灾害又将导致生态环境脆弱性加剧、食物和水资源匮乏、疾病多发和传播以及移民等问题。比如，亚太地区的台风北移将导致相关省份（如福建）面临更强、更频繁的台风。⑤ 气象灾害占自然灾害的71%，气象灾害中，旱灾排在首位占53%，洪涝灾害位列第二占28%，风雹8%，冷冻7%，台风4%⑥。其影响主要体现在农牧业、森林与自然生态系统、水资源和海岸带等方面，各种极端天气气候事件频繁发生，破坏程度越来越强。人员、经济损失严重，对公众生命财产安全构成了的威胁，影响社会正常生活秩序和安定。依据世界银行、中科院和环保总局

① 严中伟，杨赤．近几十年我国极端气候变化格局．气候与环境研究，2000，5（3）：267－372.

② Tu K, Yan Z. Climatic jumps in precipitation extremes in association with recent drying process in North China. Poster at the 10th International Meeting of Statistical Climatology, 20－24 Aug. 2007, Beijing.

③ 李红梅等．近四十年我国东部盛夏日降水特性变化分析．大气科学［J］．2008，32（2）：358－370.

④ 中国国家发展和改革委员会《中国应对气候变化国家方案》，2007年6月4日。

⑤ 通往哥本哈根之路·第28站：气候难民［EB/OL］，网易，http://discover.news.163.com/special/00013T6M/qihounanmin.html

⑥ 南焱．自然灾害之惑［J］．中国经济周刊，2009（11）：14－20.

的测算，我国每年因环境污染造成的损失约占 GDP 的 10%左右。全国有 70%的江河水系受到污染，40%基本丧失了使用功能，3 亿农民喝不到干净的水，4 亿城市人呼吸不到新鲜空气；1/3 的国土被酸雨覆盖，世界上污染最严重的 20 个城市我国占了 16 个。中国农村人口中与环境污染密切相关的恶性肿瘤死亡率，已从 1988 年的万分之 0.95 上升到 2000 年的万分之 1.126。[①] 因此，气候安全已然是一个涉及国家安全的重大问题。

第二，水污染触目惊心。根据有关专家论证，我国人均水资源拥有量 2200 立方米，仅占世界平均水平的 1/4，特别是北方和西部地区已达到国际公认的极度缺水的程度，目前全国 600 多个城市有 2/3 供水不足，其中 1/6 的城市严重缺水。尽管中国水资源短缺，但是水污染却是触目惊心，大量未经处理或不达标的废水直接排入江河湖等，中国 7 大水系有 75%水资源受到污染，按照污染程度由大到小分别为海河、辽河、黄河、淮河、松花江、长江、珠江，全国 75%的湖泊出现了富营养化现象，[②] 海洋水资源也同样受到严重污染。

江河因污染严重导致水环境质量下降，对国人健康构成严重威胁。全国有 3.6 亿农村人口喝不上符合标准的饮用水。四川 2007 年大面积干旱，造成历史上从来没有的、长时间的、大面积的人畜缺水。2006 年中国环境状况公报显示，全国七大水系监测断面中 62%受到污染，其中近一半属劣五类水质，流经城市的河段 90%受到严重污染；75%的湖泊出现富营养化；27%的近岸海域水质超过四类，已不适于工业和港口用水。全国 1/4 人口饮用不合格的水。[③] 国家环境保护部部长周生贤指出，2007 年，全国 26.7%的地表水国控断面水质劣于 V 类标准。不少湖泊因为污染严重水体缺氧，人们长期饮用污染水源，导致人体器官病变，有的地区甚至导致群体发生癌症。例如，《江南时报》2004 年报道，江苏省盐城阜宁县古河镇洋桥村，自来水厂距离农药厂、化工厂的排污口不到一百米，三年内因癌症去世的村民超过 20 人。

---

① 环保生死劫：中国每年因污染造成损失达 GDP 的 10%［J］.《瞭望》新闻周刊，2007－03－19.

② 习近平.大力发展循环经济，建设资源节约型、环境友好型社会［J］.管理世界，2005 (7).

③ 何忠洲.科学发展观写入中共党章［J］.中国新闻周刊，2007 (40).

第三，大气环境严重污染。全国人大环境与资源保护委员会主任曲格平在向人大常委会作《关于大气污染防治法修订草案的说明》时公开披露，我国已成为世界上大气污染最严重的国家之一。据有关资料显示，在2003年，中国烟尘排放量达1000万吨，二氧化硫排放量达2200万吨；2006年，我国化学需氧量排放1428.2万吨，二氧化硫排放量2588.8万吨，居世界第一，发电厂燃煤是主要原因；1/5的城市空气污染严重。据国家环保总局检测，在487个县市中，有28%城市酸雨频率大于40%。[①] 2003年全国酸雨面积已占国土面积的1/3。[②] 2003年全国监测340个城市中轻微污染、污染严重的分别占到32%、27%。55%的城市可吸入颗粒物浓度超过国家空气质量二级标准。30.2%的监测城市空气质量达不到二级标准，一些大中城市灰霾天数有所增加，广东灰霾天数达140多天。污染向农村转移的势头尚未得到有效遏制，突发生态环境事件呈现高发态势。有证据表明，在我国11个大城市中，燃煤产生的烟尘和细颗粒物每年使5万多人死亡，40万人感染上慢性支气管炎。2000年，我国北方某城市有相当比例的儿童血铅含量超标。目前，持久性有机污染物（POPs）、内分泌干扰素（EDs）在我国某些地区的生态环境介质中常有检出。持久性有机污染物导致癌症、畸形的发病率提高和生殖能力下降。例如，在珠江三角洲一些城市的大气中，挥发性毒害有机物（苯、甲苯、乙苯和二甲苯）的浓度已大大超过一些发达国家水平；在我国个别城市的奶粉、牛奶甚至母乳中已检出高含量二甲苯类化合物。[③]

人口规模膨胀也使环境质量下降。最新的生态质量评价显示，2009年北京市各区县生态质量等级均属一般。生活垃圾日产生量1.83万吨，设施总设计日处理能力1.27万吨，实际日处理1.74万吨，处于超负荷运行状态，导致垃圾填埋场服务周期缩短，平均剩余服务期限仅为4年左右。在全国113个大气污染防治重点城市中，北京市排名倒数第六。[④]

---

① 习近平．大力发展循环经济，建设资源节约型、环境友好型社会［J］．管理世界，2005（7）.

② 马凯．贯彻和落实科学发展观大力推进循环经济发展——国家发展和改革委员会主任马凯在全国循环经济工作会议上的讲话［EB/OL］．国家发展和改革委员会环境和资源综合利用司，http：//hzs. ndrc. gov. cn/files/html/zt1－2. htm

③ 路甬祥关于统筹人与自然和谐发展［J］．环境保护，2005（3）.

④ 刘书艳．北京：备战人口爆炸［N］．中华工商时报，2010－06－18（5）.

根据世界卫生组织 2006 年公布的报告，在全球空气污染最严重的 10 个城市排名中，中国有包括北京在内的 7 个，山西省的太原市名列第一，是世界上空气污染最严重的城市。在实行环境统计的 300 个中国城市当中，70%处于或超过大气环境质量三级标准，目前中国已有 7 成城市不适合居住。[①] 2005 年瑞士达沃斯世界经济论坛期间正式对外发布的评估世界各国（地区）环境质量的"环境可持续指数"（ESI）显示，在全球 144 个国家和地区中，中国位列第 133 位，处在全球倒数第 14 位。[②] 大气中二氧化硫年排放量超过环境容量的 60%以上，酸雨区约占国土面积的 1/3。2006 年中国环境状况公报显示，2006 年中国 COD（化学需氧量）排放总量居世界第一，中国 1/3 的城市人口呼吸着严重污染的空气。[③]

第四，有害外来物种入侵，生物多样性锐减。据世界自然保护联盟公布资料显示，在世界上最坏的 100 种外来入侵物种中，约有一半已经入侵我国。截至目前，已成功入侵我国的外来物种种数至少在 100 种以上，除青藏高原上少数人迹罕至的偏远保护区外，全国各地都不同程度地存在着外来入侵物种的影响和威胁，对我国生态安全已构成重大损害。[④] 同时，一些地区存在滥捕、滥猎、滥采现象，导致野生动物数量不断减少，生物资源多样性遭受严重威胁，加之过度开发自然资源和污染环境等不合理的人类活动，致使野生动物的栖息地遭受破坏，生态功能持续衰退。有报道说自从恐龙灭绝以来，当前地球上生物多样性减少的速度比历史上任何时候都快，大陆上 66%的陆生脊椎动物已成为濒危种和渐危种，海洋和淡水生态系统中的生物多样性也在不断丧失和严重退化。历史上受到灭绝威胁最大的是另一些处于封闭环境岛屿上的物种，岛屿上大约有 74%的鸟类和哺乳动物已经灭绝了。目前岛屿上的物种依然处于高度濒危状态。在未来的几十年中，物种灭绝情况大多数将发生在岛屿和热带森林系统。[⑤] 据统计，全国濒危和受威胁的高等植物

---

① 青年文摘·上半月刊［J］.2007（7）.

② 这项环境指数是由美国耶鲁大学和哥伦比亚大学的环境专家合作完成，并在达沃斯世界经济论坛共同发布的。中国排名靠后的主要原因在于自然资源日渐贫乏和环境管理不当。

③ 何忠洲.科学发展观写入中共党章［J］.中国新闻周刊，2007（40）.

④ 刘苗荣.强化环境法治 建设生态文明［J］.河北法学，2007（11）.

⑤ 曲格平.环境保护知识读本［M］.北京：红旗出版社，1999：125.

物种数约 4500 种，濒危植物种比例为 15%，高于世界平均濒危和受威胁植物的比例 10%。中国公布的第一批珍稀濒危植物就有 388 种。[①]

第五，生态环境脆弱性趋强。中国是一个生态环境比较脆弱的国家。2005 年全国森林面积 1.75 亿公顷，森林覆盖率仅为 18.21%。2005 年中国草地面积 4.0 亿公顷，其中大多是高寒草原和荒漠草原，北方温带草地受干旱、生态环境恶化等影响，正面临退化和沙化的危机。近年来由于不合理资源开发，我国生态环境退化范围迅速扩大，环境严重退化危害程度日趋加剧。2005 年中国土地荒漠化面积约为 263 万平方公里，已经占到整个国土面积的 27.4%。近 30 年来，中国海平面上升趋势加剧，沿海海表温度上升了 0.9 摄氏度，沿海海平面上升了 90 毫米。[②] 中国山地冰川快速退缩，并有加速趋势，未来青藏高原和天山冰川将加速退缩，一些小型冰川将消失。中国大陆海岸线长达 1.8 万多公里，濒邻的自然海域面积约 473 万平方公里，面积在 500 平方米以上的海岛有 6500 多个，易受海平面上升带来的不利影响。[③] 90%草原退化，1/3 国土面积遭到酸雨侵蚀，水土流失严重，土地沙化加速，土地因退化而不能生长谷物等。截至 1999 年底，全国沙漠和沙化土地总面积达 174.3 万平方公里，占国土面积的 18%。[④] 这些严重威胁到人类的生存和发展。

第六，城乡面临严重的污染危机。农业因过度施用化肥、农药导致的污染现象日益严重；乡镇企业带来的资源浪费和生态环境破坏已经到了无法回避的程度；土地荒漠化严重；工业固体废物产生量急剧增加；大气污染排放总量仍处于较高水平；水生态环境仍在恶化；人民身体健康受到严重损害。城市环境形势因工业污染和生活污染依然严峻。全国年排放生活垃圾 1.4 亿吨，但处理率仅占一半。[⑤] 据《参考消息》报道，全球污染最严重的 20 个城市中有 16 个在中国。与发达国家相比，我国单位工业产值产出的固体废弃物要高出 10 倍以上，而垃圾无害化处理

---

① 中国履行《生物多样性公约》办公室．生态系统多样性［EB/OL］．http://www.biodiv.gov.cn/dyxxz/200402/t20040226_88576.htm

② 国务院新闻办公室《中国应对气候变化的政策与行动白皮书》，2008 年 10 月 29 日。

③ 国务院．中国应对气候变化国家方案．2007－6－3.

④ 韩振方．坚持科学发展之我见中国中小企业河南网［EB/OL］．2008－07－28，http://www.smehen.gov.cn/ArtPaper/Show.aspx? id=421447.

⑤ 资料来源于环境生态网，http://www.eedu.org.cn

率不足20%，我国每增加单位GDP的废水排放量要高出4倍。[①]

第七，面临国际污染转移的威胁。由于化石燃料的大量使用而导致的温室效应所引起的全球变暖、臭氧层的破坏等以及由于工业“三废”所造成的土质、水质和大气污染，其累计效应也会传染并影响到全球。近几十年来，由于世界各国排入大气中的废气越来越多，酸雨已成为一个世界性的环境污染问题。环境污染异地转移现象变得十分突出，尤其是“洋垃圾”通过合法贸易或产业转移间接出口污染到中国的污染转移事件层出不穷。1993年9月，韩国7家公司以“其他燃料油”名义，将1228吨废旧物由韩国运抵南京港。经查，船上装的全都是污水、腐蚀性液体等化工废弃物。1995年6月，从德国进口678吨货物抵运江西，名称为进口废塑料，经海关人员开箱检查，发现箱中全是食品袋、饭盒、饮料罐等生活废弃物。同年7月，上海宝山海关查获从日本进口的46吨名为回收塑料，实为废弃农用薄膜的洋垃圾。2005年3月，在荷兰鹿特丹港截获的一艘前往中国的英国货船上，54个集装箱内装满了食品垃圾、塑料废品、饮料罐、旧衣服、废电池以及废旧手提袋等生活垃圾。英国每年以合法手续出口到中国的废弃塑料和纸多达70万吨。[②] 英国的天空电视台报道，素有“欧洲垃圾箱”之称的英国，正在每年向中国倾泻大量的垃圾废物，已经对一些地方的生态环境造成了严重污染。而在2006年末加拿大政府公开调查报告，发现当地27家公司从2005年11月起至2006年年底的一整年内，拟将50万公斤有毒电子废品非法运往中国大陆及香港弃置。更令人惊奇的是，这些公司竟将两地视作“垃圾站”。[③] 2006年全国海关缉私部门立案查处走私废物案件49起，查获各类走私固体废物8002.3吨，其中工业废物7480.9吨、生活垃圾521.4吨，约30%走私废物案件经海上走私进入中国内地。[④] 尤其是以产业转移形式，将国外的“三高产业”转移到中国，实际上就是将污染间接出口到中国，这种形式的污染转移比较隐蔽，而其后果则更为严重。这些

① 崔铁宁．循环经济概论［M］．北京：中国环境科学出版社，2007：10.

② 叶小钟，苏丹霞．注洋垃圾入侵：中国不能成为洋垃圾倾销地［N］．工人日报，2007－01－22.

③ 亦菲．危害人体及环境“洋垃圾”不叮无缝的蛋［N］．中华工商时报，2007－01－16.

④ 杜海涛．海关总署2006年查获8000吨走私“洋垃圾”［N］．人民日报，2007－02－01（05）.

"洋垃圾"的到来，无疑加剧了我国生态环境危机。

第八，其他类型污染的增加。一些持久性有机污染物、重金属、辐射、电子垃圾等新的生态环境问题也在不断增多[①]。

虽然我国生态环境保护和生态建设取得不小成绩，但生态总体恶化的趋势尚未根本扭转，生态环境保护与治理的任务相当艰巨。人类对自然资源与生态环境的开发利用如果超过了生态环境承载力，就必然会制约社会经济发展。2007 年主要污染物排放量实现双下降，首次出现了"拐点"。全年全国化学需氧量排放量 1383.3 万吨，比 2006 年下降 3.14%；二氧化硫排放量 2468.1 万吨，比 2006 年下降 4.66%。但水污染形势依然严峻，长江、黄河、珠江、松花江、淮河、海河和辽河等七大水系总体水质与上年持平。珠江、长江总体水质良好，松花江为轻度污染，黄河、淮河为中度污染，辽河、海河为重度污染。其中湖泊富营养化问题尤为突出，农村面临生态环境污染和生态破坏的双重威胁，主要表现为工矿污染凸显、生活污染加剧、饮用水存在安全隐患、生态退化尚未得到有效遏制。[②] 因此，我国必须在有限的资源存量和生态环境承载力条件下，通过发展循环经济，走人口、资源、生态环境相和谐的可持续发展之路。

2.5.2 中国经济发展方式转变的客观要求

相关的独立研究指出，中国"每年的健康和环境损害达到了 GNP 的 10%左右"。[③] 中国自然资源相对匮乏、生态环境承载力弱、经济和人口总量大、持续超常规发展，传统的高投入、高消耗、高排放、低效率的粗放型经济发展方式仍未根本改变，给可持续发展带来了严峻的挑战。循环经济是人类对人与自然关系不断反思的结果，它将自然环境保护与经济发展融为一体，实现经济与自然环境的和谐发展的新型经济发展方式。

---

① 资源环境问题成为我党重点关切［EB/OL］. 新华网，2007－10－17，http://news.xinhuanet.com/newscenter/2007－10/17/content_6894248.htm

② 环境保护部发布 2007 年中国环境状况［EB/OL］. 2008－06－04，http://www.mep.gov.cn/xcjy/zwhb/200806/t20080604_123452.htm

③ 罗伯特．艾尔斯著，戴星翼，黄文芳译．转折点：增长范式的终结［M］．上海：上海译文出版社，2001：172.

1. 人类社会经济发展方式[①]的嬗变

在人类经济活动中，不同的思想认识导致形成不同的经济发展方式。根据人类与自然关系的演变过程，迄今为止，人类的经济发展方式经历了自然经济、线性经济和循环经济等发展方式（表 2.1）。

表 2.1　不同的经济发展方式比较

社会阶段	农业社会	工业社会	后工业化社会
文明阶段	农业文明	工业文明	生态文明
经济发展方式	自然经济	线性经济	循环经济
生产特点	农耕	“四高一低”[②]	清洁生产
自然—人—社会的关系	自然的附魅	自然的祛魅	自然的返魅[③]
文化特点	人与自然和谐文化	人统治自然的文化	生态文化（人与自然和谐文化）
对生态环境影响	无	严重	小或甚微
治污方式	自然净化	末端治理	源头治理

① 经济发展方式不完全等同于经济增长方式，经济发展方式除了经济增长方式之外，还包括了产业的结构、增长的质量、发展的效益和环保等方面的内容。

② 指高投入、高开采、高消耗、高排放、低效率。

③ 附魅（Enchantment），这里指人类依附于自然界而存在。“魅”从鬼，本义古灵精怪也。“后现代主义思想家”们把科学发展分成“附魅”、“祛魅”、“返魅”三阶段。远古科技不发达，人是主张“万物有灵”的，“后现代”把它叫做“附魅”阶段。祛魅（Disenchantment），这里指自然界可为人类所操控，即人类掌控整个自然界。理性主义涤荡了一切神秘，科技使人类似乎成了自然的主宰。祛魅是过去信捧的东西被流行的趋势遭到铲除和遗落，一般可以视之为否定的过程。比如：曾经的高雅文化被请下神坛，遭到彻底的“祛魅”，取而代之的是娱乐的、先锋的、寄托个人经验的大众文化横空出世。祛魅归功于卡尔·马克思及马克斯·韦伯等思想家的洞见。马克思曾经断言了资本对现代世界的祛魅，韦伯也曾预言现代文明的演进同时也是一个不断祛魅的过程。韦伯主要在社会学意义上分析了文明的祛魅过程。返魅（Re－enchantment），这里指人类回归自然之中，与自然共生共存，可以视为经过否定之否定回归接近本源之处，落于圆融成熟。这里指重建人、自然、社会的和谐关系。科学中的现代性，叫做“祛魅”；科学中的后现代性，叫做“返魅”。20 世纪后期，人们发现一向被无限赞誉的科技竟然是把“双刃剑”，它在给人类带来巨大社会财富的同时，也带来了种种困扰和不安，尤其是其掠夺性地利用自然，已经使人类受到了有史以来最严厉的惩罚。大规模生产模式（Mass Production）在其形成过程中导致了管理“祛魅”和人的“祛魅”，即是说，人——这一积极的、具有创造性的生产要素被抽去了主体性特质，沦为大机器生产的异化物，把人当作活的“机器”看待，成为这种生产模式中人力资源管理的基点。大规模定制模式（Mass Customization）从本质上要求管理“返魅”，以恢复人的主体性特质，作为人力资源管理的基点。

一是自然经济发展方式。所谓自然经济方式，就是仅仅通过自然界自身再利用和再循环原则起作用就能够使自然资源自我恢复的方式。它是一种“资源——产品——污染物”的简单低级的单向性经济发展方式（如图2.2），人类在从大自然中获取资源的同时，也直接向大自然排放废弃物。自然经济发展方式是与早期不发达的生产力相适应的，人类对大自然的开发能力是有限的，自然环境本身的自净能力足以处理人类活动产生的废弃物。因此，人类生产与生活活动对自然环境的影响显得微不足道，几乎毫无影响。

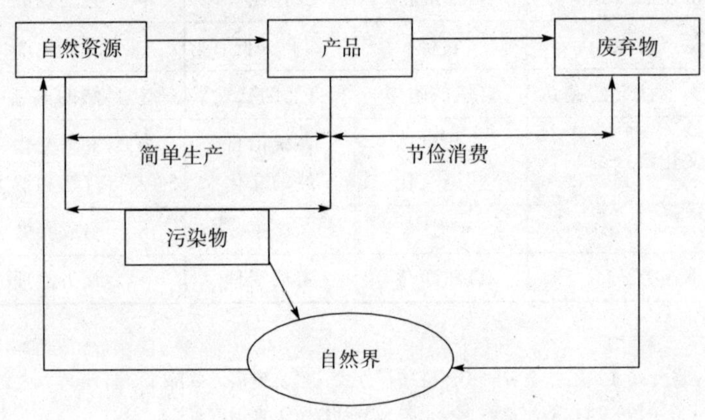

图2.2　自然经济方式的过程示意图

二是线性经济发展方式。所谓线性经济发展方式，就是物质流单向流动、“用完就扔”的传统方式，即资源→产品→废弃物排放，采用的是末端治理（图2.3）。随着生产力的发展，工业化程度的加深和人口的增长，人类排放的废弃物越来越多，使生态环境容量超过极限，生态环境的自净能力因此日渐削弱乃至丧失，导致环境污染越来越严重，资源越来越短缺，生态问题日益严峻。在经历马斯河谷烟雾事件、伦敦烟雾事件、洛杉矶光化学烟雾事件等一系列公害后，人类开始全面反省对自然的态度，认识到保护环境的重要性，并不断研究开发治理环境污染的技术和设备，这些活动为人类进行控制环境污染提供了可能性。从20世纪60年代以来，发达国家普遍采用末端治理的方法进行污染防治，投入了大量的人力和物力。其具体做法是“先污染，后治理”，即在生产链终点或者废弃物排放到自然界之前，对其进行一系列的物理、化学或生物过程的处理，以最大限度地降低污染物对自然界的危害。①

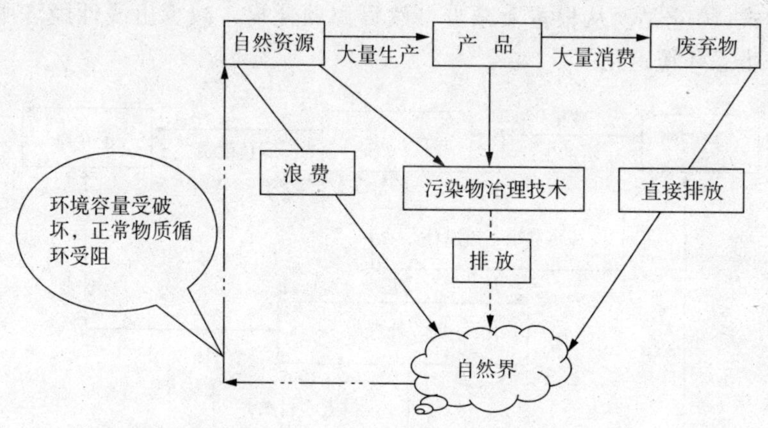

图 2.3 线性经济方式的过程示意图

这种发展方式曾经为遏制环境污染的迅速扩散发挥了一些作用，但是由于环境问题外部性的广泛存在，且治理难度大，成本高等问题，难以调动企业的积极性，难以得到有效的推广。而且它的整个物质循环过程仍然是线性的，在处理过程中仍然会出现能源和资源的不能有效利用，产生新的污染物等一系列问题。线性经济对资源的利用是粗放型和一次性的，它以资源的高消耗、低效率为代价，片面追求经济发展的高速度和高数量，无休止地开采和挖掘不可再生资源，使资源的存量迅速减少。这种只顾眼前利益不顾长远利益的粗放式线性经济发展方式，不但浪费了大量的资源，而且还危及到人类的生存环境和长远利益。于是产生了改变这种经济发展方式的现实需求。

三是循环经济发展方式。所谓循环经济发展方式是指包括整个 3R 原则，物质能量循环的封闭式循环经济（资源——产品——再生资源），强调避免废弃物优先的低排放甚至零排放方式（图 2.4）。循环经济发展方式是在长期的探索中找到的一种符合可持续发展理念的有效模式。循环经济在本质上是生态经济，它是运用生态学规律以低消耗、低排放、高效率为基本特征，通过清洁生产、市场机制、社会调控等方式，组织成为一个“资源——产品——再生资源”的物质在生产生活中反复循环

① 吴宗杰，桑金琰，周涛．从传统经济到循环经济的产业转型研究［M］．北京：人民出版社，2007：34－35.

流动的过程，旨在最终实现环境、资源与社会经济可持续发展的经济运行模式。① 它是要从根本上减少自然资源的耗竭，减少由线性经济所导致的生态环境退化。

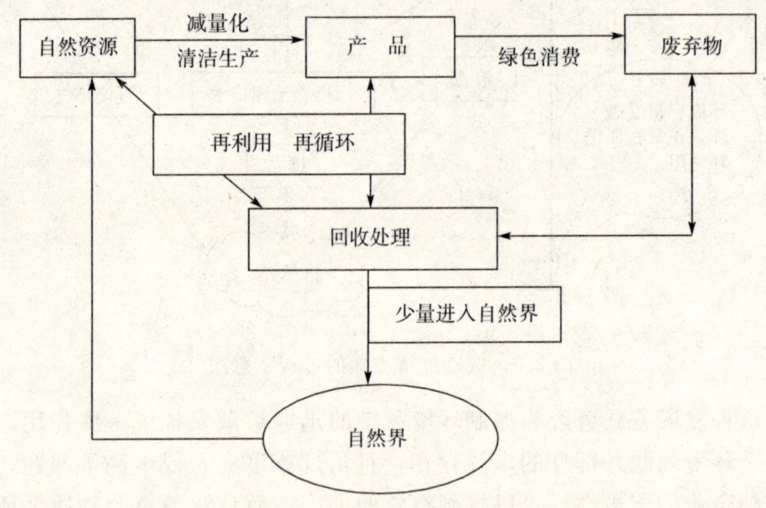

图 2.4　循环经济方式的过程示意图

2. *我国转变经济发展方式的迫切要求*

目前我国经济发展方式还是传统的线性经济发展方式，采用的仍然是末端治理模式。这种治理模式不能从根本上消除污染。因此，必须转变经济发展方式，彻底向循环经济方式转变。

推动中国经济增长的“四高一低”的传统经济发展方式消耗了大量资源，难以为继，已经走到尽头。商品生产和消费以资源耗竭的方式快速增长，极大地威胁了生态环境，出现了许多全球性生态环境问题，可持续发展已经成为了全世界共同认可的发展战略。中国既是生产大国，也是消费大国，要想保持中国的可持续发展，就必须改变传统的经济发展方式，向循环经济发展方式转变。2004 年，中国的国内生产总值约占全球的 4%，但消耗的一次性能源约占全球的 12%，淡水占 15%，氧化铝占 25%，钢材占 28%，水泥占 50%。占世界 85%的人口正陆续进入工业化阶段，全球性的人口、资源、环境矛盾日益尖锐，使中国的现代化面临严峻挑战。即使国际市场能够弥补中国资源的不足，但中国也难

① 邵方，李亚，张曼，王佳．循环经济初探［J］．职业圈，2007（18）.

以承受生态和环境破坏带来的沉重代价。尽管我国早就意识到了这个问题，但至今仍然没有寻找到有效的途径来解决。[①] 如果我国继续这种传统的经济发展方式，不仅会导致我国的国内资源很难支撑经济的高速发展，甚至有可能沦为地球的垃圾场。

3. 生态环境破坏给中国经济造成了巨大损失

如果考虑经济增长中的环境损耗，那么经济增长就要缩水。正如胡锦涛在十七大报告中所说，“经济增长的资源环境代价过大”。[②] 联合国在《2002 年人类发展报告》中指出，环境污染问题使中国的经济损失约为 GDP 的 3.5%～8%。据世界银行经济学家估计中国空气质量恶化对人的健康损失，每年约为 329 亿美元；酸雨对农作物、森林的破坏造成的经济损失，每年约为 50 亿美元；1997 年中国空气和水污染造成的经济损失，则高达 540 亿美元。[③] 《全国环境统计公报》统计数据显示，2006 年全国共发生环境污染与破坏事故 842 起，造成的直接经济损失达 13471.1 万元，而主要污染物的排放量仍呈逐年攀升趋势。

循环经济使传统的高消耗、高污染、高投入、低效率的粗放型经济发展方式转变为低消耗、低排放、高效率的集约型经济发展方式，从根本上变革了传统的经济发展方式，实现了从量的扩张到质的提高的转变方式，这也是人类社会发展步入可持续发展轨道的必然选择。要继续保持快速增长，必须在有限的资源存量和环境承载力的条件下，通过循环经济建设，大力推行清洁生产，大幅度提高资源综合利用效率，从根本上转变传统的经济发展方式，将经济活动对自然资源的需求和对生态环境的影响降低到最低程度，以最少的资源消耗、最小的环境代价实现经济的持续增长，实现从量的扩张到质的提高的转变，从而促进经济社会与生态环境的和谐发展。

2.5.3　科学发展观的现实选择

在人类社会经济活动过程中，人类对生态资源的需求是无限增长

---

① 刘志迎，孟令杰．基于效率理论的新一轮经济增长路径选择［J］．经济学动态，2006（1）．

② 胡锦涛．中共十七大报告．

③ 中国科学院可持续发展战略研究组．中国现代化进程战略构想［M］．北京：北京科学出版社，2002：74－75．

的，而生态环境对生态资源的供给却是有限甚至是递减的，这对供求之间的矛盾贯穿人类社会发展历史的全过程，集中表现的严重后果就是产生了自然资源与生态环境的双重危机。发展循环经济，化解资源短缺与环境恶化两大危机已成为人类共识，科学发展成为必然选择。

2003年10月召开的中国共产党十六届三中全会提出了科学发展观，并把它的基本内涵概括为“坚持以人为本，树立全面、协调、可持续的发展观，促进经济社会和人的全面发展”，坚持“统筹城乡发展、统筹区域发展、统筹经济社会发展、统筹人与自然和谐发展、统筹国内发展和对外开放的要求”。党的十七大报告提出进一步发展循环经济，使“循环经济形成较大规模”。

发展循环经济是科学发展观在经济发展方式上的必然选择。科学发展观的第一个核心是“协调”、“持续”的发展，而循环经济通过开展清洁生产，追求资源高效、循环利用，达到较低排放，实现物质资源的最佳利用，并在经济发展的同时保持生态环境的不退化，进一步改善生态环境，实现高效、协调和持续的发展。科学发展观的第二个核心是统筹协调人与人之间的各种社会关系，通过政策、法律、管理、文化导向等手段实现社会经济系统内部协调、平衡和与外部生态系统协调发展。而循环经济就是关于一个经济社会如何科学发展的问题，它以大系统的视角，多维角度统筹地考虑经济增长、社会发展、环境保护与生态良性循环的问题。循环经济以协调人与自然的关系，实现可持续发展为目标，不断协调、统筹经济社会内部的各主体、各区域、各领域的关系，建立一种符合科学发展观要求的新型经济发展方式。①

循环经济发展方式是我国实现经济可持续发展战略的必经之路。目前经济增长付出的资源和环境代价依然过大。未来15年，我国仍将处于工业化和城镇化高速发展阶段，面临的资源和环境形势更加严峻。科学发展观要求变革现行的经济发展方式，走新型工业化道路，实现经济社会可持续发展。为抓住重要战略机遇期，实现全面建设小康社会目标，必须大力发展循环经济，按照“减量化、再利用、资源化”原则，采取各种有效措施，以尽可能少的资源消耗和尽可能小的环境代价，取得最大的经济产出和最少的废物排放，加快建设资源节约型和环境友好

① 崔铁宁．循环经济概论［M］．北京：中国环境科学出版社，2007：83.

型社会，实现经济、环境和社会效益的统一。发展循环经济是党中央、国务院为贯彻落实科学发展观、实现经济发展方式根本性转变而提出的一项重大战略任务。

2.5.4　生态文明建设的必由之路

三百年的工业文明是以人类征服自然为主要特征的历史。生态文明是人类社会的重要文明形态，[①] 是对工业文明进行反思的基础上逐步形成和发展起来的。十七大政治报告适时提出了建设生态文明的主张，并上升为全面建设小康社会的新目标。这不仅仅对中国自身发展有深远影响，也是中华民族面对日益严峻的全球生态环境问题作出的庄严承诺。

工业文明带来了人类社会的巨大进步，也带来了前所未有的社会危机和严峻的生态危机。18 世纪工业革命所催生的传统工业发展模式和非对称性的科技进步，导致了人与自然的激烈对抗，人口膨胀、资源枯竭、环境破坏与污染、物种灭绝、气候变化等等问题，使人类陷入“经济——环境”怪圈。我国由于近年来全面承袭西方传统工业发展模式，因而也陷入这种怪圈之中，生态危机频发。进入 21 世纪，能源资源匮乏、生态环境恶化已经成为制约社会发展的全球性问题，严重地威胁着人类的生存，阻碍着人类社会的进步，生态文明建设则给陷入困境中的人类带来了新的曙光。

所谓生态文明，是指“人类遵循人、自然、社会和谐发展这一客观规律而取得的物质与精神成果的总和；是指以人与自然、人与人、人与社会和谐共生、良性循环、全面发展、持续繁荣为基本宗旨的文化伦理形态”。[②] 它是以人与自然协调发展为主旨，以经济、社会、自然环境的可持续发展为依据，以未来人类的继续发展为着眼点，强调人的自觉与自律，强调人与自然环境的友好关系的新型文明形态。因此，生态文明是人类社会享受一切文明的基础和前提。

生态文明的核心是人与自然协调发展。从狭义角度来看，生态文明是与物质文明、政治文明和精神文明相并列的现实文明形式之一，着重强调人类在处理与自然关系时所达到的文明程度。从广义角度来看，生

---

① 朱智文. 生态文明三题 [J]. 甘肃社会科学，2008 (1).

② 潘岳. 论社会主义生态文明 [J]. 绿叶，2006 (10).

态文明是人类社会继原始文明、农业文明、工业文明后的新型文明形态。它以人与自然协调发展作为行为准则，建立健康有序的生态机制，实现经济、社会、自然环境的可持续发展。这种文明形态表现在物质、精神、政治等各个领域，体现了人类取得的物质、精神、制度成果的总和。这就需要走一条既能节约资源，又能使人与环境友好相处的循环经济发展之路。

科学发展观把握了人与自然之间关系的平衡，寻求人与自然的和谐发展。同时，努力实现人与人之间关系（包括代际之间关系）的调适与公正，从而实现人口、资源、生态环境与经济的协调发展。而生态文明是在反思工业文明的基础上，以科学发展观为指导，及时协调解决人类社会发展中的生态因子矛盾和社会因子矛盾，实现人与自然的和谐发展。生态文明是人类社会对传统文明形态特别是对工业文明进行深刻反思的成果，是人类文明形态和文明发展理念、模式的重大进步。而发展循环经济就成了建设生态文明的不二选择。实践生态文明，就要用循环经济理念指导经济社会的可持续发展，坚持绿色增长，逐步走出片面追求 GDP 高速增长的误区，迈向一条全面、协调和可持续发展之路。

2.5.5 “世界历史”理论的实践观照

马克思的世界历史理论是马克思在《1844 年经济学哲学手稿》中首次提出，并分别在《德意志意识形态》和《共产党宣言》两书中较为系统地展开和论述的。马克思从历史向世界历史的转变这个命题入手，阐明了人类社会的发展规律和共产主义的实现途径，创立了世界历史背景下社会发展的跨越性理论，预测了经济全球化和世界一体化的发展趋势，为落后国家在世界历史背景下探寻符合自身特点的发展道路、制定和实施正确的战略方针更好地发展自己提供了方法论指导和思想启迪。

马克思的世界历史理论为我们发挥后发优势提供了强大的理论基础，对发展中国家实现赶超型发展具有特别的意义。马克思世界历史理论从客观历史整体的高度深入考察并论证了人类社会在生产力推动下由分散向整体的发展趋势，指出这种趋势就是从民族性和地方性的历史向普遍性和世界性的历史的发展和转变，世界历史的未来就是共产主义，人类本身则同时从地域性的封闭条件下的个人向世界历史性的自由发展的个人转变。因此，中国应当以积极的心态发展循环经济，站在巨人的肩膀上，吸收人类历史上一切优秀文化成果，抓住机遇，趋利避害，推进中国循环经济的大发展，实现跨越式发展。

2.6　中国循环经济发展状况

2.6.1　中国循环经济发展历程

纵观人类发展历史，不难发现这样一个规律：当人类以改造和征服自然为目标，与自然处于破坏、对抗关系的时候，自然总会以特殊的方式惩罚人类；当人类与自然和谐共处的时候，自然就会为人类提供良好的生态环境，为人类生存与发展提供生态基础。中国越来越意识到顺应自然发展的重要性，因此，对可持续发展进行了不懈的探索，并相继作出了一系列决策。

党和国家领导人在各种会议、文件和报告中多次强调：节约资源、保护生态环境，促进社会经济与资源环境的协调发展的重要性。1992 年，时任国务院总理的李鹏亲自出席了里约热内卢举行的“联合国环境与发展大会”，代表中国政府签署了公约，作出了将认真履行国际义务的庄严承诺。在此后短短的两年多时间内，国务院就于 1994 年 3 月 25 日批准了我国第一个国家级可持续发展战略——《中国 21 世纪人口、环境与发展白皮书》，并审议通过了以“可持续发展”为中心议题的《中国二十一世纪议程》，成为世界上首个制定和实施二十一世纪议程的国家。《中国 21 世纪议程》内容涵盖了中国人口、经济、社会、资源、环境保护等相结合的“可持续发展”战略、政策和行动框架，阐述了中国可持续发展的背景、必要性、战略思想与指导原则，提出到 2000 年各主要产业的发展目标、社会目标和法规政策体系；保障社会团体与公众参与可持续发展的经济、技术和税收政策；建立发展基金，争取国外资金支持；强调教育与能力建设，注意人力资源开发和科技的作用，提高全民的可持续发展意识等。

1996 年 3 月，全国人大八届四次会议进一步将“可持续发展”正式确定为中国经济和社会发展的两大基本战略之一。1999 年 3 月后陆续出台《中国 21 世纪议程——农业行动计划》、《中国 21 世纪议程林业行动计划》、《中国生物多样性保护行动计划》、《中国海洋 21 世纪议程》，把它作为国家实现可持续发展战略的一项重要措施来抓。1997 年，上海市作为全国实施《中国 21 世纪议程》的首批 6 个试点城市之一，着手编制《中国 21 世纪议程——上海行动计划》。2003 年中国政府又制定了《中国 21 世纪初可持续发展行动纲要》。

党的十五大报告明确指出："我国是人口众多、资源相对不足的国家，在现代化建设中必须实施可持续发展战略。坚持计划生育和保护环境的基本国策，正确处理经济发展同人口、资源、环境的关系。资源开发和节约并举，把节约放在首位，提高资源利用效率。"

江泽民同志在庆祝中国共产党成立 80 周年大会上的讲话中进一步强调指出，坚持实施可持续发展战略，正确处理经济发展同人口、资源、环境的关系，改善生态环境和美化生活环境，改善公共设施和社会福利设施。努力开创生产发展、生活富裕和生态良好的文明发展道路。江泽民同志 2002 年 10 月 16 日在全球环境基金第二届成员大会开幕式上的讲话中指出："合理利用资源、保护环境，是实现可持续发展的必然要求。只有走以最有效利用资源和保护环境为基础的循环经济之路，可持续发展才能得以实现。"朱镕基同志在 2002 年 11 月 25 日会见第三届中国环境与发展国际合作委员会第一次会议的中外委员时指出："增强国家的可持续发展能力将是中国全面建设小康社会进程中的一项重要任务。中国政府高度重视实施可持续发展战略，将环境保护作为强国富民安天下的大事来抓，并把发展循环经济放在突出位置，使环境保护与经济建设相互促进。"在 2002 年可持续发展世界首脑会议之前，我国公布了《中国可持续发展国家报告》。

党的十六大依据"科教兴国"和"可持续发展"两大战略，明确提出我们只能走一条依靠科技、资源节约、生态环境友好、人与自然协调的可持续发展之路，这就是要以循环经济为载体，着力推进科技含量高、经济效益好、资源充分利用、环境污染少、人力资源优势充分发挥的新型工业化道路。

2003 年 7 月，为积极响应约翰内斯堡世界首脑会议的有关倡议，中国政府又制定了《中国 21 世纪初可持续发展行动纲要》，提出我国将在经济发展、社会发展、资源保护、生态保护、环境保护、能力建设等六个领域推进可持续发展。

2004 年"中国循环经济发展论坛"通过了《上海宣言》，将循环经济试点与示范范围扩展到生产消费各个领域。

党的十六届三中全会针对当前我国所面临的严峻的资源环境态势，在全面总结我国与世界其他国家和地区人与自然发展的经验、教训的基础上，明确提出了“坚持以人为本，树立全面、协调、可持续的发展观，促进经济社会和人的全面发展”的科学发展观。胡锦涛总书记指出：“要加快转变经济增长方式，将循环经济的发展理念贯穿到区域经济发展、城乡建设和产品生产中，使资源得到最有效的利用。”强调“按照统筹城乡发展、统筹区域发展、统筹经济社会发展、统筹人与自然和谐发展、统筹国内发展和对外开放的要求”，推进改革和发展，全面促进人与自然和谐发展。

2005年6月，温家宝总理主持召开国务院常务会议，专题研究了建设节约型社会和发展循环经济问题，并印发《国务院关于做好建设节约型社会近期重点工作的通知》（国发［2005］21号）、《国务院关于加快发展循环经济的若干意见》（国发［2005］22号）等一系列文件。《国务院关于加快发展循环经济的若干意见》明确要求，国家发展改革委会同国家环保总局等有关部门和省级人民政府，在重点行业、重点领域、园区和城市组织开展循环经济试点工作，探索发展循环经济的有效模式。

党的十六届四中、五中全会决议中明确提出要大力发展循环经济，把发展循环经济作为调整经济结构和布局，实现经济发展方式转变的重大举措。2005年十六届五中全会通过的《中共中央关于制定国民经济和社会发展第十一个五年规划的建议》明确提出大力发展循环经济，必须加快转变经济发展方式，要把节约资源作为基本国策，发展循环经济，保护生态环境，加快建设资源节约型、环境友好型社会，促进经济发展与人口、资源、环境相协调。“十一五”规划也把大力发展循环经济，建设资源节约型和环境友好型社会列为基本方略。全国上下掀起了贯彻落实科学发展观，发展循环经济，构建资源节约和环境友好型社会的热潮。循环经济试点工作是落实十六届五中全会精神和国务院文件要求的一项重要措施。

2006年在“十一五”规划纲要定稿中进一步提出要逐步建立全社会的资源循环利用体系。循环经济理念成为我国经济和社会发展的重要思想之一。

自1997年以来，中央每年都组织召开人口资源环境工作座谈会，对可持续发展的一系列重大问题进行研究和部署。2004年中共中央总书记、国家主席胡锦涛强调，要始终把控制人口、节约资源、保护环境放在重要战略位置，牢固树立和认真落实科学发展观，坚持以人为本，全面、协调、可持续的发展观；可持续发展，就是要促进人与自然的和谐，实现经济发展和人口、资源、环境相协调，坚持走生产发展、生活富裕、生态良好的文明发展道路，保证一代接一代地永续发展。

胡锦涛总书记 2007 年 6 月 25 日在中央党校省部级干部进修班发表的重要讲话中强调，实现国民经济又好又快发展，关键要在转变经济发展方式、完善社会主义市场经济体制方面取得重大新进展。

2007 年十七大提出建设生态文明，对发展循环经济提出了新的更高的要求，要求循环经济“要形成较大规模”。2007 年中央经济工作会议再次强调转变经济发展方式，实现科学发展。

2007 年年初，中国国家气候变化专家委员会成立。同时，保定市政府已经提出了太阳能之城的概念，计划在整座城市中大规模应用以太阳能为主的可再生能源，以降低碳排放量。2007 年 6 月，中国政府成立了由温家宝总理担任组长的国家应对气候变化领导小组。作为履行《气候公约》的一项重要义务，2007 年 6 月 4 日，中国正式颁布《中国应对气候变化国家方案》，是发展中国家在这一领域的第一部国家方案。《国家方案》明确了到 2010 年中国应对气候变化的具体目标、基本原则、重点领域及其政策措施，努力建设资源节约型、环境友好型社会，提高减缓与适应气候变化的能力，为保护全球气候继续做出贡献。2008 年 6 月 30 日中国正式启动省级应对气候变化方案项目，以推动《中国应对气候变化国家方案》的贯彻落实，通过帮助地方各省市制定省级应对气候变化方案或大纲，健全地方应对气候变化的相关组织机构，提高省级政府应对气候变化的能力。2007 年 7 月，温家宝总理在两天时间里先后主持召开国家应对气候变化及节能减排工作领导小组第一次会议和国务院会议，研究部署应对气候变化工作，组织落实节能减排工作。2007 年 9 月，国家科学技术部部长万钢在 2007 中国科协年会上呼吁大力发展低碳经济。2007 年 12 月 26 日，国务院新闻办发表《中国的能源状况与政策》白皮书，着重提出能源多元化发展，并将可再生能源发展正式列为国家能源发展战略的重要组成部分，不再提以煤炭为主。

2008年1月28日，世界自然基金会（World Wide Fund For Nature, WWF）[①] 正式启动"中国低碳城市发展项目"，以期推动城市发展模式的转型，保定和上海是首批入选的2个试点城市。

2008年6月27日，胡锦涛总书记在中央政治局集体学习上强调，必须以对中华民族和全人类长远发展高度负责的精神，充分认识应对气候变化的重要性和紧迫性，坚定不移地走可持续发展道路，采取更加有力的政策措施，全面加强应对气候变化能力建设，为我国和全球可持续发展事业进行不懈的努力。2008年10月29日国务院新闻办公室发表《中国应对气候变化的政策与行动》白皮书，全面介绍了气候变化对中国的影响、中国减缓和适应气候变化的政策与行动，以及中国对此进行的体制机制建设。到2008年7月20日，中国在联合国已经成功注册的清洁发展机制合作项目达到244个，这些项目预期的年减排量为1.13亿吨 CO_2 当量。煤炭在中国一次能源消费中的比重由1980年的72.2%下降到2007年的69.4%，水电、风电和核电的比重由4%提高到7.2%。经过全社会共同努力，2006年和2007年中国单位GDP能耗分别下降1.79%和3.66%，累计节能1.47亿吨标准煤。截至2007年年底，中国累计初步治理水土面积约100万平方公里，有效保护水土资源，改善了生态环境。[②]

2010年7月19日，国家发展和改革委员会宣布实施低碳经济试点工作。

与此同时，中国与国际社会一道，共同应对气候变化带来的挑战，力图实现低碳发展。中国积极参与国际社会应对气候变化进程，认真履行《联合国气候变化框架公约》和《京都议定书》，在国际合作中发挥着积极的建设性作用。中国作为一个负责任的发展中国家，对气候变化问题给予了高度重视，成立了国家气候变化对策协调机构，并根据国家可持续发展战略的要求，采取了一系列与应对气候变化相关的政策和措

---

① 世界自然基金会是在全球享有盛誉的、最大的独立性非政府环境保护组织之一，总部设于瑞士。自1961年9月11日成立以来，一直致力于环保事业，使命是遏止地球自然环境的恶化，创造人类与自然和谐相处的美好未来。其基本目标是保护地球的生物资源，是"地球一小时"的发起组织。世界自然基金会在中国的工作始于1980年的大熊猫及其栖息地的保护，是第一个受中国政府邀请来华开展保护工作的国际非政府组织。1996年，世界自然基金会正式成立北京办事处。

② 国务院新闻办公室：《中国应对气候变化的政策与行动》，2008年10月29日。

施，为减缓和适应气候变化做出了积极的贡献。中国已加入联合国《气候变化框架公约》和修正后的《关于消耗臭氧层物质的蒙特利尔议定书》，并已在制定履行这些国际公约和议定书的国家行动方案。中国已颁布了《中华人民共和国大气污染防治法》。

2007 年 9 月 8 日，中国国家主席胡锦涛在亚太经合组织（APEC）第 15 次领导人会议上，本着对人类、对未来的高度负责态度，明确主张“发展低碳经济”。2009 年 9 月 22 日，在联合国气候变化峰会国家主席胡锦涛发表题为《携手应对气候变化挑战》重要讲话，倡导四点主张即履行各自责任是核心；实现互利共赢是目标；促进共同发展是基础；确保资金技术是关键。胡锦涛还提出四项措施即加强节能、提高能效工作；提高新能源消费比重；大力增加森林碳汇量；大力发展绿色经济。

2009 年 11 月 26 日，中国宣布 2020 年将把单位 GDP 二氧化碳排放比 2005 年削减 40%至 45%，作为约束性指标纳入国民经济和社会发展中长期规划，并制定相应的国内统计、监测、考核办法，到 2020 年我国非化石能源占一次能源消费的比重达到 15%左右。中国在哥本哈根大会召开前宣布减排行动目标不附加任何条件，也不与任何国家的目标挂钩。

2009 年 11 月 27 日至 28 日，中国、印度、巴西和南非“基础四国”与 77 国集团主席国苏丹代表在北京举行磋商，中国、印度、南非和巴西联合起来为应对哥本哈根气候峰会组成统一战线，达成一致协议，呼吁发达国家承担具有法律约束力的减排义务，而发展中国家将负责采取与国家实力相适应的减排行动。

2009 年 11 月 30 日，第十二次中欧领导人在南京会晤，就应对气候变化达成广泛共识，认为气候变化是当今国际社会面临的最重大挑战之一，需立即采取合作行动加以应对，将进一步加强该领域的务实合作。双方强调，发达国家承担具有雄心的、透明的温室气体减排指标，发展中国家在发达国家资金、技术和能力建设支持下采取适当国内减缓行动，以促进向低碳经济转型。同意通过加强协调与合作进一步落实《中欧气候变化联合宣言》，并同意提升气候变化伙伴关系。2009 年 12 月 16 日至 18 日，国务院总理温家宝出席哥本哈根气候变化会议，为大会最终以《联合国气候变化框架公约》及其《京都议定书》缔约方大会决定的形式通过《哥本哈根协议》做出了贡献。

在上述政策的影响下，循环经济建设在全国铺开，各地相继制定循环经济发展规划及相关配套政策，以推动循环经济发展。

2.6.2 中国循环经济发展概况

中国循环经济的实施起步于生态工业示范园区的建设，是世界上循环经济实践走在前列的几个国家之一，但发展循环经济是一项长期艰巨的任务。尽管我国在推动资源节约、资源综合利用、推行清洁生产，以及探索、总结循环经济发展方式方面取得了一定进展，但循环经济发展在全国还处于起步阶段。

1. 开展清洁生产

清洁生产包含了两个全过程控制：生产全过程和产品整个生命周期全过程。近十年来，我国首先在企业层面大力推广清洁生产。1994 年提出了“中国 21 世纪议程”，将清洁生产列为“重点项目”之一；1993 年原国家环保局和国家经贸委联合召开的第二次全国工业污染防治工作会议，明确提出了工业污染防治必须从单纯的末端治理向对生产全过程控制转变，实行清洁生产的要求；1996 年国务院《关于环境保护若干问题的决定》再次明确新建、改建、扩建项目，技术起点要高，尽量采用能耗物耗小、污染物排放量少的清洁生产工艺；2002 年 6 月我国政府出台了《清洁生产促进法》。几年来，全国推行清洁生产工作在企业试点示范、宣传教育培训、机构建设、国际合作，以及政策研究制定等方面都取得了较大进展，不少企业的清洁生产已初见成效。如安徽阜阳化工总厂在第一年实施了许多无费低费清洁生产方案后，厂方认识到产品的产量提高了 3%，节省了 150 万元人民币。江苏沙钢集团变“三废”为“三宝”，95%以上的工业“三废”实现循环利用，大大减少了生产过程中的污染排放。这个全国销售额第二、年产钢铁近 360 万吨的企业，1/3以上的经济效益来自循环经济。

2. 确定循环经济发展的总体目标

国家十分重视循环经济的发展，在近十年企业层面清洁生产大力推广的基础上，依据中国具体国情，由国家发改委宏观经济研究院撰写了《我国循环经济发展战略研究报告》，提出了发展循环经济的总体战略目标，并分 3 个阶段实施。如图 2.5 所示。

截止到 2009 年底，我国发展循环经济的总体战略目标的近期阶段就已告一段落。就目前循环经济的发展情况来看，虽然相关的循环经济法律法规还有待加强完善，但已初步形成了适应我国当前国情和循环经济发展的法律法规体系。并且，相关的政策支持体系、技术创新体系和有效地激励约束机制也在不断地建设完善中。在总体战略目标的指导下，按照当前循环经济的进展状况，到 2050 年，中国的循环型社会能够初步建成。

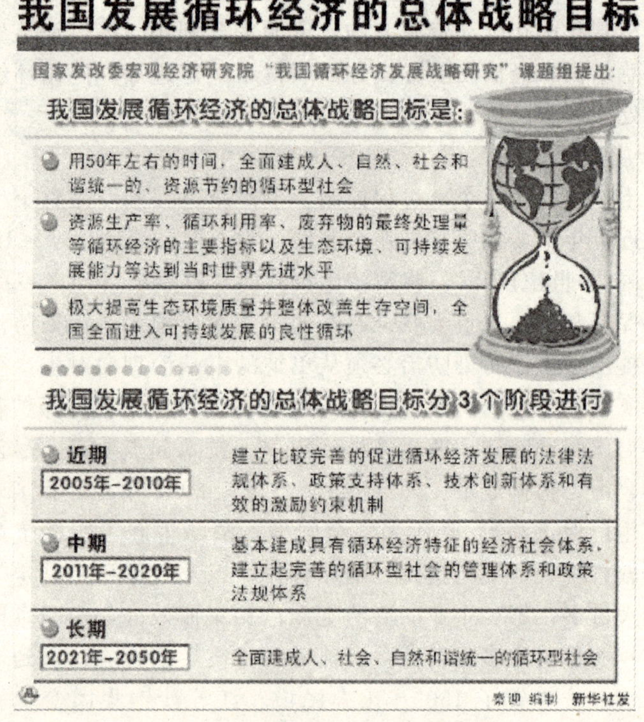

图 2.5 中国发展循环经济的总体战略目标①

3. 全国各地区积极探索适宜本地区发展的循环经济道路

在积极响应国家发展循环经济的总体目标框架下，各地都在积极探索适合本地区经济、社会和环境协调发展的道路和模式，例如，各地开展的生态省建设，就是要摒弃以牺牲环境为代价的不可持续的经济发展方式，改变先污染后治理、先破坏后恢复的被动局面，主动探索适合我

① 新华网，2005－11－02，http：//news. xinhuanet. com/fortune/2005－11/02/content_3716115. htm

国国情、适合经济社会与环境协调发展的道路。2005年以来，各地纷纷制定循环经济发展规划，并以循环经济理念来指导制定国民经济和社会发展规划。如深圳市宝安区于2006年08月17日通过《深圳市宝安区生态城市建设发展战略规划》，提出15年建成循环经济示范区。根据《规划》，宝安区生态城市建设共分三个阶段：2006～2010年，做好循环经济发展的开端和启动，创建一批清洁生产样本企业、生态产业园区和区域副产品循环网络，提高资源利用率；建设清洁中心和资源再生产业基地，培育新的经济增长点；加大循环经济的宣传力度。2011～2015年，确立新型的经济发展方式，通过推广生态农业模式、传统工业生态化改造和发展现代绿色服务业，建立较为完善的循环经济发展机制和框架，通过企业清洁生产、绿色供应链、生态产业网络等的构建，形成点、线、面的循环经济发展总体格局。2016～2020年，将生产、生活和流通领域的循环经济耦合，发展废旧资源的回收利用，形成完善的循环经济发展方式，使宝安区步入生产发展、生活富裕、生态良好的可持续发展道路。[①] 2005年4月22日江苏通过《江苏省循环经济发展规划》，2006年6月23日，山西公布《山西省循环经济发展规划》（2006～2010），2006年12月25日，安徽省“十一五”循环经济发展规划通过评审。黑龙江、江西、广东、辽宁、吉林等省也纷纷出台循环经济发展规划，各地通过规划强化发展循环经济，以实现国家调整和优化经济结构，转变经济发展方式的战略部署。2009年9月底，国家发改委正式批复了《山西省循环经济发展总体规划》，成为国家发改委批复的第一个省级循环经济发展总体规划。到2010年3月，国家发改委已经批复的循环经济试点省市，省市一级的循环经济规划有13个[②]。2009年12月24日，国务院正式批复了《甘肃省循环经济总体规划》（2009～2015），成为我国由中央政府批准的第一个区域性的循环经济发展规划，实现了我国循环经济从理念到实践的重大突破。2010年3月15日，国务院批准了《青海省柴达木循环经济试验区总体规划》，成为国务院批复的第二个区域循环经济总体规划。

---

① 江强，黄漱聪，曾志江．生态城市规划通过评审 15年建成循环经济示范区 [EB/OL]. 2006—08—17，http：//www. sina. com. cn.

② 中国新闻网，2010—03—19，http：//www. chinanews. com. cn/cj/cj—gncj/news/2010/03—19/2180232. shtml.

4. 循环经济示范试点取得进展

1999年以来，国家环保总局将发展循环经济、建设生态工业园区作为提高区域环境质量、促进区域可持续发展、实现区域经济和环境“双赢”的一个重要举措，积极试点。尤其是2005年10月开展第一批国家循环经济试点单位以来，中央预算内专项资金、各省节能资金、政策性银行贷款等为循环经济建设提供资金支持，循环经济在企业、行业、区域三个层面展开。目前通过环保总局组织开展的全国循环经济试点省市已发展到8个，国家生态工业示范区发展到19个，其中行业类园区9个，综合类园区9个，静脉产业类园区1个。[①] 全国各地出现了一批从不同范围、不同层次实践循环经济理念的先进典型。

第一批循环经济试点工作，取得了阶段性成果。组织开展循环经济试点，为全面推进循环经济发展、实现经济发展方式转变提供了实践经验。初步形成了一批典型企业，再生资源循环利用体系逐步完善，产业园区循环经济发展方式初步形成，全社会资源循环利用体系有了雏形。循环经济试点工作为节能减排也作出了积极贡献。北京、上海、重庆、山东、辽宁、江苏六个试点省市，2006年能源强度降低了4.25%，化学需氧量排放量下降2.08%；7个重点行业中42家试点企业，2006年万元工业增加值能耗降低12.1%，化学需氧量和二氧化硫排放量分别下降24.6%和8.1%。[②]

同时，在节能减排方面也取得了积极的成效。到2007年11月底，我国工业固体废物综合利用率已达56%，钢铁工业年废钢利用量相当于粗钢产量的20%，废旧有色金属年回收利用量相当于年产量的25%左右。2008上半年，万元GDP能耗下降2.78%。特别是2007年1～9月，中国的化学需氧量和二氧化硫排放量还首次出现了双下降。

我国已有1200多家企业生产的20000多种规格产品获得中国环境标志认证，年产值约700亿元。中国环境标志已与澳大利亚、韩国、日本、新西兰等国的环境标志机构签订了互认合作协议，现在正积极与欧盟的“欧盟之花”标志，北欧的“白天鹅”标志，德国的“蓝色天使”

---

① 新浪网，2006—08—17，http：//www. sina. com. cn.

② 国家发改委，2007 — 11 — 30，http：//www. ndrc. gov. cn/xwfb/t20071130 _ 176084. htm

标志建立互认与合作关系。①

2007 年 12 月开始第二批循环经济试点工作，国家第二批循环经济试点工作仍从重点企业、资源综合利用领域、产业园区和省市四个方面开展。深圳、石河子等城市榜上有名。至此，国家循环经济试点单位（第一、二批，见附录 1、附录 2）已达 178 家。

各省也积极开展循环经济试点工作。如江苏省作为省级循环经济试点，在全省确定了 108 家循环经济建设试点单位，涉及工业、农业、服务业等不同产业，通过发展循环经济，江苏省资源能源利用效率有所提高。② 内蒙古自治区决定重点建设蒙西重化工、包钢、包铝、乌兰水泥、托克托、科尔沁六大循环经济示范区，在更高层次上发展优势特色产业。根据规划，蒙西重化工循环区主要发展煤化工和氯碱化工产业链，包钢循环区发展钢铁和稀土产业链，包铝循环区发展电力和铝业产业链，乌兰水泥循环区发展热电联产产业链，托克托循环区发展生物制药和冶金产业链，科尔沁循环区发展玉米深加工和电、铝加工产业链。六大循环经济示范区主要目标是，到 2010 年万元国内生产总值能耗降至 2.6 吨标准煤以下，水重复利用率达到 85%以上，工业固体废弃物利用率达到 90%以上。③ 济钢是全国第一批循环经济试点单位，在国家“十一五”规划中被列为重点行业发展循环经济示范试点工程首家企业。济钢着力自主创新，加快结构调整，大力发展循环经济，2005 年济钢钢产量突破 1000 万吨，位列全国第七；实现销售收入 386 亿元、利税 31.6 亿元、利润 19 亿元，并在 1300 多家公司的评选中荣获了“最佳投资回报奖”。④ 深圳市发改局、贸工局、环保局组织推行重点行业实施清洁生产工作计划，选择能源、印染、电子、化工、电镀等 5 个行业的 15 家企业进行清洁生产示范工作，同时启动全市产业集聚基地上下游企业的清洁生产示范，开展传统产业集聚基地生态化评估。⑤ 20 世纪 80 年代

---

① 新浪网，2006－08－17，http：//www. sina. com. cn.

② 新浪网，2006－08－17，http：//www. sina. com. cn.

③ 内蒙古：打造六大循环经济示范区［EB/OL］. 新浪网，2006－08－17，http：//www. sina. net

④ 刘莎莎 . G 济钢大力发展循环经济［EB/OL］. 新浪网，2006－08－17，http：//www. sina. com. cn

⑤ 深圳：循环经济理念深入民心 建设初步取得成果［EB/OL］. 2006－08－08，http：//www. sina. net

初，农业部开展了一系列生态农业建设的试点示范，到目前为止，生态农业建设已从生态农业村、乡发展到生态农业县，形成多种不同类型的生态农业模式，全国生态农业试点已达到 2000 多个，面积超过 67 万 KM^2，遍布全国 30 个省、市、自治区，取得了显著的生态、经济、社会效益。

5. 制定循环经济相关法规

有关循环经济方面的法律法规目前主要散落在相关法律之中。如我国《宪法》规定："国家保护和改善生活环境和生态环境，防治污染和其他公害"。1997 年《刑法》增加了破坏环境和资源保护罪、环境监管渎职罪。国家制定和修改了《环境保护法》、《水污染防治法》、《大气污染防治法》、《噪声污染防治法》、《固体废物防治法》、《海洋环境保护法》、《环境影响评价法》、《清洁生产促进法》等 8 部环境保护法律以及《森林法》等 12 部资源法律。此外，还制定了《建设项目环境保护管理条例》、《排污费征收使用管理条例》、《自然保护区管理条例》等 30 多部国家行政环境法规，以及 90 多部部门规章。国家环保局制定了 400 多项环境保护标准，如《综合类生态工业园区标准（试行）》《行业类生态工业园区标准（试行）》《静脉产业类生态工业园区标准（试行）》，环保总局制定的环保总局将结合生态工业园区管理规定的修订和评价标准的发布，启动对试点和示范区的评估工作，加强生态工业园区动态监督管理。[①] 各省、市、区颁布了 900 多件地方性环境法规。初步建立了适应我国国情和经济可持续发展的环境政策体系框架，为我国环境污染治理和资源合理利用及经济可持续发展提供了基本保证。

贵阳市制定了我国第一部地方发展循环经济条例，依托当地磷、煤等资源，并考虑区域环境容量，以循环经济理念对现有工业区进行了整合和生态化改造。随后深圳等地也制定了地方发展循环经济的法规，但还没有全国统一的循环经济法。

6. 出台相关政策，推进节能减排力度

近年来，国家陆续出台一系列推动循环经济发展的政策，如产业政策、财税政策、价格政策、市场准入条件和产品能效标准等。同时，加强了节能减排工作力度．国务院总理温家宝在 2006 年的政府工作报告

① 新浪网，2006－08－17，http：//www. sina. com. cn

中郑重指出："'十一五'规划提出了节能降耗和污染减排目标，并作为约束性指标。这对于推动经济增长方式转变、加强节能环保工作具有十分重要的意义。……'十一五'规划提出这两个约束性指标是一件十分严肃的事情，不能改变，必须坚定不移地去实现。"2007 年，一系列促进节能减排力度的政策紧锣密鼓地出台。2007 年 4 月 25 日，国务院召开常务会议，决定成立国务院节能减排工作领导小组，由温家宝总理任组长。2007 年 4 月 27 日，国务院召开全国节能减排工作电视电话会议，全面部署节能减排工作。此后，国务院印发《节能减排综合性工作方案》，提出了 45 条具体工作安排，节能减排以前所未有的力度推进。为贯彻落实国务院《节能减排综合性工作方案》，2007 年 7 月，发展改革委和环保总局联合印发了《煤炭工业节能减排工作意见》的文件，明确了煤炭工业开展节能减排的目标。工商系统将按照国家淘汰落后生产能力和实现节能减排、安全生产等目标的要求，积极配合有关部门做好产能过剩、技术落后、破坏资源、污染环境等企业的变更登记或注销登记工作。环保总局和监察部对 2007 年 7 月初被列入"流域限批"的 5 个经济开发区、工业园区、工业集中区和 4 家企业涉及的 8 起典型环境违法案件①进行联合挂牌督办，进一步加大执法力度，严肃追究相关责任人的行政责任。2007 年 10 月 15 日，党的十七大报告提出，坚持节约资源和保护环境的基本国策，落实节能减排工作责任制。2007 年 11 月 23 日，国务院批转《单位 GDP 能耗统计指标体系实施方案》等三个方案和《主要污染物总量减排统计办法》等三个办法，节能减排问责制和"一票否决制"有了可靠保障。重要行业的节能减排举措相继推开：十大重点节能工程启动实施；千家企业节能行动向纵深发展；循环经济评价指标体系发布；煤炭、钢铁、建材、电解铝、铁合金、电石、焦炭、平板玻璃等行业加大落后产能的淘汰力度。中国于 2007 年发布 13 个行业"十一五"淘汰落后产能分地区、分年度计划。2007 年关停小火电机组 1438 万千瓦，淘汰落后炼铁产能 4659 万吨、落后炼钢产能 3747 万

① 这 8 起典型环境违法案件分别是：芜湖海螺水泥有限公司不执行环评、"三同时"案，巢湖鑫泰钢铁股份有限公司和安徽含山县皓天铸业有限公司不符合国家产业政策案，河北省沧州市河北小洋人乳品有限公司不执行环评、"三同时"、违法排污案，河南濮阳经济开发区、河北邯郸经济技术开发区、甘肃兰州高新技术产业开发区、山东省莘县工业园区、山西临汾市襄汾县邓庄镇和景毛镇的工业相对集中区不执行环评、"三同时"案。

吨、落后水泥5200万吨，关闭了2000多家不符合产业政策、污染严重的造纸企业和一批污染严重的化工、印染企业，累计关闭各类小煤矿1.12万处。[①]

2009年6月30日，国家统计局、国家发展和改革委员会和国家能源局发布了《2008年各省、自治区、直辖市单位GDP能耗等指标公报》，对2008年各省、自治区、直辖市单位GDP能耗、单位工业增加值能耗、单位GDP电耗进行了考核（见表2.1）。2009年10月13日，国家发改委公布了《2008年各地区节能目标责任评价考核结果》，对全国31个省（市）节能减排进行了考核。北京、辽宁等7个省市考核结果为“超额完成”等级。黑龙江、吉林、上海、浙江等19省考核结果为“完成”等级；海南、西藏、青海3省（区）考核结果为“基本完成”等级；而四川、新疆2个省（区）因地震灾害影响等原因没有完成当年节能任务，考核结果为“未完成”等级。考核结果还显示，“十一五”节能目标完成进度超过60%的有北京、天津、湖南、陕西、江苏、湖北、河北、广西、福建、广东、浙江11个省（区、市）；完成进度50%～60%的有山东、重庆、江西等16个省（区、市）；完成进度低于50%的有四川、海南、新疆、青海4个省（区）。

为深入贯彻落实科学发展观，加快转变经济发展方式，促进产业结构调整和优化升级，推进节能减排，2010年4月《国务院关于进一步加强淘汰落后产能工作的通知》（国发〔2010〕7号）正式公布，提出在电力、煤炭、钢铁、水泥、有色金属、焦炭、造纸、制革、印染等行业淘汰落后产能。2010年底前，我国电力行业将淘汰小火电机组5000万千瓦以上；煤炭行业将关闭不具备安全生产条件、不符合产业政策、浪费资源、污染环境的小煤矿8000处，淘汰产能2亿吨；焦炭行业淘汰炭化室高度4.3米以下的小机焦（3.2米及以上捣固焦炉除外）等；铁合金行业将淘汰6300千伏安以下矿热炉；电石行业将淘汰6300千伏安以下矿热炉。钢铁行业在2011年底前淘汰400立方米及以下炼铁高炉，淘汰30吨及以下炼钢转炉、电炉。2010年7月15日，国家统计局、国家发改委、国家能源局发布了2009年各省、自治区、直辖市单位国内生产总值（GDP）能耗、单位工业增加值能耗、单位GDP电耗的公报。

① 国务院新闻办公室：《中国应对气候变化的政策与行动》，2009年10月19日。

根据能源消费总量和GDP年度统计结果计算，2009年全国单位GDP能耗为1.077吨标准煤/万元，降低3.61%。根据公报，2009年我国GDP能耗最高的前三位是：宁夏，3.454吨标准煤/万元；青海，2.689吨标准煤/万元；山西2.364吨标准煤/万元。GDP能耗最低的前三位是：北京，0.606吨标准煤/万元；广东，0.684吨标准煤/万元，上海，0.727吨标准煤/万元。2009年单位GDP能耗降幅最大的前三位是：甘肃，－6.97%；内蒙古，－6.91%；青海，－6.46%。[①]

2010年8月3日，国家统计局、国家发展改革委、国家能源局公布了《2010年上半年全国单位GDP能耗等指标公报》，2010年上半年，能源消费同比增长11.2%，国内生产总值同比增长11.1%，以此测算，单位GDP能耗同比上升0.09%，与上年同期基本持平。规模以上工业单位增加值能耗同比降低1.25%。从主要耗能行业单位增加值能耗看，煤炭行业下降2.69%，钢铁行业下降1.64%，建材行业下降7.61%，化工行业下降4.28%，纺织行业下降2.42%，石油石化行业上升11.35%，有色行业上升8.11%，电力行业上升4.19%。[②]

表2.1　2008年各省、自治区、直辖市单位GDP能耗等指标公报

	单位GDP能耗		单位工业增加值能耗		单位GDP电耗	
	指标值（吨标准煤/万元）	上升或下降（±%）	指标值（吨标准煤/万元）	上升或下降（±%）	指标值（千瓦时/万元）	上升或下降（±%）
全　国	1.102	－4.59	2.189	－8.43	1375.29	－3.30
北　京	0.662	－7.36	1.037	－12.68	719.61	－5.10
天　津	0.947	－6.85	1.053	－13.85	910.42	－10.49
河　北	1.727	－6.29	3.315	－14.33	1492.81	－5.50
山　西	2.554	－7.39	4.885	－9.33	2288.87	－10.03
内蒙古	2.159	－6.34	4.190	－14.12	1887.32	－10.20
辽　宁	1.617	－5.11	2.426	－8.42	1223.81	－8.17
吉　林	1.444	－5.02	1.979	－6.96	885.93	－7.45

① 国家统计局，2010－07－15。

② 国家统计局，2010－08－03。

（续表）

	单位 GDP 能耗		单位工业增加值能耗		单位 GDP 电耗	
	指标值（吨标准煤/万元）	上升或下降（±%）	指标值（吨标准煤/万元）	上升或下降（±%）	指标值（千瓦时/万元）	上升或下降（±%）
黑龙江	1.290	－4.75	1.895	－6.63	865.90	－4.69
上海	0.801	－3.78	0.958	－5.05	884.13	－3.28
江苏	0.803	－5.85	1.265	－10.35	1149.44	－5.89
浙江	0.782	－5.49	1.182	－9.19	1202.08	－3.60
安徽	1.075	－4.52	2.338	－9.92	1106.81	－0.86
福建	0.843	－3.70	1.180	－10.05	1098.56	－4.98
江西	0.928	－5.53	1.941	－14.12	942.16	－5.13
山东	1.100	－6.47	1.698	－10.24	1001.08	－6.30
河南	1.219	－5.10	3.079	－10.83	1266.23	－2.77
湖北	1.314	－6.29	2.679	－12.72	1103.90	－5.63
湖南	1.225	－6.72	1.983	－11.84	975.49	－9.92
广东	0.715	－4.32	0.869	－11.32	1085.49	－6.17
广西	1.106	－3.97	2.335	－10.35	1254.15	－1.92
海南	0.875	－2.55	2.609	－1.91	979.24	－2.12
重庆	1.267	－4.97	2.106	－10.41	1090.19	－5.04
四川	1.381	－3.55	2.477	－5.46	1156.37	－6.15
贵州	2.875	－6.11	4.323	－11.59	2452.21	－7.89
云南	1.562	－4.79	2.847	－9.78	1654.94	－2.92
陕西	1.281	－5.92	2.009	－11.48	1256.02	－6.28
甘肃	2.013	－4.53	4.050	－5.66	2539.00	0.09
青海	2.935	－4.18	3.243	－6.53	4061.64	－2.67
宁夏	3.686	－6.79	7.130	－12.23	5084.09	－10.91
新疆	1.963	－3.15	2.999	－4.26	1331.24	4.49

资料来源：中华人民共和国国家统计局，2009－06－30。

但在以GDP为核心的政绩考核体系下，经济发展依然片面追求GDP的高速增长，地方政府的投资冲动就难以避免，完成节能减排的任务就越显艰巨。2006年全年万元GDP能耗实现2003年以来首次下降，主要污染物排放增幅减缓。然而，2006年全国没能完成年初确定的节能减排目标，完成总体目标的难度陡然增大。虽然2007年两项主要污染物二氧化硫和化学需氧量的排放量同比分别下降，国家“十一五”规划纲要提出，“十一五”期间单位国内生产总值能源消耗要降低20%左右；主要污染物排放总量减少10%。《2008年各地区节能目标责任评价考核结果》也显示了节能减排的严峻形势。不少地区重工业建设的势头仍然非常强劲，一些地方污染物排放的总量超过了环境容量，产业结构重型化的格局没有改变。资源环境成本没有充分体现、高耗能行业加快增长内在动机仍然强烈，这些都大大增加了节能减排的难度，从而给发展循环经济带来了巨大的压力。

7. 推动循环经济技术进步

技术创新在发展循环经济过程中具有重要的作用，我国发展循环经济，十分注意发挥技术创新优势推进循环经济发展，建立以公共技术平台、检测平台、技术产权交易平台为支撑的循环经济技术支撑体系，从而形成资源消耗低、环境污染少、经济效益高的优势产业。如内蒙古自治区以资源高效利用、废弃资源再利用以及开发利用可再生能源为目标，企业和政府职能部门总投资5.6亿元，对煤炭转化与煤化工技术开发、煤矸石综合利用等21项技术进行了研究及产业化开发。蒙西新材料工业园区承担的“电厂粉煤灰提取氧化铝”项目，利用煤矸石和洗煤厂排出的中煤和煤泥发电，用发电产生的粉煤灰提取氧化铝，再将提取氧化铝过程中产生的硅钙废渣用于生产水泥熟料和建材。目前，这个项目已经申请了5项国家发明专利。由蒙西集团与中科院长春应用化学研究所合作开发的“利用水泥窑尾气提取二氧化碳生产纳米碳酸钙”的项目，建成了一条年产3000吨全生物降解塑料中试生产线。目前，这个项目正在进行规模化生产前期建设，并已申请了3项美国发明专利、1项日本发明专利和8项中国发明专利。[①]

① 技术创新支撑内蒙古循环经济优势产业［EB/OL］.2006－07－06，http：//www.sina.net

8. 环境保护产业获得快速发展

环境保护产业是循环经济产业的重要组成部分。从投资总量看，20世纪80年代前，中国对污染控制基本上没有投入，与环境有关的城市基础设施的投资也非常有限。从80年代开始，中国开始将环境保护纳入国民经济计划。环境污染已经越来越受到政府的高度重视和社会各界的广泛关注，环境保护投资规模逐年增加，环境保护投资总量呈上升趋势，环境保护投资占GDP的比例有显著提高，但呈曲折升降态势。

从投资结构看，我国环境保护投资主要集中在城市环境基础设施建设投资、工业污染源治理投资和建设项目“三同时”环保投资三个领域。其中，城市环境基础设施建设投资呈持续稳定增长态势，在其他方面的环保投资具有较大的波动性。

9. 低碳经济试点启动

2010年7月19日，国家发展和改革委员会发布《关于开展低碳省区和低碳城市试点工作的通知（发改气候［2010］1587号）》，确定首先在广东、辽宁、湖北、陕西、云南5省和天津、重庆、深圳、厦门、杭州、南昌、贵阳、保定8市开展发展低碳产业、建设低碳城市、倡导低碳生活的试点工作。试点省和试点城市要将应对气候变化全面纳入本地区“十二五”规划，研究制定省区和城市低碳发展规划；同时将调整产业结构、优化能源结构、节能增效、增加碳汇等工作结合，明确提出本地区碳减排目标和具体措施，为未来全面推广低碳经济奠定基础。

CHAPTER 3

第 3 章 金融支持循环经济发展的理论考察

经济发展是金融发展的基础，决定着金融发展的广度和深度，同时金融发展作为经济发展的动力，又推动着经济的发展。邓小平同志早就敏锐地指出：金融是现代经济的核心，金融搞活，全盘皆活。金融支持理论是有关金融对循环经济发展重要性的思想或观点。虽然金融相关理论中没有相关的直接论述，但其中关于金融对于经济发展的思想无疑同样适用于金融支持循环经济的发展。因为金融发展理论的实质是突出金融因素在经济发展过程中的重要性。

3.1　金融支持理论分析

金融即资金融通，是指银行和非银行等金融组织机构实现对社会资金的动员、筹措、集中、分配和使用的过程。

金融在经济发展中不仅是资源配置和资源维护的活动中心，而且直接作用于集体财富的增长，尤为重要的是，金融为人类追求自由发展和实现自身价值拓展了更大的空间。同时，金融对经济、政治乃至国际关系的影响力和控制力也达到了极高的程度。在经济发展理论以及金融理论中，都有关于金融问题的研究和论述。在理论上，成熟的经济增长理论及模型中，如哈罗德—多马模型，麦金农和肖等提出的金融压抑、金融深化论等，都强调了金融在经济发展中的重要作用。

3.1.1 金融支持思想的发端

有关金融支持的思想源远流长，最早可以追溯至英国哲学家约翰·洛克（John Locke，1632—1704 年）、亚当·斯密（Adam Smith，1723—1790 年）和杰里米·边沁（Jeremy Bentham，1748—1832 年）等人在各自的著作中所表述的自由主义思想。

重商主义的代表人物托马斯·孟（Thomas Mun，1571～1641）发现国与国之间，或者说地区和地区之间贫富差距分化、甚至拉大，很大程度上与金融密切相关。他认为英国与荷兰的贫富差距在于金融。他在《英国得自对外贸易的财富》书中通过斐迪南一世公爵以信贷（向公爵借款不付利息）促贸易，以贸易增加财富的不凡之举来说明金融对于经济发展的重要意义，认为要把积累货币投入流通，发挥资本的效应，用金融促进一国经济的发展。托马斯·孟不无感慨地说："因为有了钱的人们的这种做法，就会立即替年纪较轻和财力较弱的商人们带来机会，使他们能够发迹，能够扩展他们的营业。倘使他们自己缺乏资金来这样做的话，那么他们就可以，并且必须，付出利息去借用资金。可见我们的钱，并不是死放着的，而仍是用在交易上的。试看多少商人和店家，不都是以他们自己的微乎其微的资金开始营业，或者简直就是白手起家，只是靠着别人的钱来做生意，结果却成为巨富了吗？难道我们不知道，当贸易进行得又快又好的时候，许多人就会靠着他们的经验，并且靠着他们的信用出利息借款，将他们的买卖做得大大超过自己的资本的价值么？由于这些勤劳苦干的人们的努力，我们的国家社会的事业就将增进，我们的寡妇、孤儿、律师、绅士和其他人的钱也就会用到对外贸易途径上去，而这些人本身是没有本领来搞这种工作的。"①

信用创造论的首创者约翰·罗（John Law，1671～1729）认为苏格兰货币制度落后是苏格兰和荷兰贫富差距的最大原因，因此在其于 1705 年出版的《论货币和贸易》一书中，建议成立纸币管理委员会，以土地为担保发行纸币（以土地年产物的价值为货币，纸币就是土地生产出来的各种商品和劳务价值的代表）。其方案于 1716 年在法国进行了四年实践，成功地完成了通过银行发行纸币的工作，并将其发行的纸币全部投

---

① 托马斯·孟．英国得自对外贸易的财富［M］北京：商务印书馆，1997：58—59．

入流通，取得了一定的成功。但最终因不规范的发行股票（他用自己创办的银行发行纸币，资助他自己创办的公司发行股票，造成泡沫经济）致使失败。

类似的，本杰明·富兰克林（Benjemin Franklin 1706～1790）提出关于以土地为担保发行管理货币的理论，坚持只有创造纸币才能发展北美殖民地经济。在富兰克林和约翰·罗看来，黄金是人们最信赖的东西，以黄金为准备发行的纸币最有信用，但是苏格兰和北美殖民地没有足够的黄金作为发行纸币的准备，只好以当地最叫人信赖的土地作准备发行纸币，同样能起到其应起到的作用。事实上还是说明纸币是以信用为基础发行出来的货币。因此，他们一致主张土地货币化，就是以土地作为担保发行纸币，让纸币充当流通手段和价值标准。1723 年，尽管是约翰·罗彻底失败的第二年，但也是北美殖民地的宾西法尼亚洲首次正式、公开发行新纸币的一年。

亚当·斯密（Adam Smith，1723～1790），一位思想深刻影响了西方文明的经济学鼻祖，在他的理论中也涉及金融对经济发展的作用。他从交换和分工入手分析了银行货币对经济发展的作用。他认为，慎重的商业活动可增进一国产业，但增进产业的方法不在于增进一国资本，而在于使本无所用的资本大部分有用、本不生利的资本大部分生利。

3.1.2　经济增长理论中有关金融支持的思想

在现代经济增长理论及模型中，都强调了金融在经济发展中的重要作用，蕴含着丰富的金融支持思想。

以斯密为代表的古典经济增长理论就认为，资本积累与经济增长成正比例关系，资本积累量的大小是决定经济增长率高低的关键要素。他强调了资本积累和资本的正确配置，这实际上强调了资本积累对经济增长的动力机制。

早期最有影响的增长模型是在 20 世纪 40 年代分别由英国经济学家 R. 哈罗德和美国经济学家 E. 多马提出来的。他们所提出的模型基本相似，故称哈罗德—多马模型即“哈罗德—多马经济增长模型”（Harrod—Domar model）。哈罗德—多马模型分析的是资本增加与经济增长之间的关系，强调资本积累对经济增长的促进作用。这一模型在假设技术不变的前提下研究资本增加与经济增长之间的关系，其基本公式是：

$$G=S/C$$

在上式中，G 代表国民收入增长率，即经济增长率。S 代表储蓄率，即储蓄量在国民收入中所占的比例。C 代表资本—产出比率，即生产一单位产量所需要的资本量。根据这一模型的假设，资本与劳动的配合比率是不变的，从而资本——产出比率也就是不变的。这样，经济增长率实际就取决于储蓄率。例如，假定资本—产量比率 C 为 3，如果储蓄率 S 为 15%，经济增长率 G 则为 5%。在资本—产量比率不变的条件下，储蓄率高，则经济增长率高（在上例中，储蓄率增加到 21%，则经济增长率为 7%）；储蓄率低，则经济增长率低（在上例中，储蓄率减少到 12%，则经济增长率为 4%）。该模型的意义是：通过提高投资（储蓄率）来促进经济增长；通过资本转移（发展援助）能够促进发展中国家的经济增长。投资（资本追加）既能够增加收入又能够增加经济的产出，即投资（或资本追加）具有双重增长效应。

凯恩斯的宏观经济理论从总量分析入手，以有效需求管理为核心，构建投资储蓄曲线（IS 曲线）和货币供求曲线（LM 曲线）分析模型（IS—LM 模型），进行了一系列总量分析。

新古典经济理论也称为理性预期学派，是 20 世纪 60 年代以来在凯恩斯经济理论面对资本主义经济中出现“滞胀”而束手无策的背景下发展起来的，是现代经济增长理论的起点和标志。该理论使经济学研究致力于长期经济增长的动力机制分析构造出许多数学逻辑严谨的动态经济增长模型。例如，新古典经济增长模型（即索洛—斯旺模型）以及卡尔多、罗宾逊、帕西内蒂等人倡导的剑桥经济增长模型。

索洛模型是新古典经济理论最典型的经济增长模型，通常称为新古典增长模型。该模型是在资本主义经济出现“滞涨”的情况下，重新强调依靠市场作用推动经济增长，认为政府政策对于经济增长的作用是无效的。其中，推动经济增长的因素被设定为劳动、资本和技术进步。该模型在假设储蓄全部转化为投资、投资边际收益率递减、资本和劳动替代科布一道格拉斯函数、技术进步为外生变量的基础上，研究了储蓄、资本积累和经济增长之间的关系。

新经济增长理论是宏观经济学最前沿的理论，该理论是 20 世纪 80 年代以来在新古典经济增长理论基础上发展起来的，致力于长期经济增长的动力机制研究。

3.1.3　发展经济学关于金融支持的理论

发展经济学是研究发展中国家的经济增长和经济发展问题的经济学。资本形成理论是发展经济学的核心内容之一，这一理论阐述了资本形成是实现经济增长的关键要素，在经济发展中的起重要作用。发展经济学有关资本形成理论、投资理论等对发展循环经济也有很大的指导意义。

美国学者刘易斯从发展中国家经济现实出发，提出了二元经济理论。刘易斯认为资本积累是实现经济发展和推动劳动力转移的唯一动力，而劳动力的有效转移正是实现经济增长的重要机制。

罗斯托起飞模型（Rostovian Take－off Model）是关于经济发展的历史模型，由美国经济学家罗斯托提出，又称作“罗斯托模型”、“罗斯托经济成长阶段论”。他全面分析和考察了人口因素、资本积累、经济结构变化、制度、意识等因素对经济增长的作用，罗斯托特别强调“资本积累”在促进经济增长中有决定性的意义。模型认为现代化有五个基本阶段：传统社会阶段（农业经济，等级社会）、起飞准备条件阶段（过渡性社会，投资增长，社会行为方式转变）、起飞阶段（投资率大于10%，生产进步）、趋于成熟阶段（投资率大于20%，资源配置优化）和大规模消费阶段（福利国家，大规模消费）。

罗斯托“起飞”理论，直接提出了达到起飞阶段的三个必要条件：一是投资率即资本积累率必须达到或超过10%；二是建立健全经济的主导体系；三是制度和意识形态的变革。值得注意的是，在这三个条件中罗斯托认为，资本积累率达到10%以上是任何实现经济起飞最基本的先决条件。

以索洛、丹尼森、麦迪逊、布鲁顿、罗宾逊、哈根、兰普曼、纳迪里等为代表的经济学家建立了发展中国家的生产函数模型。其中麦迪逊将影响经济增长的主要因素划分为人力、资本和资源配置效率三大类因素，通过实证计算分析得出：人力因素贡献率为35%、资本贡献率为55%、资源配置效率贡献率为10%，并由此得出结论：资本投入增加（或资本形成规模）是发展中国家实现经济增长的关键因素。纳迪里等人的进一步研究支持了上述麦迪逊的结论。[①]

① 谭崇台主编．发展经济学［M］．上海：上海人民出版社，1989：136－143.

由经济学家纳克斯、纳尔逊、缪尔达尔等人提出的“阻碍机制模型”，与传统发展经济学家们的研究路线不同，主要从相反角度研究资本要素的增长效应，认为发展中国家存在着多种阻碍资本形成或投资增加的制度与机制，是造成这些发展中国家资本形成不足或投资短缺的根源。

从上述金融支持理论可以看出，我国作为一个发展中国家，资本短缺或资本形成不足是一个制约经济增长的长期性因素，循环经济产业领域的资本形成可以成为推进我经济发展的重要力量。

3.1.4 西方金融支持相关理论

资金是经济发展中一个最活跃的要素，而作为资金运动调节手段的金融对经济增长、循环经济发展都会产生重要影响。金融对实体经济是否有实质影响一直是经济学的焦点问题。西方经济学者从不同的视角和路径对金融与经济的关系进行了深入研究。在经济发展理论以及金融理论中，都有关于金融支持问题的研究和论述。这些论述主要集中在金融空间分布、区域经济发展差异的金融表现、金融对区域经济结构调整的作用、金融空间结构与区域经济成长差异等几个方面。

1. 金融发展理论的渊源

瑞典经济学家魏克塞尔早在19世纪末就认识到古典货币中性论的不足，指出，在信用制度条件下，货币对经济活动起着积极的作用。只有在货币利率等于自然利率、一般物价水平稳定的状态下，货币才是中性的。魏克塞尔认为，货币对经济产生影响，主要在于货币在资本形成与资本流动过程中发挥着重要作用，即货币通过利率直接影响储蓄的供给和贷款的需求，从而影响物价水平，进而影响生产的扩大和收缩。

美籍奥地利经济学家约瑟夫·熊彼特（Joseph Schumpeter，1883—1950年）则是较早明确强调金融对于经济发展的重要性的经济学家。熊彼特在其成名之作《经济发展理论》（1912年出版）一书中指出，为了试用新技术以求发展，纯粹企业家需要信贷，“他只有先成为债务人，才能成为企业家”。银行可以鉴别和发现投资机会，刺激创新和未来经济增长。他认为，经济发展的实质在于创新，而功能健全的银行可以对企业家进行筛选，为创新活动提供资金支持。熊彼特认为非常信用创造企业家的“创新”，使企业家获得高额利润，从而形成创新丛生的局面，形成了经济的繁荣。反之，信用的收缩导致经济萧条。这样，熊彼特就从信用创造的视角突出了银行体系对经济发展的强大推动力。

20世纪30年代，凯恩斯指出，货币可以影响国民收入的产出水平，它是通过利率对投资的诱导作用实现的。凯恩斯还通过总量分析，把实体经济和货币经济理论结合起来，克服了古典经济学“二分法”的不足，实现了对早期货币中性论的质的突破。凯恩斯认为引起经济发生周期性波动的因素很多，但主要是资本边际效率和消费倾向偏好，又以资本边际效率的变动为要。货币对经济的影响主要表现在通过货币供应量来影响利率，从而影响资本边际效率，资本边际效率的变动反过来又引起经济周期的循环。

到20世纪90年代，金和莱文（King and Levine，1993）发展了熊彼特的思想，强调了资本市场对经济增长的作用。并且，把金融发展置于内生增长模型中，建立了结构严谨、逻辑缜密和论证规范的模型，通过实证分析对理论模型的结果加以检验，得出金融发展和经济增长相互促进的结论。

2. 信用理论①

西方信用理论中的信用媒介论、信用创造论、信用调节论也均强调金融对区域经济发展的积极意义，即充分利用客观存在的货币、资本分布的不均衡来实现对社会资源的有效利用。因此，对于处在经济发展较为落后的欠发达地区来说，其经济货币化与信用化的形成过程本身就提出了金融调整要求，而且发达地区与欠发达地区间经济货币化与信用化程度的差异可能会使金融调整的效果得到更有效的发挥。只有在充分利用欠发达地区的金融资源的基础上，集聚全国的金融资源，启动潜在的经济发展要素，才能找到欠发达地区经济发展的突破口。

所谓经济货币化，就是指经济活动中以货币为媒介的交易份额逐步增大的过程。它是发展中国家或地区经济增长与经济发展过程中，其发展水平与所处阶段最重要的标志之一，是商品货币经济中反映经济发展的基本特征之一。夏德仁博士认为这一过程包括质和量两方面的规定：从量上看，货币化是指在一国全部总产品中通过货币进行交换的产品所占比重的扩大，即货币化以商品化为基础；从质上看，货币化是指货币积累程度的提高，即货币功能的深化，并非充当象征性意义的简单的核

① 殷孟波．西南经济发展的金融支持［M］．成都：西南财经大学出版社，2002：30.

算工具。

在区域经济发展过程中，区域间经济发展的差异与金融相关比率间的差异有相同的发展趋势。金融相关比率（Financial Interrelations Ratio，FIR）是指全部金融资产价值与全部实物资产价值的比值，即M2/GDP。影响金融相关比率的因素有经济货币化比率、资产形成比率、企业外部融资比率、金融机构所发行工具比率等，它们与金融相关比率是正比例关系；经济结构剧烈变动与调整会促进经济市场化进程的加快，同时也就使其经济货币化程度不断提高，从而体现出金融机构的变动与经济运行的相关度较高，金融也就成为经济活动的重要变量。但是，这一过程在不同区域之间是不平衡的，因为经济结构也有货币化推动的问题。在欠发达地区，由于其本身经济结构的低层次，经济货币化程度低，金融发展受到压抑，因此，由经济货币化来推动经济结构调整的动力严重不足，即低货币化的经济存在着巨大的货币需求，资本积累与投入的要求比较迫切。在这种情况下，只能通过制定区域性金融政策，利用各种政策性手段与工具促进资本形成，驱使资金的区域性流动，提高区域内金融相关比率，从而促进区域经济结构的调整与生产力布局的调整；而区域经济结构的优化调整又反过来使区域经济发展加快，对金融体制产生积极的影响，促进金融结构的转型，从而进一步促进资本的形成与积累，对资本的形成与积累产生积极影响。就我国循环经济发展的实际情况来看，区域循环经济发展的一个重要任务就是制定区域金融政策，通过建设高效率的市场与重视金融的作用来实现资本的形成与积累，提高经济货币化程度，从而推动区域循环经济的发展。

3. 帕特里克的供给引导型与需求尾随型金融发展理论

1966年，美国耶鲁大学经济学家休·T. 帕特里克（Hugh T. Patrick）在“欠发达国家的金融发展和经济增长”一文中指出，在金融发展和经济增长的因果关系上，有两种研究方法：一种是“需求追随（Demand－following）”方法，它强调随着经济的增长会产生对金融服务的更多需求，从而促进金融不断发展。他认为，需求尾随型的金融发展，其实质是金融的内生决定性，是实体经济部门发展的结果，需求尾随型的金融发展在经济增长进程中所起的作用是消极被动的。

另一种是“供给领先（Supply－leading）”方法，它强调金融服务的供给先于需求，供给引导型的金融发展先于实体经济部门的金融服务需求，对实体经济的作用是主动积极的。供给引导型的金融发展则是金融的外生决定性。金融部门通过增加金融工具的数量和分担风险的程度，动员那些滞留在传统部门的资源转移到最能有生产效率的部门。其实质是，通过融资安排，弥补投资效率较高部门的资金缺口，从而促进资源配置效率的提高。

接下来，帕特里克着重考察了金融发展和经济增长的关系。帕特里克指出，金融体系对资本存量的影响体现在三个方面：第一，提高了既定数量的有形财富或资本的配置效率，因为金融中介促使其所有权和构成发生变化；第二，提高了新资本的配置效率，因为金融中介促使新资本从生产性较低的用途转向生产性较高的用途；第三，加快了资本积累的速度，因为金融中介促使人们更加愿意储蓄、投资和工作。

他认为，在经济发展的早期阶段，供给领先型金融居于主导地位，而随着经济的发展，需求追随型金融才逐渐居于主导地位。由此可见，健全和完善的金融供给应当是促进经济发展和增长的先决条件。处于早期发展阶段的发展中国家应该选择供给领先型金融模式，通过完善的金融服务和较高的金融利率，广泛而充分地吸收社会金融剩余，并使之转变为经济发展可支配的储蓄—金融资源。当经济发展到一个新的增长水平时，再转向需求型金融，让市场机制发挥对经济社会储蓄—金融资源的动员与配置的基础性作用。

一般说来，在经济发展初期往往表现为内生的金融特征，当金融发展到一定程度，出现外生性。

如何根据该特征，制定相应的融资策略，促进资源的有效配置，成为我国循环经济金融支持面临的重要问题。

4. *希克斯的思想*

英国经济学家、诺贝尔奖得主约翰·希克斯（John Hicks）在其 1969 年出版的《经济史理论》一书中详细考察了金融对工业革命的刺激作用。他认为，工业革命不是技术创新的结果，或者至少可以说，不是技术创新的直接结果，而是金融革命的结果。因为工业革命早期使用的技术创新，大多数发生在工业革命之前。工业革命只有在金融革命发生之后，才有可能发生。

5. *戈德史密斯的金融结构理论*

有关经济增长和金融结构关系的开创性研究始于美国耶鲁大学经济学家雷蒙德·W. 戈德史密斯（Raymond W. Goldsmith），他被誉为现代比较金融学的奠基人。根据戈德史密斯的定义，一国现存的金融工具和金融机构的总和构成该国的金融结构，包括各种现存金融工具与金融机构的相对规模、经营特征和经营方式以及金融集中度等。[①]

金融结构理论的核心在于阐述了金融结构变化对促进经济增长的作用。戈德史密斯考察了金融结构与金融发展这两者和经济增长的关系。他在1969年出版的《金融结构和金融发展》一书中，创造性地提出了衡量一国金融结构和金融发展水平的存量和流量指标，其中金融相关比率最为重要。金融相关比率是指“某一时点上现存金融资产总额与国民财富（实物资产总额加上对外净资产）之比”。[②]他使用了35个最具代表性国家的有关资料，用实证的方法研究了金融结构和金融发展在各国之间、各个时期之间的差异，得出“金融相关比率越高，金融发展水平就越高，从而经济增长率就越高”的基本结论。他认为经济增长与金融发展是同步进行的，经济快速增长的时期一般都伴随着金融的较快发展[③]。

金融结构变化的源泉在于特定条件下的金融制度安排与体制建构，即特定时期内国家的金融运行机制及其效率实现。戈德史密斯认为发展中国家金融落后的主要原因是以政府配给代替市场配置，缺乏有效的金融市场，缺乏市场分配资金的渠道。发展中国家普遍存在着金融结构升级的问题，而金融结构升级就是要扩大市场融资的比重，发展以商业银行和其他金融结构为中介的间接融资和以证券市场为形式的直接融资。戈德史密斯（1969）强调了融资的重要性，认为“金融上层结构对经济发展影响的理论探讨可以精简成一个判断，即以初级证券和次级证券为形式的金融上层结构加速了经济增长，改善了经济运行，为资金转移到最佳的使用者手中提供了便利；也就是说，把资金转移到经济体系中能取得最高效益的地方”。[④]但对金融结构变化与生产率提高以及资本积聚的内在关系未作更深入的分析。

在我国循环经济领域，财政融资、政策性融资和市场融资机制之间

---

① 戈德史密斯著，周朔等译．金融结构与金融发展［M］．上海：上海三联书店，上海人民出版社，1994：22－32.

② 戈德史密斯著，周朔等译．金融结构与金融发展［M］．上海：上海三联书店，上海人民出版社，1994：23.

③ 戈德史密斯著，周朔等译．金融结构与金融发展［M］．上海：上海三联书店，上海人民出版社，1994：41－42.

④ 戈德史密斯著，周朔等译．金融结构与金融发展［M］．上海：上海三联书店，上海人民出版社，1994：49.

未能建立起某种有效的“激励兼容”，导致我国循环经济产业的“金融脆弱性”，致使循环经济的发展受到较大影响。

6. 金融中介理论

约翰·格利、爱德华·肖、亚历山大·格申克龙、休·帕特里克、朗多·卡梅伦、约翰、希克斯和雷蒙德·戈德史密斯等人在 20 世纪五六十年代所做的开创性研究为麦金农—肖理论的建立奠定了基础。

美国斯坦福大学两位经济教授约翰·G. 格利和爱德华·S. 肖 (John G. Gurley and Edward S · Shaw) 在 50 年代所做的开创性研究集中体现在两篇论文上，即发表于 1955 年 9 月号《美国经济评论》上的题为“经济发展的金融方面”一文和发表于 1956 年 5 月号《金融杂志》上的题为“金融中介体和储蓄—投资过程”一文。在这两篇论文中，他们阐述了金融和经济的关系、各种金融中介体特别是非货币金融中介体 (Non－monetary Intermediaries)，即除了货币体系以外的其他各种金融中介体在储蓄——投资过程中的重要作用。

20 世纪 70 年代，爱德华·肖（Edward S. Shaw）和罗纳德·麦金农（R. I. Mackinnon）在 1973 年分别先后出版了《经济发展中的金融深化》和《经济发展中的货币和资本》，他们从不同的角度对发展中国家金融发展与经济增长的关系进行了开拓性的研究，分别在金融深化论、金融压制论的分析中，将货币与非货币资产、银行与非银行金融机构统一起来，阐述了一国金融体制与该国经济发展之间存在互相刺激、互相制约的关系，充分强调金融在经济中的作用，分别提出了“金融深化理论”和“金融抑制理论”，后来被统称为“金融中介理论”。

该学说针对 20 世纪 70 年代发展中国家普遍存在的金融制度二元化严重、金融市场不完全、资本市场严重扭曲和政府对金融机构的过度干预而影响经济发展的状况之下提出来的。他们认为：金融制度和经济发展之间存在一种相互刺激和相互影响的作用，一方面健全的金融制度能够将储蓄资金有效地动员起来，并引导到生产投资上去，从而促进经济发展；另一方面，经济发展使国民收入提高，将提高储蓄和投资水平，从而刺激金融业的发展。但是由于政府当局进行金融抑制，过分地干预金融市场，将利率、汇率人为地压低，结果必然造成金融体系与经济发展都出现呆滞不前的现象，并形成恶性循环，即金融抑制。金融抑制就是指政府通过对金融活动和金融体系的过多干预抑制了金融体系的发展，而金融体系的发展滞后又阻碍了经济的发展，从而造成了金融抑制和经济落后的恶性循环状态。

在金融发达的国家，金融市场体系提供了流动性和风险分散机制，满足了大规模长期性投资和大规模技术创新的需要；金融深化有利于动员储蓄和大规模资金积聚，从而为长期经济增长提供足够的金融支持。欠发达地区的金融业发展缓慢，一般体现为特殊的区域金融压抑、金融组织体系设置较为单一、金融宏观与金融微观不分、信贷分配政策与发达地区没有差别、没有发达的金融市场、可利用的金融工具较少、政策资源的作用发挥受到压抑、金融市场机制对社会资金配置作用很小或甚至没有作用、金融管理与资源配置受到体制上的影响而被压抑、金融体系对外不开放或开放程度很低等。这些区域性表现的金融压抑情况既容易带来资源的浪费，又容易带来区域经济结构的趋同，从而使区域发展形成瓶颈约束，金融深化的目的难以实现，金融与经济难以真正增长。

肖和麦金农认为，"包括利率和汇率在内的金融价格扭曲以及其他手段"——"使实际经济增长率下降，并使金融体系的实际规模（相对于非金融量）下降。在所有情况下，这一战略阻碍了或严重妨碍了发展过程。而具有'深化'金融效应的新战略（它还有其他效应）——金融自由化战略——则总是促进经济发展的。自由化对经济发展是重要的"(Shaw，1973，pp. 3—4)。[①] 要打破金融抑制所造成的恶性循环，必须进行金融深化。麦金农批评了新古典经济学派和凯恩斯学派的货币理论，认为主流经济学的货币理论与发展理论缺乏内在联系。麦金农模型中包含了经济增长率、储蓄倾向和金融深化的交互作用。模型的含义为：金融体制改革使金融深化有显著成效，从而大大提高储蓄率，随即投资率和收入增长率也会相应提高，而收入增长后会对储蓄产生进一步推动，这就是金融深化的良性循环效果。[②]

金融深化论认为，金融创新就是利用新思维、新的组织方式和新技术等在金融领域中建立各种金融要素的一种新的组合，是为了追求利润机会而形成的市场改革，通常包括在金融体系中与金融市场上形成的新的金融工具、新的融资方式、新的金融市场、新的支付清算手段、新的金融组织形式以及新的管理方法等。金融创新是个连续不断的过程，金

① 爱德华·肖．经济发展中的金融深化［M］．北京：中国社会科学出版社，1989.

② 周延军．西方金融理论［M］．北京：中信出版社，1992：378.

融业发展的过程也就是一个金融创新、金融深化的过程。“金融深化的目的是要取消金融抑制条件下的配给制，代之以价格机制和分权，以选择竞争性的投资机会。”①

继麦金农和肖之后，巴桑特·卡普尔（Kapur，1976）等人把麦金农和肖的静态分析发展成为动态分析，进一步阐明了金融深化对于发展中国家经济发展的重要作用。卡普尔等人基于麦金农和肖的分析框架，相继提出了一些逻辑严密、论证规范的金融抑制模型。也就是说，对麦金农—肖理论进行了扩展。这些人当中，最值得指出的是新加坡国立大学经济学教授卡普尔和国际货币基金组织经济学家马西森，他们的模型最为精致。

金融深化理论尽管主要基于一国经济体系的整体运行，但其理论的核心可以运用到国民经济的各个产业部门。长期以来，我国存在十分严重的资源倾斜的“非均衡配置”，导致对各区域循环经济产业的发展不均衡，部分区域严重投资不足，这就必然影响循环经济产业的全面健康。政府应当放弃对金融体系和金融市场的过分干预和控制，允许市场机制自由运行，充分反映市场上资金与外汇的供求状况，因此，推进金融深化就成为我国循环经济持续发展的一个重要路径，这一理论也应成为我国循环经济产业金融深化的基础性理论。

7. 金融约束论

麦金农和肖的理论一言以蔽之，主张金融自由化。然而金融自由化需要一些先决条件，发展中国家经济和转型经济适宜于走“金融约束”的金融发展道路。“金融约束”术语是由赫尔曼等（Hellmann et al.，1996a；1996b）提出，他们之所以提出这一术语，是为了区别于“金融抑制”和“金融自由化”。20 世纪 90 年代以来，在东南亚金融危机的背景下，赫尔曼、斯蒂格里茨在《金融约束：一个新的分析框架》一文中重新审视了金融体系中的放松管制与加强政府干预的问题，他们认为，对发展中经济和转型经济而言，金融抑制的经历是痛心疾首的，而推行金融自由化也达不到预期效果，所以有必要走第三道路，由此提出了“金融约束”理论，强调政府干预的“金融约束”政策主张。金融约束指的是一组金融政策，如对存贷款利率加以控制、对进入加以限制和对

① 爱德华·肖．经济发展中的金融深化［M］北京：中国社会科学出版社，1989.

来自资本市场的竞争加以限制等，这些政策旨在为金融部门和生产部门创造租金（Hellanaa et al.，1996a，p163），或者旨在提高金融市场的效率（Hellmann et al.，1996b，p222）。这里的租金不是指无供给弹性的生产要素的收入，而是指收益中超出竞争市场所能产生的部分。

赫尔曼和斯蒂格利茨确立了通过政府推动金融深化的策略，认为：麦金农和肖的金融发展理论的假设前提在现实中难以普遍成立。况且，由于经济中存在着信息不对称、代理行为、道德风险等，即使在瓦尔拉斯均衡的市场条件下，资金资源也难以被有效配置，所以政府的适当干预是十分必要的。金融约束的目标是政府通过积极的政策引导为民间部门创造租金机会，尤其是为银行部门创造租金机会，使其有长期经营的动力，以发挥银行掌握企业内部信息的优势，减少由信息问题引起的不利于完全竞争市场形成的一系列问题。

金融约束理论认为[①]，在发展中国家金融改革初期，积极发挥政府的作用将有助于国内金融体系的建立和健全，促进经济的稳定与发展。原因之一是由发展中国家的实际情况所决定的。发展中国家在改革前，极度的政府干预已使得市场完全扭曲，因此，“过去的干预已使得市场解决不可能实现”[②]。原因之二是由于市场失败的存在，如信息不完善、外部性和规模经济等。尽管自由市场经济可能会促进经济的静态或配置效率，但由于市场失败的存在，自由市场不能有效地增进长期效率（或动态效率）。因此，从长期发展战略看，政府干预或供给主导型的政策更易获得成功。特别是在发展的早期阶段，供给主导型的金融能更积极地促进工业化与经济增长。

金融约束理论主张：第一，政府应控制存贷款利率，即将存款利率控制在一个较低的水平上，减低银行成本，创造可增加其特许权价值的租金机会，减少银行的道德风险行为，使之有动力进行长期经营。第二，限制银行业竞争，确保金融体系的稳定。但限制竞争并不等于禁止一切的进入，而是指新的进入者不能侵占市场先进入者的租金机会。第三，限制资产替代性政策，即限制居民将正式金融部门中的存款转化为其他资产如证券。金融约束论认为发展中国家证券市场尚不规范，且制

① 刘逖．论政府在金融市场中作用的几个问题［J］．中国经济政治评论，1999（10）．

② 世界银行．世界发展报告（1989）［M］．北京：中国财政经济出版社，1990：238．

度结构薄弱，运行效率也大大低于正式银行部门的效率。存款若从正式银行竞争流向非正式银行部门或国外将会降低资金使用效率，也不利于正式银行部门的发展①。

8. 金融空间分布理论

关于金融空间分布的问题，理论界具有相似的观点，认为金融的空间分布具有面向经济中心的指向，使金融的空间分布呈现非均衡的特征。其代表人物，如奥古斯特·勒施在《经济空间秩序》一书的第四篇第三部第二十六章中的“空间中的利息”一节中分析了利息的空间差异和金融中心的聚集和辐射作用等问题，他认为在每种情况下，利息先随距离增大而增大，而后由于接近一个竞争中心而下降，他在分析美国经济景观内的差异时认为大的银行中心都依次从属于纽约这个主要金融中心。就此而论，美国又是一个单一经济景观组成的。然而，大的次级中心周围的地区更配称作一个经济景观，因为它们的整个经济活动更完全的面向中心，同时一个地方越小，它一般比大一些的地方离主要中心越远，因为它只能通过较大的地方与中心交往。这些观点强调了金融中心在区域经济发展中的作用和对区域经济发展的影响，对建立我国区域金融中心、发展区域经济有一定的指导意义。在分析资本形成时，作者指出在相同的利率水平上，西部的总供给小一些，地方资本供给小，主要原因有三：第一，西部形成的资本少一些。因为那里以农业为主，其利润低于东北部大工业部门。第二，西部地方资本中能作出进一步贷款的数量少。第三，西部银行经营费用较高。作者还指出银行不愿对落后地区贷款，部分是由于经济单一性较强，因为主要是农业。

以上是关于区域金融的主要理论观点，从中可以看出金融与区域经济发展有着密切的关系，对区域经济的发展产生重要的影响。第一，资金短缺是区域经济发展所面临的一个重要问题，而要吸引资金流入需要该区域有良好的投资回报为前提，但也必须要有发达的金融为手段。因此，在提高区域经济自身发展质量的同时，要充分发挥金融在为区域经济发展筹集资金过程中的作用。第二，非均衡性是金融空间结构的内在特征，其空间分布具有指向经济中心的规律，是区域经济发展规律的反映。这既是经济发展不均衡的结果，也是建立不同层次金融中心的客观

① 方洁．金融约束还是金融深化［J］．金融与保险，2004（7）．

基础。第三，金融调节资金的运动，引导着其他要素的空间运动和配置，进而达到调整区域经济结构的目的。因此，在大力发展各种要素市场时，要特别重视金融市场的建设，以利用市场机制促进各种要素的合理流动和配置。第四，我国经济实际上也存在相当程度上的“分割”（地区封锁）和区域不均衡的现象，市场发育度不高是一个重要的原因。因此，为了促进区域合理分工，实现我国区域循环经济的协调发展，大力建设和完善市场体系是关键，而金融市场在现代市场体系中处于核心地位，它的发展将会极大的促进其他市场的发展。所以，为实现区域循环经济发展目标提供一个良好的金融环境，是我国当前金融创新的一个重要任务和目标取向。

9. 金融发展理论的最新发展

20世纪80年代以保罗·罗默（Romer，1986）和罗伯特·卢卡斯（Lucas，1988）两篇经典论文的相继发表标志着内生增长理论的形成。内生增长理论家的基本观点是：经济增长是经济体系内生因素作用的结果，而不是外部力量推动的结果；换言之，内生的技术变化是经济增长的决定因素。

进入20世纪90年代，一些经济学家在汲取内生增长理论的重要成果的基础上，将金融发展置于内生增长模型中，模型的复杂程度随之提高。90年代金融发展理论家并不局限于纯理论研究，他们中有很多人致力于金融发展和经济增长的实证研究，根据文章结构不同分为两类，一类是理论和实证相结合，其代表有：阿切和约万诺维奇（Atje and Jovanovic，1993）、德格雷戈里奥（De Gregorio，1992a）、金和莱文（King and Levine，1993b）以及萨斯曼（Sussman，1993）等；另一类论文通篇是实证研究，其代表有：金和莱文（King and Levine，1993a）、莱文（Levine，1997）、莱文和泽尔沃斯（Levine and Zervos，1996；1998）以及拉詹和津加莱斯（Rajan and Zingales，1998）等。

他们从理论和实际的结合上把金融发展理论提升到一个新的高度，提出的政策主张更加贴近现实。90年代金融发展理论家与麦金农—肖学派的重要区别在于，20世纪90年代金融发展理论家直接对金融中介体和金融市场建模，而麦金农—肖学派或者把金融中介体和金融市场视作给定的，或者只对它们进行比较简单和明确的处理。20世纪90年代以来兴起的内生金融理论强调，资本效率的改进得益于金融中介和金融市场在把资本分配到最佳可能用途上所起的作用。20世纪90年代的金融发展理论涉及以下几个部分：

(1) 金融中介体的内生形成。20 世纪 90 年代金融发展理论家从效用函数入手，建立了各种各样具有微观基础的模型。他们在模型中引入了诸如不确定性（偏好冲击、流动性冲击）、不对称信息（逆向选择、道德风险）和监督成本（有成本的状态证实）之类的与完全竞争相悖的因素，对金融中介和金融市场的形成作了规范意义上的解释。这些模型都采取了比较研究的方法，即比较当事人在不同情况下的效用水平，据此论证金融中介体和金融市场存在的合理性。代表性的内生在金融中介体模型有：Bencivenga and Smith 模型（1991）、Boyd and Smith 模型（1992）、Schreft and Smith 模型（1998）以及 Durra and Kapur 模型（1998）。

(2) 金融市场的内生形成。既然金融中介体业已存在，为何还要形成金融市场？如果金融市场不在某一方面或某些方面优越于金融中介体，那么当事人就没有激励的动力去利用金融市场，金融市场从而也就无法形成。

有关金融市场的内在形成的文献不是很多，代表的两个模型是：阿尔努·布和安贾·塔科尔模型（Boot and Thakor，1997），杰里米·格林伍德和布鲁斯·D. 史密斯模型（Greenwood and Smith，1997）。

(3) 经济增长对金融发展的作用。对一国而言，金融中介体和金融市场形成之后，其发展水平会随该国内外条件变化而变化。这也是金融中介和金融市场的发展水平在不同国家或同一国家不同时期之所以不同的原因。既然金融中介体和金融市场有个动态的发展过程，就有必要从理论上对这一过程加以解释。90 年代金融发展理论家没有忽视这一问题，对金融中介体和金融市场的动态发展过程进行了解释。格林伍德和约万诺维奇（Greenwood and Jovanovic，1990）、格林伍德和史密斯（Greenwood and Smith，1997）以及莱文（Levine，1993）在各自的模型中引入了固定的进入费或固定的交易成本，借以说明金融中介体和金融市场是如何随着人均收入和人均财富的增加而发展的。

其中较为典型的莱文（Levine，1993），在其模型中，固定进入费或固定的交易成本随着金融服务复杂程度的提高而提高。在这种框架下，简单金融体系会随着人均收入和人均财富的增加而演变为复杂金融体系。莱文指出，诸如投资银行之类的复杂金融中介体之所以形成，是因为它们具有以下的功能：“对生产过程进行调查并把资源调动起来以充分利用有利的生产机会（Levine，1993，p125）。”但是这类金融中介体的形成必须在人均收入达到一定水平之后，否则不可能得到发展。

（4）金融发展对经济增长的作用。90 年代金融发展理论的最核心部分是对金融发展作用于经济增长的机制作出全面而规范的解释。比较有代表性的是 Levine（1996）检验了金融发展对经济增长的影响，认为金融发展初始水平的差异很好地预测了以后经济增长水平之间的差异，如果一个国家金融的发展水平较低，即使这个国家具备了经济增长所需要的其他条件，这个国家的经济也不能获得较大的增长。此外，Adolfo（2001）使用时间序列数据和格兰杰因果关系检验法来检验金融发展和经济增长两个变量之间的因果关系，他利用巴西 1980 年至 1997 年的数据得出经济增长和经济发展互为因果关系的结论。Beck & Levine（2002）和 Norman & Romain（2002）的研究表明，较之发生货币危机的国家，没有发生货币危机的国家的金融发展更能促进该国经济增长；金融中介的发展和经济增长之间同时存在正向的、长期的关系和负向的、短期的关系。

金融体系可以通过影响储蓄转化为投资的比例、资本的边际社会生产率或私人储蓄率等三种方式来影响增长率。金融发展影响经济增长的第一种方式是通过影响储蓄转化为投资的比例，即金融中介体和金融市场的发展——更高比例的储蓄被转化为投资——经济增长。金融体系的第一种重要功能是把储蓄转化为投资。在把储蓄转化为投资的过程中，金融体系需要吸收一部分资源，金融体系对资源的吸收，一方面反映着金融体系因提供服务而获取的报酬，另一方面也反映着中介体的 X—非效率和市场力量。金融发展使金融部门所吸收的资源减少，从而使增长率提高。

金融发展影响经济增长的第一种方式是通过影响资本的边际社会生产率，即金融中介体和金融市场的发展——资本配置效率提高——经济增长。金融体系的第二种重要功能是把资金配置到资本边际产量最高的项目中去。金融体系可以通过三种方式来提高资本生产率，从而促进增长。第一种方式是收集信息以便对各种可供选择的投资项目进行评估；第二种方式是通过提供风险分担来促使个人投资于风险更高但更具生产性的技术。而股票市场的建立和发展有助于投资生产率和增长率的提高；第三种方式是促进创新活动。金融体系提供的服务有助于创新活动，即有助于生产率的提高，从而有助于增长率的提高。

金融发展影响经济增长的第三种方式是通过改变储蓄率。在这种情况下，金融发展和经济增长关系的符号是不明确的，因为金融发展也可以降低储蓄率，从而降低增长率。

（5）金融发展和行业成长。拉詹和津加莱斯（Rajan & Zingales，1998）通过研究金融发展对企业外部融资成本的影响来论证金融发展对行业成长的促进作用。一个行业在成长过程中，对外部融资的依赖程度越大，金融发展对其促进作用就越大。金融市场的事前发展促进了那些依赖于外源融资的企业的事后成长，金融体系有助于企业克服道德风险和逆向选择问题，金融发展有效地降低了外源融资的成本，把企业从内源融资的束缚中解放出来。金融机构的专业化程度、市场化程度及地域分布程度决定了金融工具发行的多寡。金融工具则有利于促进融资，激活投资，促进经济增长。

10. 现代融资结构理论

在金融市场理论中，资本结构理论一直是最重要的问题之一。早在20世纪50年代，经济学家就开始研究企业资本结构问题，但前期的资本结构理论多以经验判断为主，直到1958年Modigliani和Miller（1958）提出MM定理。Modigliani和Miller在《资本成本、公司财务与投资理论》一文及其修正的文章中认为，在无税收、无破产成本、资本市场运作有效等条件下，企业价值与资本结构无关；在存在企业所得税的情况下，负债经营可以给企业带来税收屏蔽效应，提高公司市场价值。[①] 不断修正的MM理论把增加负债作为提高企业价值的关键，但是在进行融资决策时，企业必须考虑负债融资所带来的破产成本等问题。因此，罗比切克、梅耶斯等人提出企业在进行融资决策时，必须考虑负债融资所带来的破产成本等问题，认为负债虽然带来了减税好处，但增加了财务风险，最后可能导致公司价值下降甚至破产，因此企业最优资本结构是负债的税收利润和破产成本限制之间的平衡。[②]

MM理论的提出标志着现代融资结构理论的诞生，并随着经济的发展先后出现了基于信息不对称的资本结构理论、基于公司控制权的资本结构理论和基于产品要素市场的资本结构理论，以及近年来在考虑资本

---

① 朱明方．融资结构理论综述［J］．价格月刊，2005（6）．

② 陈很荣，范晓虎，吴冲锋．西方现代企业融资理论述评［J］．财经问题研究，2000（8）．

市场环境对企业融资行为的影响条件下诞生的动态权衡理论、市场择时理论和基于市场微观结构的资本结构理论。动态资本结构权衡理论在静态权衡理论的基础上，认为影响最优资本结构的各种因素往往是不断变化的，因此最优资本结构也是随着时间变化而变化的，实际的资本结构有可能偏离理论上的最优资本结构。市场择时理论认为企业在进行融资时应根据市场条件的不同而采取不同的筹资行为。基于市场微观结构的资本结构理论主要探讨了股票流动性、信息等微观因素对资本结构的影响。

Myers and Majluf [①]（1984）在吸收权衡理论、代理理论以及信号不对称理论的基础上提出了融资顺序理论。他们认为，在非对称信息条件下，经理人员作为内部人比市场或投资者（外部人）更了解企业收益和投资的真实情况，而且企业的经营者总是试图为现有股东而不是新股东谋求价值的最大化。如果企业经营状况良好、投资项目前景看好，经营者宁愿进行举债融资而利用财务杠杆的正效应获利，而不愿发行股票筹资使高额收益被外来者瓜分。因此，企业在为新项目筹资时，遵循的融资顺序先是通过内部融资，然后再通过发行低风险债券融资，最后才通过股权进行融资。西方发达国家融资实践普遍印证了这种融资顺序假设理论。不过，在中国企业融资的顺序恰恰与此相反，即一般先股权融资，再债券融资，最后才是内部融资。

3.1.5 马克思主义的金融支持理论

1. 马克思的金融思想

马克思金融经济运行的理论主要包含于其货币、资本积累与资本有机构成等理论之中。

现代经济是货币经济、信用经济。马克思认为货币和信用在经济发展中扮演着非常重要的角色。他特别强调货币资金对于经济增长的推动力量。马克思指出货币是“发展一切生产力即物质生产力和精神生产力的主动轮”，“在社会生产力的实际发展中成为如此强大的工具”，[②] 认为货币资本不仅是发动社会再生产整个过程的“第一推动力”，而且是社

① Myers，S. C. The capital Structure Puzzles [J]. Journal of Finance，1984，(39).

② 马克思，恩格斯. 马克思恩格斯全集（第 30 卷）[M]. 北京：人民出版社 1995：175—176.

会再生产不断扩大再循环的“持续的动力”。[①] “它使单个资本登上了舞台，作为资本开始它的过程的形式，因此，它表现为发动整个过程的第一推动力”。[②] “无论是社会地考察还是个别地考察——要求货币形式的资本或货币资本作为第一个新开的企业的第一推动力和持续的动力”。[③]

马克思的资本积累理论主要研究资本的积累过程，即剩余价值转化为资本的过程。马克思资本有机构成理论表明，资本有机构成的提高是社会生产力发展的结果，而生产力发展与技术进步和劳动生产率提高具有密切联系。技术进步和劳动生产率的提高引起资本有机构成提高，资本有机构成提高通过平均利润率规律的作用，反过来推动资本积累规模的扩大，成为推进产业发展与增长的重要途径。

马克思在《资本论》中分析生产资本积累与经济增长的关系时提出：“生产逐年扩大是由于两个原因：第一，由于投入生产的资本不断增长；第二，由于资本使用的效率不断提高，在再生产和积累期内，小的改良日积月累，最终就是生产的整个规模完全改观。这是进行着改良的积累，生产力日积月累地发展。”强调了生产资本积累和技术进步对经济增长的动力作用。

2. 邓小平的金融核心论

“金融核心论”是邓小平金融思想的精髓。金融在现代经济的资源配置中发挥着核心的作用，是调节宏观经济的重要杠杆。1991 年春，邓小平在视察上海时，高度评价浦东新区在开发中实施“金融先行”的做法，明确指出：“金融很重要，是现代经济的核心。金融搞好了，一着棋活，全盘皆活。”[④] 短短的五句话，深刻地揭示了金融与现代经济关系的内在本质，高度地概括了金融在现代经济中的地位和作用。

（1）金融在现代经济资源配置中发挥着核心作用。金融就是资金融通，资金指的是马克思讲的货币资本。货币的“一般等价物”的特殊地位，决定了它与任何商品相交换，谁拥有货币资本，谁就拥有对社会稀缺资源的支配与使用权。而资金融通即资本借贷，是对社会稀缺资源的

---

① 马克思．资本论（第 2 卷）[M]．北京：人民出版社，1975：393.

② 马克思，恩格斯．马克思恩格斯全集（第 24 卷）[M]．北京：人民出版社，1972：393.

③ 马克思，恩格斯．马克思恩格斯全集（第 24 卷）[M]．北京：人民出版社，1972：393.

④ 邓小平：邓小平文选（第 3 卷）[M]．北京：人民出版社，1993：366.

支配与使用权的转让或转移，因此，金融体系的资金配置，决定了社会稀缺资源的配置，金融体系的资金配置的效率，决定了社会稀缺资源配置的效率。

现代生产是社会化大生产，现代经济是市场经济，市场经济运动中的各种生产要素和经济资源是以货币资金作为粘合手段而现实地结合在一起的，货币资金成为现代社会再生产的发动机即“第一推动力和持续的动力”。现代市场经济的运行表现为价值流导向实物流，货币资金运动导向物质资源运动，货币资金能否按照经济、合理、有效的原则在社会各环节和各部门之间进行流动，则直接决定着资源配置是否有效。筹资者与投资者在金融市场通过自主交易和公平竞争，在追求各自利益目标的基础上完成资金余缺的调剂过程，从而实现短期资金的市场化配置，通过长期信用工具实现长期资本增量的市场化配置，而且可以通过股票买卖实现企业产权和资本存量的市场化重组。由此可见，金融在整个市场经济体系的资源配置中，处于基础和核心地位。

（2）金融是现代经济中调节宏观经济的重要杠杆。宏观经济调控的基本要求是使社会总供给与总需求基本平衡，促进国民经济均衡增长。在传统的计划经济体制下，整个社会的生产和再生产过程都处于中央集中计划指挥下，国家对宏观经济的调控主要是直接对实物生产与分配的调控，因此计划手段自然成了国家调控宏观经济的基本手段甚至是唯一手段。

现代经济是市场经济，是市场机制对资源配置起基础性作用的经济，其显著的特征是宏观调控的间接化。因此，金融在建立和完善国家宏观调控体系中具有十分重要的地位。马克思在论述货币的重要性时指出：“随着商品经济的进一步发展，每个商品生产者必须握有这个物的神经。”[①] 实际上，在现代经济条件下，不仅每个商品生产者都必须握有货币这个“物的神经”，而且作为社会经济管理者的国家也必须握有这个“物的神经”。对于每个商品生产者来说，货币是财富的代表，是致富的手段，是从事商品生产经营活动的必需条件。而对于国家来说，货币则是调节宏观经济运行过程的重要工具。从历史上看，信用货币的出

① 马克思，恩格斯．马克思恩格斯全集（第 23 卷）［M］．北京：人民出版社，1972：151.

现造成了两个后果：一是货币的发行权高度集中统一在中央银行手中，从而在微观金融活动的基础上产生了宏观金融活动，货币量不仅成为社会化大生产的经济变量，而且成为政府调控经济的政策变量；二是社会生产的现实积累和货币在新的基础上相分离，相互对立，相互制约。前者为金融对国民经济运行过程的调节提供了可能性，后者则决定了金融调节的必要性。

一般来说，货币供给是总需求的载体和实现手段，调节货币供应总量可以调节社会总需求。货币供应总量和社会商品、劳务总供给保持基本平衡，就能使物价稳定。金融业是联结国民经济各方面的纽带，与国民经济各部门有着密切的业务联系，它能够比较深入、全面地反映成千上万个企事业单位的经济活动。同时，信贷、结算等金融手段又对微观经济主体有着直接的影响。国家可以根据宏观经济政策的需要，通过中央银行制定货币政策，运用各种货币政策工具和各种金融调控手段，适时地调控货币供应的数量、结构和价格（利率），从而调节经济发展的规模、速度和结构，在稳定物价的基础上，促进经济发展。

3.2　构建适应循环经济发展的金融支持的必要性

循环经济的发展离不开各种制度、政策、手段的支持，而金融正是重要的推动要素之一。随着社会经济的发展，金融在社会经济体系中的作用日益突出。作为一种新的发展方式，循环经济的发展必然离不开金融的支持，离不开金融对社会经济资源的调节。金融发展有利于促进资本形成，从而为循环经济的发展提供强大的金融资源，最终推动经济发展方式的转变。因此，亟须探索一种金融支持循环经济发展进而推动可持续发展的路径。

3.2.1　金融支持循环经济发展是落实科学发展观的必然要求

科学发展观呼唤循环经济，坚持可持续发展战略。以人为本的科学发展观要求改变透支自然资源、牺牲生态环境求发展的方式，循环经济就是符合可持续发展理念的经济发展方式。世界经济的持续增长带来的“资源危机”或“资源安全”问题在中国同样存在。长期以来，我国实行粗放型发展方式，高投入、高消耗、高污染、低效益、低质量在经济发展过程中普遍存在。我国经济呈现高速增长态势，面临着严峻的自然资源与生态环境危机，资源短缺、环境污染和生态恶化造成了严重的生存环境压力。要改变这种局面，必须按照胡锦涛总书记2007年“6·25”重要讲话的要求，切实转变经济发展方式。循环经济就是符合可持续发展理念的经济发展方式，它是在深刻认识资源消耗与环境污染之间关系的基础上，以提高资源与环境效率为目标，以资源节约和物质循环利用为手段，以市场机制为推动力，在满足社会发展需要和经济上可行的前提下，实行资源效率最大化、废弃物排放和环境污染最小化的一种经济发展方式。这就离不开完善的金融支持体系的有效支持。

循环经济是一种以资源的高效利用和循环利用为核心的经济发展方式，不同层次循环经济的发展遵循资源利用减量化、产品再使用和废弃物再循环的原则。因其产业化具有高风险、公共性、外部性以及成长性和效益性特征，所以我国发展循环经济既需要国家财政的大力投入，也需要金融市场中银行、证券等各个资金提供部门的有效支持。金融必须为发展循环经济相关的市场主体建立一个良性的、面向市场的投融资环境和金融支持体系，使各类市场主体充分开展节能减排、降低成本、提高效益和质量的竞争。循环经济是缓解自然资源危机和生态环境保护的一次发展观的革命，金融支持必将在推进循环经济发展方式中发挥重要的作用。只有完善金融体系建设、加强金融工具创新，才能满足其融资主体多元化和融资方式多样性的要求。

3.2.2 循环经济增长中金融的贡献

金融是现代经济的核心，在经济增长中发挥着巨大的作用。功能健全的金融体系会促进经济增长，反之，扭曲的金融会阻碍经济增长。早在1969年，美国著名金融经济学家戈德史密斯（RW. GoldSmith）在大量实证研究的基础上得出一个重要结论：金融相关比率与经济增长速度成正相关关系，金融对经济的增长具有引致效应。在现代经济中，金融增长是经济增长中的重要一极，是促进循环经济快速发展的中坚力量。

1. 金融支持是促进循环经济健康持续稳定发展的有力保证

随着社会经济的发展，金融在社会经济体系中的作用日益突出。经济学研究表明，金融增长是经济增长中的重要一极，是整个经济快速发展的助推器。金融在经济发展中不仅是资源配置和资源维护的活动中心，而且还直接作用于聚集财富的增长。尤为重要的是，金融为人类追求自由发展和实现自身价值拓展了更大的空间。同时，金融对经济、政治乃至国际关系的影响力和控制力也达到了极高的程度。金融的发展能够促进经济的快速增长，但由于并没有构建适应循环经济发展的金融支持体系及其相应措施，金融对循环经济发展的助推器作用并没有完全发挥。金融支持循环经济的发展就是要为循环经济提供金融动员和金融资源配置，为循环经济的发展奠定坚实的基础，成为促进循环经济健康持续稳定发展的重要保证。同时，循环经济发展增加了对金融服务的需求。因此，完全有必要构建相应的金融支持体系及其相应模式并采取适当的政策措施，充分发挥金融支持在循环经济发展中的重要作用。

2. 金融支持是循环经济资本形成积聚的重要前提

循环经济的发展需要大量资本作为前提，而金融支持可以在这方面发挥优势，发掘供给引导型金融战略的作用，促进资本的形成和积聚，支持循环经济发展。这主要表现为：一是金融系统通过储蓄聚集、资源配置、风险管理、公司控制及交易便利等功能的发挥，促进资本形成推动着循环经济发展。通过有选择、有重点的信贷资金投向，如对高新技术产业、企业技术改造及其他符合循环经济理念的项目的信贷资金投入，为循环经济发展提供资金要素支持，从而形成资本积累；二是通过金融市场的资本形成作用，促进金融资源的积聚，发挥金融对循环经济发展的支持作用。金融业作为国民经济第三产业的一部分，其本身的发展与壮大有利于促进循环经济建设；三是金融系统通过提供信息收集和风险分散等服务，引导经济资源流向技术创新领域，促进循环经济技术创新。

3.2.3　循环经济结构优化需要金融支持

产业组织结构代表着产业的规模经济性，而技术结构决定了一个企业的能耗水平和环境保护水平。从某种意义上说，产业的组织结构直接决定了行业的整体技术结构。如我国能源消耗和污染排放重点领域——重化工产业的产业组织结构还很分散，大量技术落后的小企业充当着行业的主体，而这些落后企业基本上是技术落后、“四高一低”、发展循环经济动力不足的企业。金融就是一种重要的市场化的机制，在市场经济中就要充分发挥金融支持的市场机制作用，调节经济结构的变革。这必将有利于优化经济结构，提高自主创新能力，从而促进产业发展结构的变动。因而，金融支持体系结构与国民经济产业发展结构之间就天然地具有了非常密切的内在联系，循环经济的产业化需要金融支持。

当前我国正处于转变经济发展方式、优化经济结构的重要时期，需要用循环经济理念指导区域发展、产业转型和老工业基地改造，促进经济结构的优化和区域产业布局合理化，把限制所谓“过剩产能”为主导的政策，加快转向产业组织结构和技术结构调整为主导的结构调整上来，坚持循环经济理念，通过技术创新和产品结构调整来实现节能减排，建立具有发展前景的优势产业，培育和形成新的经济增长点，改变不合理的分工格局，促进产业结构升级，实现经济的跨越式发展，而这需要大量的资金支持。

金融支持有利于优化经济结构，提高自主创新能力，从而促进产业发展结构的变动。在农业方面，要大力发展生态农业和有机农业，建立绿色食品和有机食品基地，大幅度降低农药、化肥的使用量，建成一批生态示范区，形成农业循环经济发展的有利环境。在工业方面，要大力发展节能、降耗、减污等高新技术并加快传统的行业和企业的改造，用清洁生产技术改造能耗高、污染重的企业，坚决淘汰浪费资源、严重污染环境的落后工艺、技术、设备和企业；要加快生态工业园区的发展，进行生态工业园区的规划与建设，在园区的所有企业推行清洁生产技术，建成企业间的工业代谢和共生关系，实现区内生态环境改善、污染零排放。以包钢为例，1998 年以来，包钢在节能环保等循环经济项目上累计投资约 27 亿元，带来了结构的优化和经济效益的大幅提高，目前带来的直接经济效益已经达到 7 亿元，而其后发效应更是无法估量。①

3.2.4 循环经济产业化特征，决定其需要金融支持

循环经济产业具有极高的成长性和效益性，科技含量高，对国民经济具有较强的带动性和渗透性，但循环经济短期内不能进入投资回收期，风险和回报难以测度和控制。循环经济将多个生产环节进行组合，使生产链与资源循环周期延长，因而其项目多具有建设周期长、资金需求量大的特点。循环经济产业技术开发及实施具有很高风险性，需要投

① 《包钢生态工业园区建设规划》作为国内第一个钢铁生态工业园区规划通过了国家评审。包钢作为全国首批循环经济试点企业之一，正在进行全国示范生态工业园区建设。侯利红，张昌辉．循环经济包钢账本：27 亿投入与 270 亿收入［N］．第一财经日报，2007－09－14.

入大量资金做保证才能实现。同时，循环经济具有公共性和外部性特征，单靠从市场中自发吸引投资显然不足。

我国循环经济的发展仍处于初始阶段，面临诸多问题，尤其是金融支持缺乏力度。从推行企业清洁生产到建设生态园区，再到实现宏观层面产业循环，从循环型区域到建设循环型社会都需要长期大量的金融资源投入作为支撑。

例如，2005 年国家发展和改革委员会在国债资金中共安排 11.2 亿元，支持开展资源节约和循环经济重点项目建设。2006 年山西省大同市 3 个全省循环经济示范园区，共计 93 个核心项目，总投资近 350 亿元，其中计划企业自筹 92 亿元，约占 26.5%，需融资 258 亿元，占全部投资的 74.5%。吕梁市柳林县高红工业园区承载 7 个循环经济项目，总投资需 112.9 亿元，其中企业自筹资金 64.9 亿元，后期工程尚需资金 48 亿元。[①] 2007 年 6 月中国最大循环经济试验区——柴达木循环经济试验区[②]项目推介会上就签约 210 亿元合作协议。[③] 2008 年 3 月底国家级循环经济试点城市鹤壁市全市续建、新开工循环经济项目 35 个，总投资 42 亿元。[④] “十一五”期间，仅环保投入预计将达到 14000 亿元，中央财政以每年 18%的增长速度投入到环境保护中。[⑤]

当前中国在循环经济的发展中，主要依靠中央、省级财政的投入，这显然不够。尤其是在农村，农技推广、农产品市场建设、绿色食品、园艺业、农产品质量安全、动植物病害防控体系及公共生产建设的资金缺口很大。只有循环经济产业化，其巨大优势才能在现实中得以体现。发展循环经济只有通过实行区域布局，依靠龙头带动，发展规模经营建立循环经济产业化体系，扶持发展循环经济产业化项目才能实现循环经济的规模效应，降低成本，使其效果影响到全社会，切实改善社会生产

① 毛金明．资源型地区金融如何支持发展循环经济［N］．金融时报，2007－07－24.

② 2005 年 10 月，柴达木盆地被列为国家首批 13 个循环经济试点的产业园区之一，这是目前全国面积最大的区域性循环经济试点产业园区。目前柴达木盆地已拥有格尔木工业园区、德令哈工业园区、大柴旦工业园区、乌兰工业园区四个功能园区，产业集聚效应已经显现。

③ 中财网，2007－06－21，http：//www1.cfi.net.cn/newspage.aspx? id＝20070621001781

④ 鹤壁市 2008 年一季度经济形势分析［EB/OL］．鹤壁市政府网，2008－05－08.

⑤ 21 世纪经济报道，2007－07－10，http：//www.nengyuan.net/yanjiubaogao/jieneng-huanbao/NYK888B.html

生活各方面。如何抓住机遇，发挥后发优势，构建资源节约型和环境友好型社会，是一项重大的系统性工程，需要多方面的保障支持，其中金融力量的支持将发挥不可替代的作用。

3.2.5 研发（R&D）适应循环经济发展的支撑技术需要大量资金

“技术进步是不断促进经济增长和提高劳动生产率的主要驱动力，而技术进步是技术创新的产物，技术创新在很大程度上必须通过有目的的活动去探索。为了取得技术创新的成果，必须投资于研发、开发、技术的普及或市场推广等，而且还要投资于另一项关键性的要素——人力资源”。①

循环经济是一种技术含量很高的发展方式，它的发展离不开技术进步。技术进步是促进循环经济发展的强劲动力，它包括技术创新和技术应用两个阶段，而这两个阶段都离不开强有力的金融支持。循环经济是一种科技含量很高的经济发展方式，其相关技术研发需要大量的资金，但同时也存在一定的风险。对循环经济技术开发的支持需要通过金融手段吸引风险投资。循环经济技术比传统技术复杂得多，往往涉及多个科学领域，对设备、原材料的要求更高，技术更新速度更快，使得企业设备更新和折旧的速度大大加快。而技术创新过程是一个漫长而又充满风险的过程，中间需要经过多次惊险的飞跃。循环经济企业的技术一旦开发成功并且获得广泛的市场认可，就会高速成长，带来巨大的社会效益和经济效益。同时，循环经济技术能广泛地渗透到传统产业中，带动传统产业的发展，实现传统产业的高级化。因此，必须有相应的金融制度安排与支持，使技术创新能够及时获取发展所需要的充裕资金。

因此，金融在支持循环经济项目建设的同时，也应注重对循环经济的清洁生产技术、环境污染治理技术和资源综合利用技术的开发研究和推广应用给予充分的金融支持，加快发展与循环经济技术开发相关的风险投资。作为环境大国，中国目前的循环经济发展有巨大的潜在市场。在深圳市“十一五”科技发展规划中，科信局要将循环经济科研活动作为资助重点，计划将资助力度大幅增加到每年不低于1亿元，一年的经

① 姚先涛等译．F·M·谢勒著：技术创新：经济增长的原动力［M］．北京：新华出版社，2001：70．

费就相当于过去五年的总和，整个“十一五”达到5亿元。[①] 如果没有充裕的资金支持，发展循环经济的技术成果永远迈不开产业化的步伐。Schumpeter（1912）指出，金融中介所提供的服务对于技术创新和经济增长有着重要作用。由于技术创新的风险很高，成功的概率又非常低，这使得一般的投资者不愿意从事技术创新投资。金融系统通过事前的评估和事中、事后的监督，并且通过有效的金融制度安排，如风险投资中有限合伙制的引入等，有效地降低了资源配置的逆向选择和技术创新企业的道德风险行为，提高了技术创新成功的概率。同时，金融系统通过将所聚集的资金分散投资于大量技术创新企业，显著地分散了投资风险。由此可见，金融系统正是通过提供信息收集和风险分散等服务，通过市场“无形之手”来引导经济资源流向技术创新领域，促进技术创新和经济增长。

3.2.6　循环经济多阶段和多层次的投资特征，决定其发展离不开金融支持

循环经济发展具有多阶段性，各阶段、各环节对融资方式、融资数量要求不同，如循环经济技术研发阶段、技术转化阶段、科技成果创新阶段等各阶段的特点与需要的资金数量均不相同。同时，循环经济发展的多层次特征也要求融资方式多样化，在企业层次、产业园区层次、城市和区域层次上对融资方式的要求也均不同。[②] 循环经济多阶段和多层次的投资特征，要求建立一个投融资一体化的融资体系，来为循环经济发展提供完善的金融支持，强力推进中国循环经济的发展。

3.2.7　循环经济的发展需要完善的金融服务

企业的市场行为以追求利润最大化为最终目标，循环型企业也会努力降低所需金融服务的成本。因此，金融支持循环经济的发展就必须要建立完善的金融服务体系，为循环经济建设提供便捷的金融服务，降低金融服务成本。金融基础设施建设获得了快速发展，金融业务品种和手段不断创新，网上银行等业务不断发展，金融服务的广度不断拓宽，为

① 中国政府资助网，http：//www.gov－money.com/neirong.asp？id＝1932.

② 李晓曼．循环经济金融支持研究及其对新疆地区的启示［J］．乌鲁木齐成人教育学院学报，2007（4）：96～100.

循环经济建设提供了便利的融资、结算等服务。同时，以科技为核心的信息化平台不断完善，金融服务的深度不断深化从而能够为金融支持循环经济发展提供高效率的金融服务。

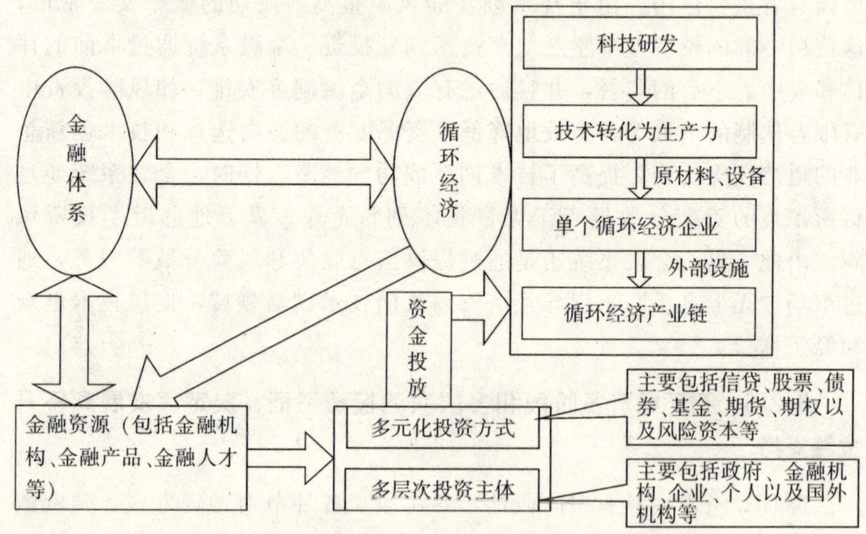

图 3.1　金融体系与循环经济的互动关系

3.3　循环经济发展与金融支持的关系

循环经济产业对社会经济的主要贡献是避免自然资源过度开发与生态环境破坏和促进经济发展方式的转变，促进全社会经济可持续发展。金融作为经济发展和经济运行中货币资本融通的活动，是资本形成和运动的具体表现形式，同时也决定着资源配置的基本格局和配置效率。市场化的金融体系作为资金的提供方通过各种手段和方式为循环经济提供资金保障，同时循环经济的发展又进一步完善现有的金融体系，二者相互促进、相辅相成。金融体系和循环经济的互动关系如图 3.1 所示。

3.3.1　循环经济发展有利于推动金融发展

循环经济的发展不仅有利于金融资源的积累，也在一定程度上促进金融体系的进一步完善。

1. 循环经济的发展是循环经济金融支持的基础

经济基础决定上层建筑，只有经济的发展，才能人类为其他活动提供坚实的基础。循环经济的快速健康发展，有利于经济发展方式的转变与经济增长质量的提高，为经济发展作出贡献，从而为经济社会聚集起更多的金融资源。没有经济的良好发展，就没有充足的金融资源，循环经济金融支持也就成为无源之水，无本之木。

2. 循环经济发展阶段决定实施供给引导型金融

资本是循环经济发展的基础。资本形成是维持并不断促进循环经济产业发展所必需的金融基础。循环经济是一个刚刚兴起的、对经济发展方式转变具有决定意义的经济发展方式。循环型工业、循环型农业、循环型服务业、循环型社会等建设需要大量的资本，更需要大量资本支撑循环经济建设所必须解决的技术创新。

根据帕特里克的供给引导型与需求尾随型金融发展理论，在循环经济发展的初期，必须实施供给引导型金融。市场机制是金融促进循环经济产业发展的基础性力量。因此，要建立完善金融支持体系，形成高效率的金融资源配置机制，通过融资安排，扩大资本市场融资力度，弥补资金短缺的循环经济产业，从而促进资源配置效率的提高。

银行业金融机构在循环经济发展中除了提供结算业务外，在不同阶段支持重点有所侧重。循环经济产业发展的起步阶段一般难以进行较大规模的资金介入，需要组成银团开展信贷业务，而在循环型企业发展到一定规模后给予一定规模的贷款。同时，银行业金融机构可以通过金融创新，积极介入循环经济产业基础项目融资（如 BOT 融资模式等），发挥其对循环经济产业的金融支持功能。

3. 循环经济产业的发展促进金融体系的创新和完善

循环经济产业的不断发展会聚集大量金融资源，并促进循环经济产业的可持续发展。循环经济的发展会带来整个社会经济的发展，经济增长中产生的经济摩擦将会刺激金融资源的整合和创新，如金融机构质量上的完善和数量上的扩张、金融服务水平的提高以及金融产品的进一步创新。这需要日益完善的金融体系与之相适应，从而促进金融体系创新和完善。

（1）循环经济产业发展的资金需求促进金融创新。循环经济产业，尤其是循环经济基础产业，具有资金密集、耗资巨大、投资回收期长、经济效益低的特点；循环经济产业一般因技术密集而致使技术创新具有高风险、高投入的特点；循环型企业的成长期与一般企业相比需要较长的时间，这些特点决定了循环经济产业资金的需求量和融资难度，传统的金融体系难以解决循环经济产业所需的巨大资金，必须进行金融创新，为循环经济发展提供更好的金融支持服务。

(2) 循环经济产业发展有利于发挥资本市场融资功能。我国循环型企业在资本市场上融资的还比较少，品种单一，没有能够很好地发挥资本市场融资功能。必须加速资本市场融资产品的创新，以便充分利用资本市场的便捷融资功能和优化配置社会资本功能，来解决循环经济产业发展的资金问题。

(3) 循环经济产业的发展要求银行业金融机构提高创新服务。循环经济产业的不断发展，也会向商业银行不断提出新的要求。商业银行只有持续地进行金融创新，为循环型企业提供多样化、个性化、全方位的金融服务，才能适应循环经济产业不断发展的客观需要。

3.3.2 金融支持体系有效促进循环经济的发展

循环经济高投入、综合性特征决定了其资金保障离不开金融体系的支持。从科技研发到循环经济产业链的形成，循环经济在发展的各个阶段和过程中都存在着巨大的资金需求。市场化的金融支持体系在循环经济发展的过程中充当着资金的供给方，为循环经济提供资金保障。金融是生产要素和交易信息融通的载体。因此，金融活动的独特运行规律及其有效支持，对资源的优化配置和循环经济发展有着巨大影响。

1. 促进储蓄向投资转化，支持循环经济基础产业和优势产业的发展

动员储蓄和促进资本积聚是金融体系最基本的功能之一。金融的有效运行可以广泛和有效地动员社会储蓄以及其他社会闲散资金，促使储蓄向投资转化，解决循环经济发展中所需要的巨额资金问题。通过加强流动性、提供风险分散化机制以及降低信息获取成本，金融体系可以有助于社会经济中的分散资本的快速集中和大规模资本积聚，从而为长期经济增长提供足够的金融支持。

2. 引导其他资源的重组和再配置

金融活动通过资金的流动引导其他资源的重组和再配置，分配社会资本资源，从而促进循环经济产业结构的调整和升级。循环经济中的产业结构调整、循环经济产业的形成等都有赖于金融运行的顺畅。如果金融的运行和资金的合理运动受到阻碍，那么循环经济运行的整体效率就

要下降，从而影响循环经济的发展。此外，金融运行不畅还会导致市场信号扭曲，误导资源的配置，影响循环经济产业结构的调整，降低循环经济发展的质量。

3. 形成循环经济多层次的投资主体和多元化的融资渠道

市场化的金融支持体系为循环经济的发展提供多层次的投资主体和多元化的融资渠道。作为一个市场化的投融资平台，完善的金融支持体系，可以促进金融资源的开发和利用，如金融机构的增加、金融产品的创新、金融业务的发展以及金融人才的培养等，进而给循环经济提供多元化的投资方式和多层次的投资主体。各层次的投资主体运用多元化的投资方式把资金投放到循环经济发展的各个过程中，从而促进循环经济的快速发展。

4. 调节金融资源在不同区域循环经济中的分布

资本具有天生的逐利性，因而资本空间运动具有反梯度的特征，具体表现为资本由效益差的地区和部门向效益好的地区和部门流动。由于地区之间社会经济发展存在差异，在经济发展的初期这种不平衡性在发达和欠发达地区之间就表现为回波效应①大于扩散效应，反而促使地区经济发展差距的进一步扩大。因此，区域经济的发展水平和发展速度是决定资金空间运动方向的主要因素，而资金的空间运动又反过来对区域经济的发展产生重要的影响。因此，不同区域循环经济产业的部分及其发展，必须依赖于金融资源的宏观调控，引导区域循环经济协调发展。

5. 分散和转移金融风险

信息成本与交易成本是金融市场和金融机构存在的原因。一些高回报的项目需要长期资本，但是储蓄者往往又不喜欢长期放弃对自己储蓄的控制，发展循环经济所需要的长期资本难以得到满足。股票市场和金融中介机构能提高流动性和降低流动性风险。股票二级市场的交易成本衡量着流动性的大小，较大的流动性更容易将投资转移到长期的高回报的生产中。由于金融体系提高了长期投资的流动性，所以许多投资就可

① 1974年诺贝尔经济学奖获得者冈纳·缪尔达尔（Gurmar Myrdal）提出的“回波效应”是指经济活动正在扩张的地区将会从其他地区吸引净人口流入、资本流入和贸易活动，从而加快自身发展，并使其周边地区发展速度降低，即要素流动和生产交换在区域之间，尤其是城乡之间形成结构差异和不平衡，甚至导致贫富差距的扩大和利益冲突的加剧。

能投到高回报的长期项目中，促进循环经济的发展。另外，金融体系还能通过交易、对冲、分散和共担风险等方式降低单个项目、企业等的风险。

6. 金融为循环经济发展提供便捷的结算等支持服务

正如马克思指出："银行一方面代表货币资本的集中，贷出者的集中，另一方面又代表借入者的集中。"① 其具有信用中介、支付中介和发行信用流通工具的职能。循环经济的发展需要迅速快捷高效的转账支付、结算等金融服务活动，以降低循环经济发展的成本，提高效率。例如，银行卡的普及使用，可以大大降低货币现金在社会生活中的流通，减少货币现金发行量，实现绿色金融。这需要国家出台相关金融服务政策，鼓励使用银行卡。循环经济方兴未艾，所需的金融服务也处在不断地变化发展之中，这就要求金融业及时发现循环经济领域的需求，制定相关措施，为循环经济的快速发展提供完善的金融服务。

3.4 循环经济金融支持的分析框架

资本形成即资本积累和投资追加，是维持并不断促进循环经济发展所必需的金融基础。

循环经济金融支持是一个复杂的系统工程，涉及政府、循环经济产业、金融及企业自身，需要系统解决，以构建完善的循环经济金融支持体系。循环经济产业金融支持应该由三种类型的支持构成，即构建一个由政策性金融体系、合作金融体系、商业性金融体系（银行间接融资体系与资本市场直接融资体系）组成的复合金融支持体系。基于此，这里提出一个关于循环经济金融支持体系的"三维分析框架模型"，即以市场化商业性金融支持为基础、政策性金融支持为导向、合作金融支持为辅助的"三维分析框架模型"：

（1）以循环经济发展为核心演绎循环经济金融支持的基本框架；

（2）以政策性金融体系、合作金融体系、商业性金融体系构成完善

① 马克思：资本论（第3卷）［M］．北京：人民出版社，1975：453.

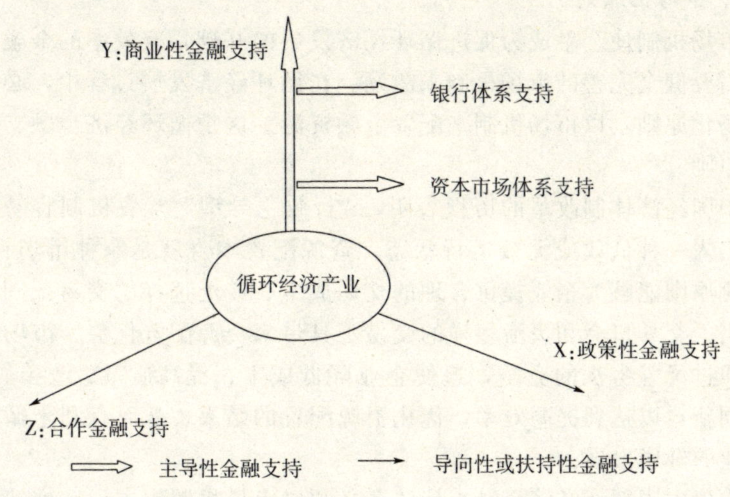

图 3.2　我国循环经济金融支持的三维模型

的循环经济金融支持体系的基础平台；

（3）商业性金融体系成为主导型金融支持，政策性金融体系导向性金融支持，合作金融体系成为扶持性金融支持；

（4）以金融资本形成和金融效率为基点构造循环经济金融支持的机制与路径。

如图 3.2 所示。市场融资成为构建循环经济产业金融支持的基本因素，政策性融资起导向作用，合作金融支持起辅助作用，这三种金融支持都必须有效建构，才能实现预期的循环经济金融支持的效率。

3.5　循环经济金融支持的机理分析

循环经济金融支持机理是金融与循环经济互动发展的条件。循环经济的发展，既依赖于来自产业内部的各种“诱致性力量”的推动，又需要来自外部金融支持力量的激励。

3.5.1　中国循环经济金融支持的基本原则

坚持市场主导和政府引导相结合，以市场经济通行的法则发展循环经济。

1. 市场化原则

市场机制使金融成为促进循环经济发展的基础，有效率的金融资源配置需要健全完善的市场机制来激励。在循环经济发展过程中，必须坚持市场化原则，以市场机制来配置金融资源。这是循环经济金融支持的基本原则。

中国经济体制改革的历程表明，“行政主导型”配置机制容易导致金融陷入一种低效或无效运行状态。资源配置本身就是一种市场行为，市场化原则能够为企业提供合理的交易成本、广泛选择的交易范围、风险相当的交易机会和灵活多样的交易工具带来资源配置优势。市场经济正是通过优胜劣汰的竞争，迫使企业降低成本、提高质量、改善管理、积极创新，以达到提高效率，优化资源配置的结果，从而有利于循环经济产业的健康发展。

构建中国循环经济金融支持体系必须以市场机制为主导，推动金融资源配置效率的显著提高。市场机制主要包括供求机制、价格机制、竞争机制等，它以竞争作为优胜劣汰的有效方式，以价格、供求等作为经济信号，运用价值规律进行经济调节。市场机制因而成为经济社会资源配置的主导性和基础性机制，同时也成为一种有效率的经济运行机制。

作为我国循环经济产业的“助推器”，金融支持必须坚持市场化原则，以市场机制作为金融资源动员与配置的基础性机制，以推进循环经济的快速发展。

2. 政府引导原则

市场经济由于“市场失灵”的客观存在，需要政府的宏观调控的引导，发挥“看得见的手”的积极功能。一方面，政策性金融可以直接发挥引导作用。通过政策性金融支持循环经济发展，引导其他资金主体进入循环经济领域，这在循环经济发展的初期阶段尤为重要；另一方面，国家通过储蓄、资本动员、利率、信贷等传导机制，对商业性金融实施积极的适度的干预，使其行为符合国家发展循环经济的目标，从而实现对循环经济金融支持的引导。

3. 资源节约原则

循环经济即物质闭环流动型经济，要把传统的依赖资源消耗的线性增长的经济，转变为依靠生态型资源循环来发展的经济。发展循环经济要求在实践中切实做到能源、土地、水资源等的节约。金融支持循环经济发展必须体现这一原则，在金融方面就要给予相应的优惠政策，对节能、节地、节水、节材等节约资源的行业与企业及资源节约技术创新给予优先支持；重点支持农业循环经济基础设施建设，改善生态环境；推动循环型企业开展清洁生产，从而推进节约型社会建设和循环经济发展。

4. 产业化原则

中国发展循环经济是产业生态化与污染治理产业化、动脉产业与静脉产业协调发展的有机统一。我国尚处于工业化的中期阶段，还需要经历一个资源消耗阶段。因此，遵循循环经济3R原则，循环经济产业化就成为推动循环经济发展的重要途径。金融业要重点支持循环经济产业化发展，通过产业链的链接、不断延伸和拉长，培育新兴产业增长点。这不仅有利于实现源头治理，而且有利于整个产业的提升，更有利于产业结构的优化。

5. 城乡统筹原则

我国循环经济的发展已经从不同层面、不同区域展开。金融支持循环经济的发展要坚持城乡统筹的原则，不仅要把眼光投向小循环（企业层面）、中循环（区域层面）、大循环（社会层面）、资源再生产业（也可称为第四产业或静脉产业）以及城市循环经济，更要把眼光投向农户、农业、农村循环经济的发展。只有农业、农村循环经济充分发展，才能为工业、服务业等循环经济发展提供良好的自然资源与生态环境基础。

6. 政策性金融与商业性金融支持协调原则

商业性金融与政策性金融具有各不相同的支持领域、支持对象、支持机制、支持形式以及金融资源的不同途径，但二者都是发展循环经济所必不可少的。在发展循环经济的过程中，要发挥商业性金融支持的基础性作用，通过市场化的方式对循环经济进行支持；同时，发挥政策性金融的引导作用，形成政策性金融与商业性金融协调支持循环经济发展的金融支持格局。

3.5.2　中国循环经济金融支持的机理分析

在现代社会，社会化大生产和分工已使资本能否顺利筹集和融通成为社会再生产和实现经济增长的必要前提。Pagano（1993）的研究表明，金融体系主要通过提高储蓄率，促进储蓄向投资的转化和提高资本边际生产率的途径影响经济增长，而储蓄（投资、资本存量）和资本边际生产率是经济增长的源泉。金融作为国民经济体系的一个重要组成部分，在发展循环经济中起着重要作用。调节资金运动是金融的重要功能之一。循环经济金融支持就是要通过金融调节金融资源、引导配置金融资源，促进循环经济的发展。

1. 循环经济金融效应的作用机理

金融发展有助于循环经济的发展，但又必须以循环经济的发展为基础和依托。金融资源配置实质上是一个配置博弈的过程，从产权的角度来说，金融资源供给者总是追求经济利润最大化；从金融组织运营配置的角度来说，金融资源所有者总是追求配置效率最大化。因此，金融资源配置取决于金融资源供给者的经济理性和产权效用最大化的博弈。循环经济产业具有良好的经济效益，有利于经济发展方式的转变与经济增长质量的提高。同时，发展良好的循环经济也可以通过国民收入的提高和经济活动者对金融服务需求的增长，反过来刺激金融业的发展，形成一种互促的良性循环。因此，循环经济产业的发展具有了吸引金融支持的产业基础。

2. 循环经济金融支持的传导机理

循环经济金融支持应通过政策性金融渠道与合作金融渠道、银行间接融资渠道、资本市场渠道三种基本机制传导，构成金融支持循环经济发展的基本路径。

（1）政策性金融主要对循环经济产业发展发挥导向作用。由于中国的现实国情，合作金融（主要集中分布于农村）渠道带有浓厚的政策性因素，也具有导向作用。因此，从这个意义上说，可以将合作金融纳入政策性金融支持之中，通过充分发挥信贷渠道的政策导向效应，将企业、金融业的部分资本诱导和集中到循环经济投资领域，实现生态效益、社会效益与经济效益的最大化。其传导机制是：

政策性信贷投资→信贷规模扩张→信贷结构优化→资本形成→循环经济产业形成→商业性金融进入→循环经济产业发展→政策性金融退出、商业性金融持续支持

（2）银行间接融资渠道在中国具有特别的意义。时至今日，银行间接融资渠道仍然在中国的融资体系中居于主导地位。中国居民所有金融资产中，仅有13%左右投资于证券市场，银行存款比例高达75%，也从侧面反映出中国证券市场在金融体系中总体比例过小。[①] 银行信贷的

① 邹东涛，欧阳日晖．发展和改革蓝皮书［M］．北京：社会科学文献出版社，2008.

投放取决于金融资源供给者的“经济理性”和“产权效用最大化”的“博弈”，并符合其自身的利润目标。其传导机制是：

商业性信贷投资→乘数效应→信贷规模扩张→信贷结构优化→资本形成→循环经济产业发展→商业性信贷持续支持

同时，银行业除了融资外，还具有金融服务的支持功能，如汇兑、结算等。其传导机制是：

商业性金融机构设立→交易成本节约→金融配置效率提高→循环经济产业发展

（3）资本市场为循环经济产业提供所需的中长期资金。资本市场是为筹集社会资本、形成直接融资的中长期金融市场，融资额度由资本市场上融资主体的规模与数量决定。资本市场同时还为风险资本、产业资本自由进入和退出循环经济科技创新企业及循环经济基础产业提供了重要渠道。其传导机制是：

资本市场金融资源→融资配置→资本形成→循环经济产业发展→资本市场持续支持

3.5.3　中国循环经济金融支持的激励兼容

激励兼容是在信息不对称条件下，作为委托代理双方利益均衡的具体体现，是委托人让渡权利、而代理人承担相应义务，使代理人按委托人的期望行动的一种制度安排。

任何制度只有形成对经济主体的有效约束，才能产生激励作用。道格拉斯·诺思等新制度经济学家认为，有效的经济组织是增长的关键，而有效经济组织的基础是有效的制度安排，“有效的组织需要在制度上作出安排（持续推进制度变迁）和确定产权（持续推进产权变迁）以便提供一种（能够）促使个人努力的私人与社会收益率趋近的刺激”。①

金融发展在推动循环经济产业融资的路径创新、结构创新以及提高融资效益等方面，都有明显的刺激作用。循环经济产业金融支持，可以通过增加金融工具的发行、扩大金融市场的范围以及创新金融机构的组织方式，增加储蓄者的金融资产的拥有量，并同时将储蓄转移到循环经

① 吴宣恭．产权理论比较——马克思主义与现代西方产权学派［M］．北京：经济科学出版社，2000：317.

济产业最具有投资回报的行业中去，促进循环经济产业发展。在循环经济产业发展到一定程度后，对金融工具的复杂程度、风险、收益等指标，均有较高的需求，形成需求尾随型金融发展路径。在金融工具的创新过程中，实现了循环经济产业融资路径与融资结构的创新。

3.6 循环经济金融支持的边界

金融支持对于循环经济的发展而言极其关键，它能极大地加快循环经济发展步伐，从而给社会各方面带来长期的巨大收益。然而任何一项政策都有其成本与收益。循环经济金融支持同样存在这一问题。

循环经济金融支持的边界由循环经济金融支持的制度供求决定。根据制度经济学，制度变迁的动力来自于对绩效增进的追求，但制度变迁的方式选择和路径选择，则实际取决于变迁的成本一收益均衡。当制度变迁的成本小于（或等于）其绩效时，经济主体对于是否进行这项制度变迁，可能会存在一个理性的决策过程。

制度变迁成本与收益之比会促进或推迟金融支持制度的变迁，决定了金融支持的广度与深度。诺斯（1971）等人认为，制度安排之所以会被创新，是因为在现有制度安排下无法实现潜在利益，从而行为者产生了对新的制度安排的需求，即是说，一项新制度安排只有在创新的预期收益大于预期成本时，才会被作出。而进入预期收益函数的变量有多个，包括资本收益的获得、风险分担、规模经济的实现、交易成本的减少、外部性的减弱等。

因此，循环经济产业投资的顺利实现，必须建立在健全资本经营收益回报机制的基础之上，满足金融资本在市场公平竞争基础上运营的最低边界条件，即边际成本＝边际收益，也即要确保参与循环经济产业资本供给与运营的主体（包括国有资本、集体资本、私人资本等持有者）能够满足循环经济产业资本项目运作的最低要求，即项目经营不亏损，否则，将失去驱动社会资本参与循环经济产业投资的内在动力。随着循环经济的发展，金融支持的成本与收益对比也将发生变化，从而渐次趋近其合理边界。因此，各种金融主体在确立循环经济金融支持时，必须确立合理的金融支持边界。

第 4 章 中国循环经济发展中的金融因素

中国循环经济起步较晚，但在各方面、尤其是在金融业的支持下，循环经济获得了快速发展，既存在着金融支持循环经济发展的诸多有利因素，也存在着若干亟待解决的问题。

4.1 中国循环经济金融支持的现状

1. 制定了相关支持政策

中国提出循环经济战略后，主要从财政方面，拨付大量资金或直接投资，或建立综合以及专项基金，用于循环经济建设。另外，还制定了相关财税、价格、产业政策等经济政策，以推动循环经济的发展。金融业主要是增加信贷计划，加大循环经济贷款的力度。银监会 2007 年联合相关部门制订、印发了《关于落实环保政策法规防范信贷风险的意见》等政策措施，向银行业金融机构转发了环保总局公布的流域限批地区和挂牌督办企业名单，30 家企业受到信贷控制。2007 年 11 月 23 日，中国银监会关于印发《节能减排授信工作指导意见》的通知（银监发［2007］83 号），提出银行业金融机构把调整和优化信贷结构与国家经济结构紧密结合，有效防范信贷风险。与此同时，银监会督促银监局加强对银行业金融机构节能环保授信工作的指导，搭建节能环保信息平台，建立信息共享机制，做好节能环保信息服务工作。2010 年 4 月 19 日，国家发展改革委、人民银行、银监会、证监会联合发布《关于支持循环经济发展的投融资政策措施意见的通知》，要求加大对发展循环经济的投融资政策支持力度，促进循环经济形成较大规模，加快调整经济结构，转变经济发展方式，建设资源节约型和环境友好型社会。为了全面落实2010年5月5日国务院节能减排工作电视电话会议精神和《国务院关于进一步加大工作力度确保实现“十一五”节能减排目标的通知》(国发〔2010〕12号)，全力支持节能减排工作，促进淘汰落后产能，确保实现“十一五”节能减排目标，2010年5月28日中国人民银行、中国银行业监督管理委员会发布《关于进一步做好支持节能减排和淘汰落后产能金融服务工作的意见》（银发〔2010〕170号)，提出加强信贷政策指导和督导检查力度，多方面改进和完善金融服务，积极建立健全银行业支持节能减排和淘汰落后产能的长效机制。

2. 提供相关金融服务

金融服务功能是金融机构的一项重要功能，也是循环经济产业发展所必需的。2008年3月19日中国中国人民银行、中国银行业监督管理委员会、中国证券监督管理委员会、中国保险监督管理委员会联合发出《关于金融支持服务业加快发展的若干意见》，提出深化改革，完善机制，为服务业加快发展创造良好金融环境；加快金融业基础设施建设，打造支持服务业加快发展的金融服务平台。银监会相继发布了一些规范文件，要求强化对节能减排的金融服务支持。例如，银监会要求银行业金融机构应加强项目授信的分类管理，有条件的银行可以根据借款项目对环境的影响程度将其分为A、B、C三类，从而为商业银行开展循环经济金融支持提供了可行的依据。

3. 发放节能减排贷款

银监会公布的数据显示，2007年银行业节能减排金融服务工作取得显著成效，五家大型银行（中国工商银行、中国农业银行、中国建设银行、中国银行和交通银行）2007年共发放支持节能减排重点项目贷款1063.34亿元，支持节能减排技术创新贷款38.78亿元，节能减排技改贷款209.41亿元，收回不符合国家节能减排相关政策的企业贷款39.34亿元。对高耗能、高污染等行业的贷款实行存量、增量双控制，加大了对节能减排重点工程项目和技术改造的信贷支持力度。其他中小型银行也积极支持节能减排重点工程和技术创新。上海银行2007年对节能减排重点工程和项目、节能减排技术创新、技术改造和产品推广方面共给予 1.45 亿元的授信支持；兴业银行在 2007 年重点支持了 42 个能效项目，金额达 7.92 亿元。数据显示，截至 2007 年底，主要银行业金融机构向石油加工及炼焦、化工、建材、钢铁、有色和电力等“高耗能、高污染”行业发放中长期贷款 1.7 万亿元，比年初增加 2558 亿元，同比少增 525 亿元，比上年同期增长 17.2%，同比下降 13.6 个百分点。

各银行业金融机构还对环保违规企业有关项目施行限贷、停贷和收贷。民生银行 2007 年提前收回深圳和惠州两家电力公司（皆为燃油电厂且机组建设未经国家发改委核准）项目贷款 5.5 亿元和 1 亿元，并停止续做新贷款。因存在环保违规问题，民生银行南京分行对经营状况良好的某高新材料公司授信申请予以否决。徽商银行对被环保部门挂牌督办或列入黑名单的 7 家企业，停止其新增贷款或存量周转再贷，要求分行对存量贷款只收不贷。[①]

4. 重点支持循环经济试点与相关领域

金融部门支持循环经济涵盖了几乎所有领域，尤其结合了产业结构和资源特点，突出了循环经济发展的重点，优先支持国家级循环经济试点单位。国家级循环经济试点城市鹤壁市是一座因煤而建、以煤而兴的典型的资源性城市，该市经济增长长期呈现“高消耗、高排放、低效益”状态。2005 年 10 月，鹤壁市被确定为国家首批 10 个循环经济试点省、市之一。2006 年，鹤壁市重点耗能企业万元产值能耗同比下降 7%，重点用水企业取水量同比下降 10%，工业用水重复利用率达 90%，固体废弃物综合利用率提高了 1.5 个百分比，市区环境空气质量二级标准以上天数比例达到了 82%，工业污染达标排放率超过 95%，引用水源地水质达标率保持在 100%。[②] 节能降耗的同时，经济金融实现了良性互动。统计资料显示，2002～2006 年，鹤壁市 GDP 年均增长 20.82%，财政收入年均增长 25.51%。同期，鹤壁市金融机构存款余额年均增长 17.51%，各项贷款余额年均增长 7.7%。[③] 安徽省是全国最早

---

① 罗沙，刘诗平．2007 年五大国有银行发放节能减排贷款超千亿元［EB/OL］．新华网，2008－02－26http：//news. xinhuanet. com/newscenter/2008－02/26/content _ 7673675. htm

② 张正杰，侯玉淇．金融支持发展循环经济研究——以鹤壁市为例［J］．济南金融，2007（9）．

③ 张正杰，侯玉淇．金融支持发展循环经济研究——以鹤壁市为例［J］．济南金融，2007（9）．

开展循环经济研究与实践的省份之一，铜陵有色集团、淮南矿业集团、铜陵市成为首批全国循环经济试点，全省有100多个项目获得国家节能、节水、综合利用、清洁生产、科技攻关等循环经济专项国债资金支持，部分重点行业和企业发展循环经济取得积极进展，一批投资10亿元到百亿元的大型循环经济工业园雏形初显，成为招商引资新亮点。

5. 金融支持循环经济建设取得了一定成就

各金融机构切实贯彻落实国家金融机构调控和货币信贷政策，提升金融服务水平，加大对发展循环经济的金融支持力度，金融支持循环经济建设取得了显著成就，如山西的“停贷治污”、沈阳地区的“重污染企业整顿”以及“环保评定五色分类”的江阴模式，取得了很好的示范效果，促进了资源和能源利用率的提高，为经济可持续发展奠定了良好基础。

2005年10月27日，青海省柴达木循环经济区列入国家首批13个循环经济试点产业园区。盐湖化工企业一直被“高投入，低产出，高消耗，低效益，企业产品单一，规模小，综合利用效率低，市场需求复杂多变”等矛盾所困扰，进而导致青海德令哈、格尔木金融系统贷款收益出现截然不同的结果。20世纪90年代，德令哈工行、建行重点支持了青海盐业公司、德令哈碱厂、茶卡盐场、可可盐场等国有企业。这些盐湖企业曾一度效益显著，经过10多年的变迁，一些盐湖企业生产效益逐步下降，银行贷款几乎全部损失。目前，两行贷款损失本金24126万元，利息8992万元。而格尔木金融业却因支持循环经济的发展而分享盐湖企业得到的巨额利润回报。截至2005年底，各家银行共向各类企业发放贷款余额321899万元，其中，盐湖企业贷款余额219912万元，占比68.3%。2005年格尔木盐化企业利息收入就达12181万元，当地商业银行80%的利润来自于大中型盐化工企业的贷款利息收入。格尔木工行、建行、农行成为各自系统的盈利大户，盐化企业日益成为各家商业银行争夺的优质客户。[①] 中国银都——湖南永兴通过金融支持，大力扶持金银冶炼业使其成为发展循环经济的典范。中国中国人民银行永兴支行充分发挥央行指导作用，前瞻性地制定了《关于金融支持“中国银都”发展的指导意见》，加大对金银冶炼产业的信贷投放力度。2001年

① 石海城．金融支持柴达木循环经济发展实证研究［J］．青海金融，2006（4）．

来，累计发放金银企业贷款4.2亿元、办理出口保函600万美元，票据贴现1.54亿元。截至2005年9月末，全县金融机构金银业贷款余额1.99亿元，占整个金融机构贷款总量的19.8%。[①] 永兴县每年却从废渣、废料、废液中，回收和生产着全国四分之一的白银，金银冶炼业已顺利实现由粗放到高精深、污染到环保、零散到集群的循环式发展，取得了较好的经济效益与社会效益。2001～2004年，全县GDP从30.13亿元增至44.83亿元，财政总收入从1.74亿元增至3.41亿元。2001年至2004年，全县金融机构金银业贷款利息收入分别为198万元、303、548、1265万元，年均增长368.4%，分别占全县金融机构全年利息收入的5.7%、7%、14%、36%。2005年上半年，金融机构金银业贷款利息已达756万元，比上年同期增长41%。[②] 据调查统计，2005年以来，荆门市金融部门累计为26家企业或项目提供了近40亿元的资金支持，对10多家高耗能高污染小企业限制了信贷投入，循环经济发展主体的经济效益逐步显现出来。[③]

4.2　中国循环经济金融支持的存在的问题及成因分析

虽然目前金融机构为促进循环经济发展做出了努力，但整体上也存在一些问题。从金融角度看，资金不足是制约循环经济发展的重要因素之一，而且现有金融制度和信贷政策缺陷等问题对此也形成某种程度的制约。金融机构布局不合理、金融管理体制及投资环境的影响。同时，支持渠道狭窄，未形成多层次、多形式的筹资机制，不能满足循环经济发展和产业结构调整对金融服务的需求。比如没有充分发挥政府资金的导向作用；农业产业化经营外部融资环境的不利；资本市场上融得的资金挪作他用，未能投向绿色企业；融资品种单一，不良资产的比重偏

① 夹翠苹．谈可持续发展与财政政策［J］．经济师，2006（4）．

② 郴州市人民银行．“中国银都”：金融支持循环经济发展的有益尝试［EB/OL］．郴州市商务局网站，2005－12－09，http：//chenzhou. mofcom. gov. cn/column/print. shtml? /zhongyaozt/qinghcp/200512/20051201003616

③ 杨国平．金融服务：循环经济发展的助推器——荆门循环经济金融服务体系研究［J］．武汉金融，2008（2）．

高，潜在的金融风险依然存在；金融创新手段滞后，金融服务及创新与我国循环经济的发展的现状和远期规划还不相适应，实际运作还存在许多的问题等等。这些都制约和影响了循环经济发展。

1. 缺乏对循环经济的系统认识，无专门发展循环经济的金融政策

循环经济在我国导入的时间还比较短，对循环经济的理念还缺乏深刻理解。由于受经济利益的影响，GDP 长期以来成了衡量政府官员政绩的唯一标准，地方政府往往只注重眼前的经济增长，发展循环经济则被置于边缘地位，甚至在局部地区和领域产生了与调控初衷背道而驰的结果，继续走“倒 U 型环境库兹涅茨曲线 EKC”① 所描绘的“先污染、后治理”的老路。

同时，循环经济产业本身具有公共产品的性质，循环经济对于各类市场经济主体而言，是一个外部性问题。在没有外部激励的情况下，大部分各类市场经济主体都缺乏发展循环经济的积极性与主动性。金融业也同样缺乏对循环经济的全面理解和系统认识，金融机构营销人员还缺乏对循环经济相关产业和技术、项目远景分析的专业知识，对金融支持循环经济发展的缺乏力度甚至弱化也就在所难免了。政府层面也没有专门发展循环经济的金融支持的系统性政策，既没有明确循环经济信贷项目的范围，也没有优惠信贷措施，更没有明确政策性金融和商业性金融在支持循环经济发展中的职责和定位。同时，金融业支持循环经济发展可能出现的风险缺乏相应的财政贴息等补偿政策，从而制约了金融业支持循环经济发展的积极性。金融业支持循环经济的发展还主要集中在传统的优势产业上，而对新兴产业以及科技含量高的行业则涉足较少。金融政策的制定和实施并未充分重视发展循环经济的重要性，有时还存在片面追求速度和经济效益而忽视经济增长质量与社会效益的问题。

---

① 1993 年 Panayotou 借用 1955 年库兹涅茨界定的人均收入与收入不均等之间的倒 U 型曲线，首次将环境质量与人均收入间的关系称为环境库兹涅茨曲线（Environmental Kuznets Curve，EKC）。EKC 揭示出环境质量开始随着收入增加而退化，收入水平上升到一定程度后随收入增加而改善，即环境质量与收入为倒 U 型关系。即当一个国家经济发展水平较低的时候，环境污染的程度较轻，但是随着人均收入的增加，环境污染由低趋高，环境恶化程度随经济的增长而加剧；当经济发展达到一定水平后，也就是说，到达某个临界点或称“拐点”以后，随着人均收入的进一步增加，环境污染又由高趋低，其环境污染的程度逐渐减缓，环境质量逐渐得到改善。参见韩贵峰等．环境库兹涅茨曲线研究评述［J］．环境与可持续发展，2006（1）．

2. 投资主体单一，投入资金不足

长期以来，由于政府定位错位和职能不明，政府一直扮演着我国投资的主体角色。对循环经济的投入主要来自中央政府和地方政府，造成财政投资的严重偏向，大量资金流向城镇固定资产建设和传统经济发展领域。以广东省为例，环境保护产业发展所需资金，大多数来源于政府的计划融资（见表4.1）。这与市场经济国家的情况恰好相反。

表4.1　广东省近年来环保产业融资渠道分布（单位：亿元）

年份	国家预算内资金	环保专项资金	国内环保贷款	外资	其他	企业自筹
1999	4754.5	1811.7	1543.9	7312.5	70768.6	
2000	10017.4	5499.3	3053	12010	14854.3	
2001	2318.9	4647.4	149257.4	16006	207872.5	
2002	4678.7	2360.9	45397.4	14848.1	100426.7	
2003	69672.6	3082.2	21241	12207.8	177895	139481.9
2004	349	3592.9	90651.8	4953.5	256684	145373
2005	80.8	7947.3	37609	1368.4	362355.6	314907.9
2006	100.6	8122.7	41223	987.8	24987.6	39800.6
2007	113	7800.6	32556.6	1089.5	34129.4	41889.7

资料来源：龙先文．从投融资角度看广东省循环经济发展［J］．金融经济，2009（10）．

我国先后确定了两批循环经济试点单位，也是由政府投资。国家循环经济第一批试点单位包括钢铁、有色、化工等在内的7个重点行业的42家企业；再生资源回收利用等4个重点领域的17家单位，国家和省级开发区、重化工业集中地区和农业示范区等13个产业园区，资源型和资源匮乏型的10个省份和城市，于2005年11月启动。这些循环经济项目大多具有建设周期长、资金需求量大的特点。同时，循环经济是建立在科技进步基础上并以科技创新为主要驱动力的经济发展方式，它与知识经济是紧密结合在一起的，知识创新、技术进步必然需要大量资金作为基础。

虽然当前融资渠道有所扩大，如国债环保投资、环境保护利用外资、环境保护企业上市融资、BOT项目融资、污染治理设施的市场化运营、环境保护基金、税收优惠政策、信贷优惠的金融政策、公共财政改革、探索发行环境保护彩票、试点排污权交易等，但是当前这些投融资渠道中涉及市场化性质的在我国运用的还较少，实际运用的投资渠道仍显狭窄，融资方式较为简单，主要还是依靠政府的财政投入、发行国债、环境保护基金、征收排污费、使用者收费和基础设施产权交易等方式进行投融资，社会、民间、企业和外资等方面参与投融资还十分有限。

面对如此巨大的资金需求，主要依靠政府来进行投资显然是难以承担的，同时也就使得循环经济的投入资金总量严重不足。这些无疑影响到循环经济的健康快速发展，不利于经济发展方式的转变与经济增长质量的提高。

3. 融资机制不完善

（1）循环经济金融支持体系不健全。当前，我国循环经济金融支持主要依赖于国有商业银行，循环经济金融支持体系不完善。一方面，尚未建立循环经济政策性金融支持体系。循环经济的发展包括不同企业或不同产业之间的生态工业链及“生态工业园”建设，以及社会整体内循环的绿色消费市场和资源回收产业、绿色产业等，具有跨行业、综合性、系统性、项目与项目之间的关联性强等特点。同时，由于循环经济将多个生产环节进行组合，使生产链与循环经济周期加长，短期内难以收回投资，私人投资者一般不愿意进入。因此，必须建立与循环经济发展相适应的政策性融资体系，引导私人投资者进入循环经济领域，为循环经济发展提供资金支持。美欧和日本的开发性投融资机构，都是把财政性资金转化为信贷资金发放运作，运作效率很高。例如，作为政策性金融机构，德国复兴银行对循环经济发展项目给予低息贷款，其特点是利息低、时间长，最初几年可以免利息。我国目前还没有建立支持循环经济发展的专门政策性金融机构，现有政策性银行对循环经济产业支持也不够，没有提供专门的融资政策。

另一方面，中小金融机构体系还没有真正建立起来。虽然我国已有遍及城乡的农村信用社和股份制银行、城市商业银行，除农村信用合作社有大量下伸网点外，其他金融机构下伸网点较少，金融机构覆盖面较窄，严重制约了农村经济主体与金融机构的信息沟通和互利合作。同时，由于它们的整体实力弱、经营规模小等方面的约束，中小金融机构在市场上的竞争仍处于不利的地位，相当部分的分支机构面临亏损和支付风险的压力，将贷款投到以往国有商业银行占据的传统经济领域，因而无法为发展循环经济提供足够的资金支持。

(2) 市场准入的制约，民间金融发展受到抑制。我国民间资本和外资等进入循环经济领域的比例还很低，如环保产业仍是以政府投资为主，企业和公众投资较少。从金融深化质的标准即资金配置的有效性来看，我国的市场化金融明显滞后，整体上仍处于抑制状态之中，民间资本进入渠道不畅，民间金融发展受到抑制。我国《商业银行法》、《贷款通则》等都对贷款作了许多限制性的规定，对中小企业融资构成了制约，比如抵押担保等。而鼓励对中小企业发放信贷的政策只是杯水车薪，不能从根本上打开商业银行与中小企业对接的通道。银行提供的金融服务和业务创新远远不能满足中小循环型企业的需求。目前还没有完善的市场准入制度，民间资本进入渠道不畅。因此，要对民间资本可以介入循环经济投资领域的范围与相关的融资体系作出规范，并给予适当优惠等政策措施。

(3) 过分依赖银行业间接融资支持。中国是以银行业为主体的金融体系。以银行为代表的金融业[①]是商品货币经济高度发展的产物，是从货币经营业发展而来的。马克思指出："一旦借贷的职能和信用贸易同货币经营业的其他职能结合在一起，货币经营业就得到了充分的发展"，[②] 发展成银行业。中国循环经济金融支持中同样存在着以银行业为主体的现象。长期以来，我国经济社会发展依赖于银行业的融资支持，发展循环经济也是如此，主要依靠银行加大对循环经济发展的信贷投入，给予利率优惠，以及限制对污染企业的授信。由此导致金融支持循环经济发展的手段相对单一，增加了商业银行的资金供给压力以及由此可能引发的金融风险过度集中于银行业。

(4) 证券市场尚不能为循环经济发展提供有效的金融支持。我国尚未形成一个完善多层次的资本市场体系，由于主板市场对上市企业的资本、利润等方面要求较高，对企业发行股票上市融资有十分严格的限制条件，大部分循环型企业难以上市。中小循环型企业更是难以直接上市融资，无法利用股票市场这一筹集外部资金的重要渠道。因此，证券市场无法为循环经济企业提供有效的融资支持服务。同时，我国严格的债券发行条件，使得债券融资与股票融资相比所具有的"税收抵板"作

① 金融业一般是指把货币和有价证券等货币资产当作经营对象的服务业。广义的金融业不仅包括银行业，而且还包括保险、证券和信托等行业。

② 马克思：资本论（第3卷）[M]．北京：人民出版社，1975：357.

用、财务杠杆效应、不分散企业控制权以及更能解决信息不对称的优点荡然无存，反而增加了企业债券融资的难度。因此，企业的资金需求主要靠银行信贷来满足，融资渠道单一。企业主要依靠业主的内部融资（包括业主的股权投资、保留盈余和非正式股权）、商业信贷来取得发展资金。

4. 利率机制不完善

商业银行作为以利润最大化为目标的特殊企业，由于利率机制较为僵化，利率体系不够完善，导致无法补偿商业银行对循环型企业贷款承担的高风险和高成本而使商业银行发放信贷的积极性不高，难以形成自发的市场配置资金的渠道和机制，从而造成了循环型企业无法以较低的成本获得信贷。

5. 金融资源配置不均衡

（1）金融机构布局不合理，金融服务功能不完善。由于商业性金融组织的产权效用函数是“利润最大化”，金融机构必然在利润较高的地区进行配置。且当前我国仍然存在着二元金融结构，正规金融和“非正规金融”并存，这样正规金融由于组织体系和组织结构的约束，同样具有了显著的“城市化偏好”。金融机构主要分布在东部地区和大中型城市（占我国金融机构总数的 70%以上）。同时，随着近几年中国金融业的改革，金融机构为了减少其金融运行成本，不断撤并其农村基层分支营业网点，导致中西部地区、中小城市和农村地区的金融机构分布密度较小，信贷机构的人口覆盖率和企业覆盖率小，每千人平均拥有 0.0574 家银行分支机构，而美国、德国、日本等发达国家分别达到 0.271、0.5364 和 0.4180，中国每千户企业平均拥有 0.01 家银行，而上述各国分别为 1.05、1.10 和 1.81。① 由此致使金融对县域经济金融服务水平下降，制约了县域循环经济的发展。② 这势必造成农村循环经济金融支持

① 宋立．我国货币政策信贷传导存在的问题及解决思路［J］．管理世界，2002（2）．

② 例如，截至 2006 年末，鹤壁市国有商业银行网点数为 62 家，比 1998 年减少 154 家。国有商业银行保留的分支机构经营管理也发生了巨大变化，鹤壁市各商业银行层层上收客户信用评级权和贷款发放权，县级分支机构只吸收存款和清收不良贷款，不发放新增贷款，对县域经济实行信贷弱化，金融服务水平下降。从 2006 年鹤壁市金融机构信贷投入的有关数据看，只有农信社对县域经济发展增加信贷资金 115899 万元，而 4 家国有商业银行不但没有增加对县域的信贷投入，反而减少了 1700 万元，制约了县域循环经济的发展。见张正杰，侯玉淇．金融支持发展循环经济研究——以鹤壁市为例［J］．济南金融，2007（9）．

的弱化和循环经济发展的区域非均衡状态的加剧。

（2）金融资源区域分布不均。不仅金融机构分布不均，金融资源区域分布也存在不均衡的问题。金融资源的区域分布是推动区域经济增长的基础性资源之一，但我国金融资产的80%集中于国家独资商业银行，且金融资源的区域分布很不均，65%以上的金融资源集中在上海、天津、广州三大央行分行所管辖的地区，[①] 总的分布状态由东部向中西部递减。发达地区循环经济会得到较多的金融支持，而其他地区则存在资本缺乏，导致这些地区循环经济发展缓慢，尤其是县域循环经济发展乏力。

（3）金融资源配置结构扭曲，中小企业严重存在融资困难。与二元金融结构相适应，金融资源配置也存在二元配置的问题。一方面是国有商业银行求着大企业、大集团贷款，另一方面是广大中小企业求贷无门，由此导致两个突出问题。一是信贷资金较多地投向了大型企业，对中小企业发展循环经济的信贷支持弱化。从整体上看，民营企业创造了GDP的65%，但其得到的金融资源却低于15%；民营企业550多万家，能从银行融资的不到10%，直接上市的企业不到100个，包括后来在境外上市的，现在为410家左右。[②] 据对鹤壁市的调查，在调查的120户样本企业中，19家大中型重点企业实际贷款金额219844.57万元，占总贷款金额的77.05%，68户中小企业获得的贷款为65471.43万元，仅占总贷款金额的22.95%。二是信贷支持中小企业与高新技术产业技术改造不力。例如，鹤壁市辖区商业银行在贷款投向上偏重于电力，煤炭等能源基础产业或基本建设项目，而与此相对应的是新建高新技术企业贷款和技术改造贷款投放明显不足。2007年末，鹤壁市银行业金融机构发放的技术改造贷款余额为4000万元，仅占中长期贷款余额的1.27%。[③] 技术改造贷款规模和比重明显偏低，信贷支持不力，严重影响了鹤壁市产业升级和产品更新换代，影响了企业循环经济项目技术水平的提高。

① 刘海英．话说金融“故事”［J］．中国改革（综合版），2003（3）．

② 保育钧．组建区域性民间商业银行需政策放闸［J］．中国经济周刊，2008（10）．

③ 张正杰，侯玉淇．金融支持发展循环经济研究——以鹤壁市为例［J］．济南金融，2007（9）．

6. 金融创新与循环经济发展不相适应

银行业是金融创新的主体。我国与循环经济有关的金融创新几乎没有。1997年左右在国外出现了“环境金融”（Environmental Finance）的政策和理论体系。美国和日本均成立了“地球环境基金”，仅1998年，日本地球环境基金就对195项循环经济项目提供了7.3亿日元的资金。目前在美国、欧盟和日本，常见的环境金融创新产品包括：绿色抵押等银行类环境金融产品、生态基金等基金类环境金融产品、天气衍生品和排放减少信用等金融衍生品。目前我国金融机构与循环经济相适应的体制和业务创新还远远不够，几乎没有与循环经济相适应的金融衍生工具，导致无法分散发展循环经济给企业带来的风险，难以满足循环经济发展对金融服务的需求。

7. 非银行金融机构服务不到位

循环型企业对证券、保险、信托、租赁、理财、咨询、资本运作以及金融衍生品交易等方面的现代金融服务的需求较高。但我国的证券公司、保险公司、信托公司等各类非银行金融机构因机构数量偏少、资产规模较小、业务范围狭窄，还不能为循环经济的发展提供充分的现代化的金融服务。

8. 企业对金融支持发展循环经济缺乏积极性

市场经济体制下，企业应该是循环经济产业的投资主体，但在我国企业对金融支持循环经济发展的积极性较低。企业对发展循环经济的具有内在要求的唯一积极性在于发展循环经济可给企业带来经济效益，至少是企业为发展循环经济所需支付的相关成本小于向政府交纳的费用，如排污费。否则，企业宁愿缴纳排污费和罚款也不愿通过金融支持来推动技术进步进而开展清洁生产，从源头防治污染。因此，市场化的经济手段在循环经济产业中没有充分发挥应有的作用，由此导致企业缺乏采用循环型生产方式的内在动力，对金融支持循环经济就更没有积极性了。

9. 循环经济金融支持的法律政策和制度不健全

市场经济是法治经济，发展循环经济应当有完备的法律及相关制度来作为保障。现有的国民经济核算体系、价格体系、税收体系、财政金融规制等基本经济制度和部分宏观产业政策仍然是服务干传统经济发展模式的制度和政策体系。我国已经颁布的与循环经济相关的综合性法律有1995年10月通过的《中华人民共和国固体废物污染环境防治法》，

2002 年 6 月通过的《中华人民共和国清洁生产促进法》。《固体废物污染环境防治法》虽然规定了固体废物的减量化和循环利用，但主要是从末端控制角度考虑的，不能从根本上改变经济活动的线性物质流动方式。《清洁生产促进法》的颁布标志着我国环保立法已从末端污染治理方式转向生产全过程控制，该法第 9 条明文规定“发展循环经济”。但这些法律都没有涉及金融支持。除 2000 年中国人民银行和国家经贸委联合下发的《关于对淘汰的落后生产能力、工艺、产品和重复建设项目限制或禁止贷款的通知》、2007 年 11 月中国银监会制定的《节能减排授信工作指导意见》外，当前我国金融政策尚没有形成完善的支持循环经济发展的法律及相关制度规范，推动循环经济发展的外在动力和内在利益机制没有普遍形成，从而影响到金融支持循环经济作用效果的充分发挥。

总之，中国循环经济金融支持存在诸多问题，其原因主要是宏观调控政策的引导和财政投资的力度不足、金融市场上的金融抑制、金融体系建设和金融机构改革的不完善导致循环经济发展的信贷支持薄弱，资本市场融资比例偏低和融资工具创新的不足，导致循环经济发展的筹资渠道过窄，以及金融生态环境欠佳和风险补偿机制缺失致使我国循环经济发展金融支持的保障体系难以形成等。而且，循环经济作为一种新的经济发展方式，其技术创新、项目建设和产业实践是与农业、工业和第三产业等众多行业紧密联系在一起的，不便于统计支持循环经济发展的金融数据。从投融资的角度看，政府支持不力和商业化融资手段缺位或没有充分发挥作用是循环经济投资总量不足的主要原因。

4.3　循环经济发展的金融资源供需矛盾分析

中国经济快速增长，生产力水平不断提高，为发展循环经济提供了坚实的经济基础与金融资源。同时，中国严峻的自然资源形势与生态危机和经济发展目标决定了循环经济产业巨大的资金需求。循环经济发展的金融资源供需存在着较大的缺口。

4.3.1　金融资源供给充足

改革开放 30 多年来，中国经济发展取得了巨大成就，年均 GDP 增长达到10%的速度，经济货币化程度不断加深，金融资产总量获得较快增长，金融运行环境不断好转，从而聚集了大量金融资源。银行业金融机构资产继续扩大（表4.2），到2010年6月底，银行业金融机构总资产达842565.4亿元。①

表4.2 银行业金融机构资产总量②（单位：万亿元）

年份	2003	2004	2005	2006	2007	2008	2009
银行业金融机构	27.66	31.60	37.47	43.95	52.6	62.4	78.8万

2007年农村金融合作机构（农村信用社、农村合作银行、农村商业银行）人民币贷款余额3.1万亿元，比年初增加5085亿元。全部金融机构人民币消费贷款余额3.3万亿元，增加8699亿元。其中个人住房贷款余额2.7万亿元，增加7147亿元。

表4.3 中国城乡居民人民币储蓄存款余额及增长速度（单位：亿元，%）

年份	年末存款余额	比上年末增长	固定资产投资余额	GDP	储蓄占投资比重	储蓄占GDP比重
2000	64332	7.9	32918	89442	195.43	71.93
2001	73762	14.7	37213	95933	198.22	76.89
2002	86911	17.8	43500	120333	199.80	72.23
2003	103618	19.2	55567	135823	186.47	76.29
2004	119555	15.4	70477	159878	169.64	74.78
2005	141051	18.0	88774	183868	158.89	76.71
2006	161587	14.6	109998	210871	146.90	76.63
2007	172534	6.8	137239	246619	125.72	69.96
2008	217885	26.3	172291	300670	126.46	72.47
2009	260772	19.7	224846	335353	115.98	77.76

① 中国银行业监督管理委员会. 银行业金融机构资产负债情况. http://www.cbrc.gov.cn/chinese/home/jsp/docView.jsp? docID = 20100421942424C5F72ABDB5FF087B3570A92A00

② 中国银行业监督管理委员会年报。

资料来源：中华人民共和国国家统计局。2003～2007数据年来自《2007年国民经济和社会发展统计公报》。2000～2001数据年来自《中华人民共和国2002年国民经济和社会发展统计公报》。2002年数据来自《中华人民共和国2006年国民经济和社会发展统计公报》。2007数据年来自《2008年国民经济和社会发展统计公报》。2009数据年来自《2009年国民经济和社会发展统计公报》。

中国经济长期、持续、快速增长，使居民收入不断增长（虽然结构不均），储蓄率也随之呈现持续增长的趋势（表4.3）。2006年以前储蓄存款增势明显，以后虽然有所下降，但2007年末[①]，全国城乡居民人民币储蓄存款余额仍然达到创纪录的172534亿元，占当年GDP的69.96%。2009年城乡居民人民币储蓄存款进一步上升，人民币各项存款余额达59.8万亿元。储蓄的迅速增长也为我国循环经济的发展提供了稳定的金融资源，成为我国发展循环经济金融资源的主要部分。

同样，我国各层次货币供应量近年来持续快速增长（表4.4）。2000～2006年M_0、M_1、M_2年均增长分别为10.5%、15.3%、16.5%。2007年以来货币供应量增长进一步加快，12月末，广义货币（M_2）余额40.3万亿元，比上年末增长16.7%，回落0.2个百分点；狭义货币（M_1）余额15.3万亿元，增长21.1%，加快3.5个百分点；流通中货币（M_0）余额30334亿元，增长12.1%。[②] 年末全部金融机构本外币各项存款余额40.1万亿元，增长15.2%；全部金融机构本外币各项贷款余额27.8万亿元，增长16.4%。[③] 根据央行公布的数据，年末广义货币供应量（M2）余额为60.6万亿元，比上年末增长27.7%；狭义货币供应量（M1）余额为22.0万亿元，增长32.4%；流通中现金（M0）余额为3.8万亿元，增长11.8%，[④] 增速依然在高位。年末全部金融机构本外币各项存款余额61.2万亿元，比年初增加13.2万亿元。其中人民

① 2007年储蓄存款增速大幅下降，可能的原因有：一是物价水平的快速上涨，消耗了城乡居民收入，致使储蓄存款减少；二是2007年股市表现良好，呈上升之势，分流了很大一部分资金进入了股票市场。

② 国家统计局网站，2008－1－24，http：//www.stats.gov.cn/tjfx/jdfx/t20080124_402460060.htm

③ 中华人民共和国国家统计局：《2007年国民经济和社会发展统计公报》(2008年2月28日)。

④ 中华人民共和国国家统计局：《2009年国民经济和社会发展统计公报》(2010年2月25日)。

币各项存款余额59.8万亿元，增加13.1万亿元。全部金融机构本外币各项贷款余额42.6万亿元，增加10.5万亿元。其中人民币各项贷款余额40.0万亿元，增加9.6万亿元。[①] 同时，我国广义货币M_2增长快于实体经济增长。除2004年外，2000～2006年广义货币M_2增长率均高于同期GDP名义增长率，M_2增长率平均比GDP名义增长率高3.6个百分点。货币供应量的快速增长使得M_2对GDP的比值不断上升，由2000年的1.36上升为2006年的1.65，2009年则上升到3.184。这意味着经济发展对银行体系的依赖性进一步增强。由此可见，银行业的金融资源对经济发展的巨大作用。

表4.4　2000～2007年各层次货币供应量增速及M_2与GDP的比值

指标	2000	2001	2002	2003	2004	2005	2006	2007	2008	2009
M2增长率（%）	12.3	17.6	16.8	19.6	14.7	17.6	16.9	16.7	17.8	27.7
M1增长率（%）	16.0	12.7	16.8	18.7	13.6	11.8	17.5	21.1	9.1	32.4
M0增长率（%）	8.9	7.1	10.1	14.3	8.7	11.9	12.7	12.1	12.7	11.8
GDP名义增长率（%）	10.6	10.5	9.7	12.9	17.7	14.5	14.4	11.4	9.0	8.7
M2/GDP	1.357	1.444	1.537	1.629	1.589	1.632	1.650	1.465	1.978	3.184

资料来源：2000－2006来自万东华，江明清，姜雷光，付凌晖．当前流动性过剩产生原因及对策［J］．中国国情国力，2007（7）。2007－2009年数据来自国家统计局。

证券市场融资规模不断扩大。企业通过证券市场发行、配售股票筹集资金规模不断增加，历年股票发行量和筹资额见表4.5。2009年末上市公司通过境内市场累计筹资3653亿元，比上年增加1255亿元。其中，首次公开发行A股99只，筹资2062亿元，增加995亿元；A股再筹资（包括配股、公开增发、非公开增发、认股权证）1591亿元，增加259亿元；上市公司通过发行可转债、可分离债、公司债筹资813亿元，减少185亿元。全年首次公开发行创业板股票36只，筹资204亿元。全年发行非上市公司企业（公司）债券4252亿元，比上年增加1885亿元。企业发行短期融资券4612亿元，增加281亿元；中期票据6987亿

① 中华人民共和国国家统计局：《2009年国民经济和社会发展统计公报》（2010年2月25日）。

元，增加 5250 亿元。发行中小企业集合票据 12.7 亿元。①

2009 年全年保险公司原保险保费收入 11137 亿元，比上年增长 13.8%，其中寿险业务原保险保费收入 7457 亿元；健康险和意外伤害险业务原保险保费收入 804 亿元；财产险业务原保险保费收入 2876 亿元。支付各类赔款及给付 3125 亿元，其中寿险业务给付 1269 亿元；健康险和意外伤害险赔款及给付 281 亿元；财产险业务赔款 1576 亿元。②

表 4.5　历年股票发行量和筹资额（亿股、亿元）

年份	股票发行量	筹资额
1991	5.00	5.00
1992	20.75	94.09
1993	95.79	375.47
1994	91.26	326.78
1995	31.60	150.32
1996	86.11	425.08
1997	267.63	1293.82
1998	105.56	841.52
1999	122.93	944.56
2000	512.04	2103.08
2001	141.48	1252.34
2002	291.74	961.75
2003	281.43	1357.75
2004	227.92	1510.94
2005	567.05	1882.51
2006	1287.77	5594.29
2007③	22416.85	8680.17
2008	23996.78	2630.39

① 中华人民共和国国家统计局：《2009 年国民经济和社会发展统计公报》（2010 年 2 月 25 日）。

② 中华人民共和国国家统计局：《2009 年国民经济和社会发展统计公报》（2010 年 2 月 25 日）。

③ 1991～2006 年数据来自《中国统计年鉴 2007》。2007、2008 年数据来自中国证券监督管理委员会统计月报，2008 年数据截止 2008 年 7 月底。

随着中国国际经济交往的迅速发展，国家外汇储备逐年上升。2009年末国家外汇储备 23992 亿美元，比上年末增加 4531 亿美元。年末人民币汇率为 1 美元兑 6.8282 元人民币，比上年末升值 0.1%。（见图 4.1）。[①]

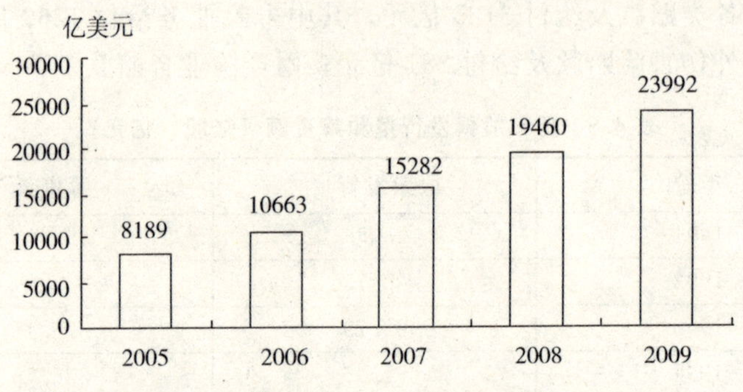

图 4.1　2005～2009 年年末中国外汇储备

中国经济的持续发展聚集的大量金融资源，无疑为国家实施金融动员和金融资源配置，发展循环经济提供了充裕的金融资本源泉，有利于推动循环经济的发展。

4.3.2　循环经济资金需求巨大

近年来，中国经济快速发展，但由于经济发展方式还是粗放型，经济增长主要是靠拼资源而获得，资源消耗惊人，水污染、空气污染、酸雨等环境污染现象严重，一些持久性有机污染物、重金属、辐射、电子垃圾等新的环境问题也在不断增多[②]，对环境承载力构成了严重的压力。由此可见，“经济增长的资源环境代价过大”[③]。资源环境的严重破坏，对新农村建设、发展循环经济构成了巨大的环境威胁。近年来不断发生在农业领域的安全事件充分证明了这一点，如 2006 年 11 月的“多宝鱼事件”，[④] 2008 年 9 月的“三鹿奶粉”以及多家乳业公司的奶粉含有“三

① 中华人民共和国国家统计局：《2008 年国民经济和社会发展统计公报》（2009 年 2 月 26 日）。

② 资源环境问题成为我党重点关切［EB/OL］．2007－10－17，新华网，http://news.xinhuanet.com/newscenter/2007－10/17/content_6894248.htm

③ 胡锦涛．中共十七大报告。

④ 鲁宁．多宝鱼只是海产品污染冰山一角［N］．东方早报，2006－11－20.

聚氰胺”致人死亡事件，更是把食品安全领域各个环节的问题推上风口浪尖。

为从根本上转变经济发展方式，建设生态文明，中国未来循环经济投资需求巨大。例如，江苏省从2006年起就设立循环经济专项资金，当年就投入3000万元，共资助63个循环经济项目，2007年6月增至1亿元，以帮助企业发展节能、循环经济重大技术项目。① 从2005年以来，宁波晓塘乡先后投入资金10000万元用于农业循环经济建设。② 河北省把邯钢新区打造成循环经济型和清洁生产型“样板”工程，建成国内最具竞争力的钢铁企业，成为河北省“十一五”期间钢铁产业结构调整的标志性工程，在各个环节均采用了世界领先的节能环保技术，仅采用干熄焦发电、余热发电、煤气发电的总装机容量达24.6万千瓦，年发电15.6亿度，满足新区年用电量的66%，总投资达193.68亿元。③ 据安徽省国资调查汇总，2005年省属企业科技活动投入39亿元，2006年43亿元，2007年60亿元。马钢集团加快由资源消耗型向资源节约型转变的步伐，管好存量，控制增量，淘汰落后轧钢产能200万吨，节能减排和环保投入超过50亿元。④ 界首市自2004年以来，就开始循环经济实践，初步建成了田营再生铅、西城再生铝铜、光武再生塑料、鸭王再生绳网四个循环经济工业区。四个工业区规划面积22平方公里，已建成7.5平方公里，完成固定资产投资26.7亿元。田营再生铅循环经济产业园先后被批准为安徽省首批循环经济试点园区和国家第二批循环经济试点园区。⑤

仅就环境保护的投入来说，所需资金也十分庞大。在环境保护方面的投入逐年提高，到2006年，全国环境污染治理投资为2567.8亿元，

---

① 江苏投入1亿元支持发展循环经济帮助企业节能［N］．中国税务报，2007-06-29．

② 农业循环经济试点工程将为晓塘乡农民节资创收上千万元［EB/OL］．宁波中小在线，2008-8-7，http：//www.nbsme.gov.cn

③ 刘虹通讯员王维刚．全力打造循环经济型和清洁生产型样板工程邯钢新区建设取得重大进展［EB/OL］．河北新闻网，2007-11-23，http：//www.handannews.com.cn/benshi/2007-11/23/content_995859.htm

④ 安徽省发改委．创新循环经济为皖国企导航［EB/OL］．2008年07月13日，http：//www.ahpc.gov.cn/information.jsp？xxnr_id=10050226

⑤ 2008-07-08 安徽省界首市发展循环经济的主要做法［EB/OL］．http：//www.ahpc.gov.cn/information.jsp？xxnr_id=10049911

比上年增长7.5%，占当年GDP的1.23%，达到历史新高。[①] 中国环境科学院的研究认为，要使中国的环境质量有明显改善，环境保护投资需占GNP的2%以上；环境问题基本解决，环境保护投资需占GNP的1.5%；环境污染基本得到控制，环境保护投资也需占GNP的1%。[②] 根据中国环境保护投融资机制研究课题组（2004）所做的不完全预测，中国“十一五”期间环境保护投资总需求为9388亿元（见表4.6），比“十五”增长了34%。预计未来10年中国环境保护投资需求占GDP的比例在1.7%～2.3%之间。[③]

农业循环经济的发展也需要大量资金。农业丰则基础牢，农民富则国家盛，农村稳则社会安。“三农”问题始终是中国发展的全局性和根本性问题。农业既是国民经济的基础，又是一个弱质产业。农业资源与生态环境安全是农业可持续性发展的基础。建设新农村就是要向以人的全面发展为核心的发展理念转变，必须把防治生态破坏、治理污染与粮食安全结合起来，从源头上保证发展循环经济所必需的良好生态环境。农业产业化、农业科学技术创新如数字农业技术、农作物品种的繁育等等都需要庞大的资金做后盾。贵州铜仁地区大鹅循环经济链被认为是贵州省农业循环经济产业发展的一个典型代表，却遭受资金缺乏的困扰，难以为继。

表4.6　中国未来10年环境保护的投资需求预测（单位：亿元）

投资领域	“十五”投资需求	“十一五”投资需求	10年投资总需求
水污染治理	2700	3587	6287
大气污染治理	2800	3289	6089
固体污染控制	900	1612	2512
生态保护	500	700	1200
能力建设	100	200	300
合计	7000	9388	16388

资料来源：中国环境保护投融资机制研究课题组．创新环境保护投融资机制［M］．北京：中国环境科学出版社，2004：42.

---

① 全国环境统计公报（2006年），2007—09—24，［EB/OL］．http：//www.zhb.gov.cn/plan/hjtj/qghjtjgb/200709/t20070924_109497.htm

② 贺鹏飞，赵慧．我国环保投资现状及应对［J］．今日财富，2009（12）．

③ 中国环境保护投融资机制研究课题组．创新环境保护投融资机制［M］．北京：中国环境科学出版社，2004：42.

4.3.3　循环经济资金供需矛盾

现实投入与实际需求之间存在着巨大的资金缺口，如何加快建立与市场经济相适应的循环经济金融支持体系，满足中国未来发展循环经济的巨大投资需求，将是一个严峻的挑战。

如前所述，我国循环经济投资主体较单一，投融资渠道过于单一，企业与民间资本缺乏经济利益驱动机制，不利于国内外的社会资金进入循环经济领域。这样一方面造成循环经济产业的资金不足，一些紧迫的循环经济问题难以解决。另一方面使大量的社会资金闲置找不到投资方向，而一些重大的项目，还要依靠国外贷款来解决，抑制了国内循环经济技术和资本市场的发展。

因此，国家应出台相关政策，切实解决循环经济资金供需之间的不平衡所引发的矛盾，缓解循环经济发展的资金压力。

4.4　金融支持循环经济发展的有利因素

4.4.1　国家政策层面的重视

2004年党的十六届三中全会提出了科学发展观。2005年7月国务院发布《国务院关于加快发展循环经济的若干意见》[国发22号]，为中国进一步发展循环经济指出了明确的方向。2006年中央对落实科学发展观提出了具体的措施。并将发展循环经济纳入我国“十一五”规划纲要，纲要明确提出：落实节约资源和保护环境基本国策，建设低投入、高产出，低消耗、少排放，能循环、可持续的国民经济体系和资源节约型、环境友好型社会。党的十七大进一步将建设生态文明、循环经济形成较大规模作为实现全面建设小康社会奋斗目标的新要求而提出。为了解决经济发展中的资源短缺和生态环境问题，中央政府把发展循环经济提到了前所未有的高度，这为金融支持循环经济发展提供了有利的历史机遇。

4.4.2　经济持续发展聚集了大量金融资源

中国经济持续发展，取得了巨大成就，经济货币化程度不断加深，金融资产总量快速增长，聚集了大量金融资源。居民收入不断增长（虽然结构不均），储蓄率呈现持续增长的趋势，储蓄的迅速增长也为我国循环经济的发展提供了稳定的金融资源，成为我国发展循环经济金融资源的主要部分。银行业金融机构资产继续扩大。证券市场融资规模不断扩大。企业通过证券市场发行、配售股票筹集资金不断增加。国家外汇储备充足。中国经济持续发展聚集的大量金融资源，无疑为国家实施金融动员和金融资源配置，发展循环经济提供了充裕的金融资本源泉，有利于推动循环经济的发展。

4.4.3 金融机构设置相对完善

中国金融业是以中央银行为核心，以银行业[①]为主体，证券、保险等经营性金融机构共同构成的金融体系，逐步形成了分业经营、分业监管的金融体制，金融机构设置较为完善，设有中央银行、银监会、证监会、保监会等监管机构，设有商业银行、保险公司、证券营业服务部等经营性机构，为金融支持循环经济发展奠定了基础。

以银行业为例。中国银行业金融机构的主体是国有商业银行、股份制商业银行、各类外资银行和各类存款性金融机构。到 2007 年，我国银行业金融机构共包括政策性银行 3 家，国有商业银行 5 家，股份制商业银行 12 家，城市商业银行 124 家，城市信用社 42 家，农村信用社 8348 家，农村商业银行 17 家，农村合作银行 113 家，村镇银行 19 家，贷款公司 4 家，农村资金互助社 8 家，信托公司 54 家，企业集团财务公司 73 家，金融租赁公司 10 家，货币经纪公司 2 家，汽车金融公司 9 家，邮政储蓄银行 1 家，金融资产管理公司 4 家以及外资法人金融机构 29 家。我国银行业金融机构共有法人机构 8877 家，营业网点 189921 个，从业人员 2696760 人。

4.4.4 金融创新能力不断增强，金融业务不断发展

随着中国经济的快速发展，金融需求也不断增加，金融创新成为金

---

① 中国银行业的主体仍是国有商业银行、股份制商业银行、各类外资银行和各类存款性金融机构。银行业金融机构包括政策性银行、国有商业银行、股份制商业银行、城市商业银行、农村商业银行、农村合作银行、城市信用社、农村信用社、邮政储蓄银行、外资银行和非银行金融机构。

融业提升竞争力的重要手段。创新是金融业的生命力所在。创新意识和创新活动较之以往逐步加强，在经营体制创新、管理创新、业务创新、服务手段创新等方面取得了一定的进展，金融经营管理能力不断加强，金融新业务、新产品不断推出，金融科技水平不断升级，信息平台不断完善，金融服务水平不断提高，为金融支持循环经济的发展提供了良好的条件。

4.4.5　循环经济建设为金融业的发展提供了良好的发展平台

循环经济是一种与生态文明相适应的高效节约的经济发展方式，其快速发展有利于经济增长的提高与经济发展，为经济可持续发展提供更多的金融资源。因此，循环经济建设为金融业的发展创造了良好的发展平台。依据金融发展理论，经济的发展必然带来金融的发展，并为其提供坚实的基础。据调查，柴达木循环经济区工业发展规划初步安排项目152个，总投资为906.74亿元。其中近期规划项目投资额为455.96亿元，中远期规划项目新增投资为460.8亿元。项目包括石油天然气、盐湖化工、煤炭及煤化工、金属及冶金、建材及其他、农畜产品的开发及深加工等。国家一批重要基础设施项目也将开发建设，如青藏铁路西格段复线电气化工程，格尔木——库尔勒、格尔木——龙岗铁路，109国道日月山——格尔木高等级公路建设等。[①] 这些会吸引大量的企业前来投资建设，金融资源将会大量流入，从而给金融业提供了难得的发展机遇。只要金融机构抓住机遇，在支持循环经济发展的同时，也会使自身得到发展。

---

① 石海城．金融支持柴达木循环经济发展实证研究［J］．青海金融，2006（4）．

第5章 循环经济金融支持的制度创新

现代市场经济中，资源配置是制度安排所关注的重点，金融已成为动员社会资源和配置经济资源的基本手段。金融制度成为推动金融资源配置效率的关键因素。构建循环经济金融支持体系必须通过制度创新与机制建设以尽可能低的金融成本（包含金融交易成本和金融机会成本），将有限的金融资源进行最优化配置，为循环经济发展提供资本投资与金融服务。同时，通过发展循环经济实现金融效率的提升。

5.1 制度与制度创新

5.1.1 制度及其功能

1. 制度（Institution）

制度是一种“公共物品”，是约束人们行为的一系列规则。制度在发挥作用的群体中，通常是共同的知识。制度为一个共同体所共有，并总是依靠某种惩罚或激励机制而得以贯彻，由此将人类行为导入可合理预期的轨道。经济理论中，特别是自新制度经济学派兴起以来，制度已被认可为是经济发展的重要原因和前提条件。

从15世纪以来，西方学者往往把习俗（Custom）、惯例（Convention）、传统（Tradition）、社会规范（Norm）等等都包含在制度范畴之中，有时也指有一定规则在内的机构、组织或团体。在康芒斯（1934）那里，则将组织（从家庭、公司、工会、同业协会，直至国家本身）称之为制度，认为制度就是控制个体行动。科斯（1991）也同样将企业称为制度，认为制度是一个社会的游戏规则，是为决定人们的相互关系而人为设定的一些制约。舒尔茨则认为制度是一种行为规则，这些规则涉及社会、政治及经济行为。

制度是人们相互交往的规则，它“抑制着人际交往中可能出现的任意行为和机会主义行为”。[①] 一个好的制度，不仅能促使设计成本、实施成本降低，而且还能诱导生产性努力，抑制分配性努力，约束机会主义行为。而不同的制度安排，会导致不同的经济绩效。即使是同一制度安排，在不同的环境条件下也会产生不同的经济绩效。制度选择应与具体环境（市场环境、产业环境、资源环境等）相适应。

2. 制度的功能

从博弈论角度来看，制度就是社会的博弈规则，是人类设计的以约束人们相互行为的条件。其主要功能在于通过内部和外部的强制力和诱导性来约束人的行为、防止机会主义、减少不确定性，形成稳定的预期，从而降低交易费用（卢现祥，1996）。[②] 其功能主要有以下几个方面。

（1）降低交易成本。有效的制度安排能降低市场中的不确定性、抑制人的机会主义行为倾向，从而降低交易成本，维护正常的交易秩序。

（2）为经济提供服务。舒尔茨认为，制度的功能就是为经济提供服务。在舒尔茨看来，每一种制度都有其特定的服务功能。如货币的特性之一是提供便利；市场可以提供信息；保险公司可以共担风险；租赁、抵押货物和期货可以提供一种使交易费用降低的合约；学校等可以提供公共服务等。

（3）为实现合作创造条件。传统经济学强调了经济当事人之间的竞争，而忽略了合作。从这一角度来看，可以认为制度就是人们在社会分工与协作过程中经过多次博弈而达成的一系列契约的总和。制度为人们在广泛的社会分工中的合作提供了一个基本的框架，通过规范人们之间

---

① 柯武刚，史漫飞．制度经济学［M］．上海：商务印书馆，2000：32.

② 卢现祥．西方新制度经济学［M］．北京：中国发展出版社，1996：34－38.

的相互关系，以减少信息成本和不确定性，从而保证了合作的顺利进行。

（4）提供激励机制。所谓激励，就是要使经济活动当事人达到一种状态，在这种状态下，他具有从事某种经济活动的内在动力。通俗地说，激励就是调动人们的积极性。一个有效的制度，应明确界定行为主体获取与其努力相一致的收益的权利。例如，如果私人投资者为了某项发明而投入的私人成本超过了他可能得到的私人收益，即他为了发明承担了高昂的成本，但发明的收益外在化地被他交易对象之外的第三者免费地享受了即搭便车（Free－rider）[①]，那么私人投资者通常就没有动力去从事这些有益的创新活动。

（5）提供保险功能。这一保险机制的关键是能够帮助人们形成他们对自己经济行为可以合理把握的预期。如果财产权得不到切实的保障，那么处在经济活动中的人们就缺少基本的安全感，这一点常常是经济秩序混乱的根源。因此，只有产权明晰并切实得到保障，经济行为主体才能有稳定的预期，从而形成完善的保险功能。经验表明，因产权不清导致的滥用资源、不重积累、分光吃净等短期化行为，是当前制度保险功能残缺的表现。

总体来说，制度决定了社会和经济的激励结构。不过，制度有哪些功能，仍然存在着不同的认知。例如，林毅夫（1989）认为，制度提供了安全（对付不确定性）与经济（规模经济与外部效果内部化）两方面的功能服务。张春霖（1994）则认为资源配置功能与行为动力功能是制度的两个基本功能。刘世锦（1994）则将制度的功能分为激励、配置、保险和约束四个方面的功能等等。

5.1.2 制度创新

制度创新（Institutional Innovation）是指在社会经济行为主体现有的约束条件下，通过创设新的、更能有效激励社会经济主体行为的规则，以实现经济社会的持续发展和变革的创新。制度创新或制度变迁是

① 搭便车理论首先由美国经济学家曼柯·奥尔逊于1965年发表的《集体行动的逻辑：公共利益和团体理论》（The Logic of Collective Action Public Goods and the Theory of Groups）一书中提出的。其基本含义是不付成本而坐享他人之利。

由于制度不均衡的因素引起的，是一种效益更高的制度对另一种制度的替代过程。①

5.1.3　金融制度与金融制度创新

金融制度是指基于保证一个相对独立的金融系统得以运行而确立的规则体系，是在长期发展中逐渐形成的。它包含金融体系的构成、金融活动参与者及其行为以及金融交易等方面的规则。与其他范围宽泛的制度体系一样，金融制度体现为一系列的经济、法律、政治乃至道德、习俗的约束。完善的金融制度有助于金融资源配置效率的提高，更好的促进经济社会的发展与进步。

金融制度创新是指为追求新的收益而调整经济关系和利益格局所进行的在金融领域内金融制度的设立、替代、转换以及完善交易的过程，是各种制度要素的重新安排、制度结构的重新组合。黄磊（2001）认为，金融制度创新的内容是相当丰富的。就主要的方面看，大概包括金融交易制度创新、金融组织结构制度创新与金融保障制度创新三大部分。②

5.2　循环经济发展呼唤制度创新

转型期中国金融制度变迁的基本特点致使金融支持政策集中体现了政府的意志和偏好。“十二五”时期，金融全球化和我国金融业改革进程的加快以及资本市场超常规的发展，将为我国经济社会发展提供充沛的金融资源。为了充分利用国内和国际两个金融市场、两种金融资源，构建循环经济金融支持体系必须按照市场化原则进行金融制度创新和机制创新，弥补现有融资体系的不足和缺陷。

5.2.1　制度创新的动因

制度创新的基本动力来自于现存制度所未能实现的潜在收益。制度从一种安排形式向另一种安排形式的演进，一般来说可以使参与者获得

① 卢现祥．西方新制度经济学［M］．北京：中国发展出版社，2003：80．

② 黄磊．金融制度创新的几个理论问题［J］．当代财经，2001（6）．

追加或额外利益。因此，制度创新永远是一个博弈的过程。

制度供给是国家的基本功能之一。统治者需要制定一套规则来减少统治国家的交易费用。诺斯还分析了在制度变迁的过程中，由政府进行创新，在下列情形下最具优越性：（1）当政府机构发展比较严密，但私人市场并未得到充分发展时；（2）当潜在利益的获得受到私人财产权的阻碍，必须依靠政府的强制力量来进行时；（3）当制度创新实行之后所获得的收益不归于从事创新的个别成员，这样的创新只能由政府来进行时；（4）制度创新涉及收入再分配，减少了收入的居民必定反对时。

我国的金融制度创新的一个突出特点是，它在很大程度上是由政府或金融当局通过行政手段直接推进的。在这种情况下，政府与金融制度创新紧密相关，政府作用的发挥是金融制度创新成功的前提和保证。循环经济金融支持必须依赖于金融制度创新。循环经济是解决资源环境问题、实现可持续发展的基本途径。而资源环境问题的制度根源主要来自"政府失灵"和"市场失灵"，它们共同构成了"制度失灵"。只有通过对"制度失灵"原因进行深入剖析，才能发现问题的根源所在，从而为一种新的制度安排奠定基础。

5.2.2 制度创新的方式

制度创新的过程实质上就是制度发生变迁的过程。新制度经济学认为，制度变迁主要有诱致性变迁与强制性变迁[①]、渐进式变迁与突进式变迁[②]两种方式。制度变迁选择何种方式，主要受制于一个社会的利益集团之间的权力结构和社会的偏好结构。

制度调整过程中往往存在路径依赖性（Path Dependence），致使现存明显缺陷的制度处于锁定（Lock In）状态。因此，中国30余年来的经济制度变迁的每一步都几乎源于自上而下的政府强制性供给行为，

---

① 诱致性制度变迁指的是制度的创新是由一群（个）人，在响应由制度不均衡引致的获得机会时，所自发倡导、组织和实行的制度变迁。强制性变迁由政府命令和法律引入和实现。强制性制度变迁的主体是国家（或政府）。国家的基本功能是提供法律和秩序，并保护产权以换取税收。

② 所谓渐进式变迁，就是变迁过程相对平衡、新旧制度之间的轨迹平滑，不引起大的振荡的变迁方式。这种方式决定了从启动变迁到完成变迁需要较长时间。突进式变迁也可称之为激进式或革命式变迁，还被比喻为"休克疗法"。它一般是迅速地废除或破坏旧制度，制订和实施新制度。

而不是自下而上的诱致性政府需求行为，更不是自下而上的诱致性微观经济主体的需求行为。同时，这种制度变迁是一种渐进式的制度变迁，是一种从局部到整体的制度变迁过程。中国金融制度的变迁同样如此。

5.2.3　循环经济金融支持的金融制度创新体系

从循环经济问题产生的根源来看，可分为技术原因和制度原因。在旧有的制度框架中发展循环经济，存在着根本性的制度环境与安排上的制约与障碍。在技术给定条件下，制度安排对循环经济发展具有决定性的意义。有效的制度安排可使自然资源与生态环境得到合理开发和保护，即使遭到破坏，也可较快得到修复。循环经济作为人类社会对传统经济发展方式反思批判后的创新，是一种新的经济发展方式，它必将触动并重新调整社会利益分配关系。为了与其相适应，必须对人与自然的关系和人类社会的生产关系进行调整，重新构建一种新的制度框架。

循环经济融资的困境实质上就是一种金融制度运行的困境。金融支持循环经济发展的本质就是金融资源在循环经济各部门之间的合理配置过程。传统的融资体系由于自身体制的因素，难以满足循环经济发展对资金的需求，阻碍着循环经济的可持续发展。这对矛盾即循环经济产业发展对资金的需求与传统融资体系的资金供给之间相互作用的结果必然打破原有的均衡，挑战了传统的融资体系，要求新的融资体系与之相适应，以实现全新意义上的“均衡”，从而达到帕累托改进或帕累托最优。通过金融制度创新构建适应循环经济产业相适应的金融创新体系，是解决目前循环经济融资难问题的一个关键点。只有实现有效率的金融创新制度，才能从根本上解决循环经济融资难的问题。

循环经济金融制度创新就是建立与循环经济相适应的制度体系，形成有利于循环经济建设发展的金融体制和机制条件，这是循环经济顺利运行发展的重要保证。循环经济金融制度创新主要表现为三个方面，如图 5.1 所示。

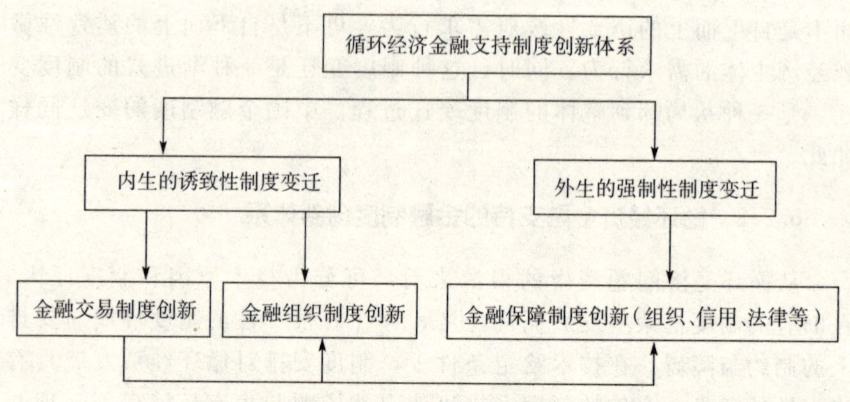

图 5.1　循环经济金融支持制度创新体系

5.3　中国循环经济金融支持的制度供给

马克思认为，随着信用制度的发展，资本会虚拟化，会促进区域发展。他说："资本的这种社会性质，只是在信用制度和银行制度有了充分发展时才表现出来并完全实现。另一方面，不仅如此，信用制度和银行制度把社会上一切可用的、甚至可能的、尚未积极发挥作用的资本交给产业资本家和商业资本家支配，以致这个资本的贷放者和使用者，都不是这个资本的所有者或生产者。因此，信用制度和银行制度扬弃了资本的私人性质，它本身，但也仅仅是就它本身来说，已经包含着资本本身的扬弃。"[①] 以资本形成和资本配置为核心的金融支持不仅具有经济职能，同时具有鲜明的社会功能和政策取向。循环经济金融支持本质上是一种特定的"经济——金融运行过程"。为保证其有序运行状态，降低经济运行中的交易成本并不断提高支持效应，必须构建有效的金融制度作为保障。

制度供给实质上就是制度的转换或制度变迁。制度供给是指制度决策主体基于一定的制度导向对特定经济活动或经济运行过程所进行的制度安排。制度变迁的供给，取决于政治秩序提供新的制度安排的能力和

① 马克思．资本论（第 3 卷）[M]．北京：人民出版社，1975：686.

意愿，主要决定于一个社会的各既得利益集团的权力结构或力量对比。金融支持循环经济的制度供给主要包括法律、经济、行政等方面的制度安排，主要包括金融机构设立、金融机构运营、金融资产交易、信贷体制（投资体制）等方面制度规范，以提高金融资源配置的效率，更好的支持循环经济的发展与经济增长质量的提高。

5.3.1　中国循环经济金融支持的法律行政制度

市场经济是法治经济。政府应当在发展循环经济中发挥法律制度的导向作用以及必要的适度有效的行政干预。

1. 化解发展循环经济的法律制度供给瓶颈

法律制度是促进循环经济发展的重要制度安排之一，包括循环经济相关法律的立法与执法。从发达国家的实践来看，循环经济不是在传统的市场经济制度下自动产生的，而是在法律的强制规范下发展起来。没有法律制度作保证，循环经济金融支持就无从谈起。因此，政府必须把发展循环经济金融支持的相关政策措施纳入法制化发展轨道。

我国循环经济建设较晚，有关的法制建设也刚刚起步。实践经验表明，我国循环经济的发展，严重遭遇法律缺失的“瓶颈”制约，主要有：立法滞后和过于原则，导致循环经济无法可依，如《中华人民共和国环境保护法》[①]，无论在立法理念还是立法内容上都体现了以“末端治理”为主的思维模式，在这种思想指导下建立的一些环境基本法律制度与原则已经不能满足循环经济发展的需要，应加以修改与完善。同时，区域性联合和配套法律体系尚未建立，导致资源利用的掠夺式经营；信用下降和法制的弱化，势必招致政府和司法公信力的缺失。

当前要从国情出发，科学规划，讲求实效，稳步推进，在生产、建设、消费、流通各领域加快推进发展循环经济和建设节约型社会工作，构建完善的循环经济金融支持法律体系。主要包括：完善的立法体系、执法体系、监督法律体系，覆盖循环经济所有领域，从而使得所有循环经济活动都能纳入到法律规范的范围内。这其中，应当包括促进循环经济的金融机构组织法、金融交易法与金融机构投融资法等。就立法来

① 1989 年 12 月 26 日第七届全国人民代表大会常务委员会第十一次会议通过，1989 年 12 月 26 日中华人民共和国主席令第二十二号，自公布之日起施行。

说，不仅要有法律，还要有条例，更要有相关的实施细则。我国仍然是一个二元经济社会结构的国家，各地经济社会发展情况很不平衡，各地区环境资源状况和经济发展状况各有特点，发展循环经济也必须根据地方具体情况设计合理的制度安排，各省市应根据各自的权限，结合本地区的特殊环境状况，因地制宜，在国家相关的法律框架内完善地方性法规以及相关法律法规的实施细则，适时出台一些地方性法规、自治条例、单行条例和地方行政规章。同时，也要建立环境产权金融交易法律制度等相关经济法律制度。

2. 行政制度

行政制度即政府制度，是政府部门利用行政权威和职能在促进循环经济发展方面所采取的各种措施总和。各级政府部门在促进循环经济发展过程中具有其他组织所无法替代的作用，尤其是当法律制度和经济制度都不能纠正外部性所引发的资源配置不当即“市场失灵”时，国家行政干预就成为必要。不过，政府的行政干预必须遵循适度有效的原则，合理确定干预边界。

5.3.2 中国循环经济金融支持的经济金融制度

市场经济条件下，通过采用切实可行的经济金融制度能够有效促使全社会主动地、创造性地发展循环经济。经济制度的作用有两个方面：一是激励作用。各种有利于资源环境的经济制度的建立和实施，可以鼓励那些率先实行低消耗、低污染的经济活动，激励经济主体进一步采用具有先进科学技术水平的设备，把经济发展切实建立在合理利用自然资源和有效保护生态环境的基础之上，从而有利于实现可持续发展；二是约束作用。通过征收税费等制度可引导企业摒弃传统的“四高一低”的经济发展方式，迫使各类经济主体采取果断措施转变不合理的经济行为，在经济制度的约束下逐步回到循环经济轨道上来。

循环经济是政府投资的重点领域，这就需要不断完善支持循环经济发展的财政金融政策，以推动循环经济建设的快速发展。通过产业政策、财税政策、金融政策以及价格政策等经济手段，发挥政府投资对社会投资的引导作用，加大对发展循环经济重大项目投资的支持力度，有效运用价格、税收、信贷等经济杠杆，建立生态恢复和环境保护的经济补偿机制，引导企业自愿发展循环经济。同时，要不断提升政策性金融支持的效率，完善信贷及信贷风险防范与处置制度、资本市场风险防范制度，保障金融业在支持循环经济发展中的安全。

5.4　中国循环经济金融支持中的金融创新

随着我国社会主义市场经济体系的建立和不断完善，融资渠道越来越拓宽，金融与金融创新（Financial Innovation）将在资金配置和循环经济发展中发挥越来越重要的作用。

5.4.1　金融创新在循环经济金融支持中的作用

金融创新是以节约资源消耗、提高环境质量、转移环境风险、促进循环经济发展为主要目的，以金融资源配置的市场运作规则为依托，通过创新金融组织、创新金融交易制度、开发金融产品，形成合适的金融产品结构，实现金融创新绩效，为循环经济的推进提供充足的金融资源。

1. 金融创新

美籍奥地利著名经济学家熊彼特（Joseph Alois Schumpeter，1883～1950）于 1912 年在其成名作《经济发展理论》（Theory of Econoforc Development）中对创新作了界定。他指出，创新是指新的生产函数的建立，也就是企业家对企业要素实行新的组合，包括五种情形：（1）新的产品的生产；（2）新技术或新的生产方法或新工艺的应用；（3）原材料新供应来源的发现和掌握即新资源的开发；（4）新市场的开拓；（5）新的生产组织与管理方式的确立，也称为组织创新。创新是经济增长的动力。

金融创新就是指金融内部通过各种要素的重新组合和创造性变革所创造或引进的新事物，以降低交易成本，获取潜在的利润。包括金融制度（含企业组织和管理方式）的创新、金融技术的创新、金融市场的创新、金融服务的创新、金融工具的创新等。

2. 金融创新在循环经济发展中的作用

（1）金融创新有利于金融资源的配置。经济运行在本质上就是对资源的选择和配置问题。市场经济条件下，对资源选择和配置集中体现为资金的流动及其配置，而金融则是资金流动和配置的重要手段。利率是重要的经济杠杆，利率自由化使借贷资金的使用效率大大提高。利率水平不仅反映了资金供求状况的变化，而且也起着调节资金供求，促使资金向最有利的方向流动，提高市场效率的作用。因此，金融创新通过利率的调节作用，使资源得到充分配置，更好的促进循环经济的发展。

（2）引导社会各类行为主体主动发展循环经济。作为市场资源配置的关键领域之一，金融资源的配置创新在引导企业走向主动、走向自觉方面发挥着不可替代的作用。通过金融创新，对各类经济主体行为形成良性的激励机制，激发各类行为主体自发的主动地发展循环经济。

（3）金融创新有助于提供更好的融资服务。循环经济是一种技术创新型经济，金融创新是经济发展的客观要求，也是克服经济环境中各种风险的需要，科学技术进步则加快了金融创新的步伐。因此，金融创新适应了循环经济发展的需要，通过持续的金融创新，可以不断地为循环经济金融支持提供丰富便捷的融资服务。

（4）金融创新扩大了循环经济资金来源的渠道。金融创新活动使得金融资源不断扩张，金融机构资金来源渠道也不断拓宽。例如，金融创新使金融企业尤其是银行能突破政府分业制度的限制，直接进入货币市场，发行各种有吸引力的金融资产工具，如大额可转让定期存单（Nego-tiable Certificate of Deposit CDs）、可转让支付命令账户（Negotiable Order of Withdrawal Account-NOW）、自动转账服务（Automatic Transfer Service-ATS）、货币市场存款账户（Money Market Deposit Account-MMDA）等，以吸收资金。因此，金融创新不仅丰富了金融资产，还有利于积极实施市场型金融动员，放松管制，为循环经济的发展拓宽融资渠道。

5.4.2 实施金融科技创新，提供完善的金融基础设施

以电子信息技术为代表的技术进步是20世纪下半叶以来金融创新的原动力之一。信息技术大大简化了人们对各种金融工具的收益、风险的模拟和计算，从而推出了大量具有复杂结构的创新金融产品，为投资者的风险管理和整个市场的风险控制提供了便利。例如，跨市场金融产品、金融衍生产品、资产证券化等重大金融产品创新都是以信息技术在金融领域的直接应用为基础的。

信息技术还推动了金融市场交易和结算方式的创新，使得交易、支付和结算可以不受时间、空间的限制，可以瞬间完成资金在全国乃至全球范围的交易和转移。信息技术还推动金融机构、金融组织的创新（例

如网络银行没有传统的营业大厅，没有各种票据，只有一个网址），增强了金融机构的管理能力，使得金融机构不但可以在业务上向综合经营的方向发展，而且在地域上可以向全球扩张。[①] 因此，要充分利用金融科技的创新，建立完善有效的发展循环经济的金融基础设施。

5.4.3 循环经济发展中金融产品的创新

金融创新的核心是开发出各种有利于资金融通的产品。循环经济金融产品的创新就是要把循环经济、金融创新放在一个有机的系统里，探讨能够提高环境质量、转移环境风险、促进循环经济发展的以市场为基础的金融创新，开发适应循环经济发展需求的金融衍生工具，从而促进循环经济融资。1997年左右在国外出现了“环境金融”的政策和理论体系。它主要研究如何有效评估环境风险，开发如绿色抵押等银行类环境金融产品、生态基金等基金类环境金融产品，并形成合适的产品结构，为发展循环经济、保护环境筹集资金。

同时，各种能够产生未来稳定现金流的资产都可以被改造成证券化的基础资产。显然，循环经济发展起来后，具有这样的特点，即循环经济产业与领域未来能够产生稳定而巨大的收益，因而循环经济非常适合这一金融创新。通过开发资产证券化，可以为循环经济发展提供有效的融资支持，推动循环经济的快速发展。

目前我国金融业与循环经济相适应的业务创新还远远不够，几乎没有与循环经济相对应的金融衍生工具，更无法分散发展循环经济给企业带来的风险，因而难以满足循环经济发展对金融服务的新需求。

只要冲破传统思维方式的束缚，在发展循环经济中努力推行金融创新，促进金融深化，在风险可控的前提下，从以金融组织、金融工具及金融政策制度等各方面入手的金融创新来促进循环经济金融支持力度，提高金融资源配置的效率，降低融资成本，促进循环经济的发展，从而推动整个经济增长质量的提高与社会经济的可持续发展。

① 宋焱．为我国经济社会提供良好金融服务［N］．金融时报，2007－01－18.

第6章 循环经济金融支持的机制研究

循环经济金融支持机制①是指社会经济系统中有关循环经济行为及过程中各个组织或个人为获取一定的利益和报酬（包括社会利益和经济利益），按照一定的投融资原理、方式和方法所进行的循环经济资金筹集、投放和回收的这样一个动态的循环过程，以及由此所产生的各种内在的相互作用和关系。金融是非常重要的市场化调控和引导手段，对经济主体的行为有重要的影响和引导作用。因此，促进循环经济发展，必须充分发挥市场机制的作用。

6.1 金融发展与循环经济的资本供求

发展循环经济不仅能够有效地延长产业链条，而且可以创造出新的经济增长点，还有利于经济结构的调整，但发展循环经济的前期投入的

① 机制是各子系统、各要素之间的相互作用、相互制约、相互联系的形式，是系统良性循环不可缺少的机理。一般认为机制具有如下特性：（1）机制按照一定的规律自动发生作用并导致一定的结果，如市场机制；（2）机制不是最终结果，也不是起始原因，它是原因转化为结果，是期望转化为行为的中介；（3）机制制约并决定着某一事物功能的发挥。没有相应的机制，事物的功能就不能存在或不能更好地发挥；（4）机制是客观存在的，它反映的是事物本质的内在机能，它是系统各组成部分间的相互动态关系。见崔援民　现代管理学原理［M］．北京：中国经济出版社，1989：214.

资本量较大。因此，发展循环经济就必须积极推行投资主体多元化，形成具有竞争力的社会化的投融资机制。

6.1.1　发展循环经济的资金需求

发展循环经济需要有大量资金的支持。循环经济是对传统经济的改进，作为新型的经济组织和增长方式，其资金需求特点也区别于传统经济：一是循环经济所需融资总规模较大，对循环经济项目支持更需金融“合力”的推动。二是项目评估必须考虑循环经济产业链条各环节的资金实际需求特点，保证供需基本平衡。三是加大对循环经济初始项目投入，有利于积聚低成本资金和实现国家宏观政策取向，尤其有利于推动经济结构调整与产业结构升级。四是循环经济更强的异地融资特点，需要更加配套的风险监测和信息咨询服务。[①]

循环经济的资金需求可以来源于不同的投资主体。当前，居民的存款余额较大，社会资金较为充裕，但是社会有效需求不足、生产相对过剩的问题仍然存在，引导社会资金进入循环经济是投融资机制改革的重要内容。

6.1.2　金融发展促进循环经济的资本供给

改革开放 30 余年来，持续的经济增长使我国国民财富迅速增加，为巨大的高储蓄增长提供了源泉。迅速的金融发展，为循环经济解决资本供给提供了良好条件。根据国际经验，循环经济的发展需要投资主体的多元化，包括政府、污染者和其他营利性机构。目前我国发展循环经济的金融资源主要来自包括政策性银行、银行类金融机构、企业自主和资本市场在内的融资以及中央银行的资金拨付。

金融作为现代经济的核心，应当更好地为循环经济的发展提供所需的资本。银行在资本供给中占主要地位，除了传统的资金信贷，金融部门有必要在激励企业主动实施清洁生产等方面采取相应的措施，如对循环经济投资项目的贷款利率、还贷条件以及折旧等方面实行优惠，或者是循环经济投资公司和政策性银行应优先向污染控制和清洁生产的企业及相关生产活动提供贷款支持。

① 王小平．建立和发展循环经济的金融支持模式［N］．金融时报，2007－12－03.

随着证券部门和保险部门在金融行业中的地位日益提高，且逐步建立和完善了循环经济非银行融资支持机制，以促进资本供给。这就提高了金融服务的质量，进而使得金融发展在促进循环经济的资本供给方面发挥越来越大的作用。

首先，证券监督管理部门应该积极支持符合发展循环经济要求的企业上市融资，支持这些上市公司增发新股和配股，允许发展循环经济的企业和建设项目发行债券，鼓励符合循环经济发展的企业实行强强联合，以快速实现经济的发展，积极鼓励这些企业实行资产证券化，达到更好的融资效果。

其次，保险业金融机构要扩大其保险业务，积极地对发展循环经济的企业以及其他经济行为主体开发保险业务。如优先对这些企业开展涉及循环经济的财产险、责任险及人身意外伤害险等商业性保险业务。同时，要积极开展与发展循环经济相关的政策性保险业务，为循环经济的发展保驾护航。

随着经济的全球化的发展，金融行业也日益全球化，传统的金融已不符合社会的发展。金融创新为循环经济提供了有利的发展平台。在金融对循环经济的资金供给方面，可以积极创立专门的循环经济投资基金和探索循环经济资产证券化产品的开发与利用，推动循环经济快速发展。投资基金有利于调动产业投资基金优先选择发展循环经济的企业和项目的积极性，促进循环经济发展。此外，一些国家政策要求的政策性、开发性金融支持对实行循环经济的企业的信贷短缺也有强有力的补充作用，以支持它们的基础建设。

循环经济投资主体也应积极挖掘内源融资潜力，扩大资本供给渠道。同时，国家要采取适当措施，完善循环经济国际融资渠道，吸引国际资本参与中国循环经济建设，一方面可以弥补发展循环经济所需资金的不足，另一方面也可以吸收国际上发展循环经济的先进技术和管理经验。

6.2 建立适应循环经济发展的市场化金融支持机制体系

金融作为现代经济的核心和血液，必须为发展循环经济做出应有的贡献。我国日益高涨的循环经济投资需求与较为低落的循环经济投资主体投资意愿，共同决定了当前我国发展循环经济资金供需矛盾的困境。而走出这种困境，就必须推进我国市场化进程，形成以市场为导向的循环经济产业自我发展、良性循环的内在机制，建立多元化、社会化、市场化的循环经济产业投融资新机制，以促进我国循环经济产业发展，实现经济社会的可持续发展。循环经济金融支持需要有一个良好的外部环境与机制，主要包括国家宏观调控政策、行业竞争机制、技术创新机制、资本市场机制等。

6.2.1　加快融资机制改革

我国融资模式至今仍然主要依靠银行业的间接融资格局尚未改变，虽然近年来股票市场和债券市场快速发展，我国企业直接融资比例有了很大提高，但与发达国家相比，我国直接融资比例还比较低，尤其是债券融资相对于股权融资严重滞后。直接融资比例过低，市场内部的投融资主体存在结构性缺陷，各金融市场及子市场发展存在不平衡现象。跨市场的投融资和交易工具还不够丰富，市场之间的联动发展机制尚未有效建立，造成部分金融产品价格扭曲和资金流动不畅，还不能有效满足投融资主体的多样性需求，也不利于市场风险的管理。因此，加快融资机制改革，形成多层次、多形式的融资机制是当前应该解决的问题。

“一行三会”[①] 共同发布的《金融业发展和改革“十一五”规划》提出的“十一五”时期我国金融业发展主要目标之一是：“进一步优化金融结构，提高直接融资比重，完善多层次金融市场体系和城乡、地区金融布局”。党的十七大又提出中国金融改革和发展的整体目标，即推进金融体制改革，发展各类金融市场，形成多种所有制和多种经营形式的结构合理、功能完善、高效安全的现代金融体系。这就将完善多层次的金融市场体系进一步提上日程。

政府应通过制度创新，形成以市场化机制为基础、投资主体多元化、资本社会化的融资机制。投资主体的多元化，有利于政府投资和社会融资相互结合、互为补充、扩大循环经济产业的资金来源，解决资金紧张，投入不足的问题。公益性循环型领域还将主要由政府来投资和负

① “一行三会”即中国人民银行、中国银行业监督管理委员会、中国保险监督管理委员会、中国证券监督管理委员会。

责，政府应从多方位筹集资金，无偿投资。而对于经营性循环型领域的投资，政府应该逐渐放开，实行公平竞争的市场准入政策，鼓励和吸引民间资本和外资进入，建立多元化、多渠道、多层次筹资新途径及责、权、利相统一的经营机制。

6.2.2 建立循环经济金融支持的激励机制

任何投资主体的投资行为都是以获得基本的、稳定的投资收益回报、满足特定群体的某种特定需要为内在驱动力。因此，应当根据政府资本和民间资本投资的行为指向的不同以及利益驱动的差异来构建良好的激励机制，发挥政府资本的导向作用、民间资本投资的主导作用。

不同的金融制度安排导致不同的金融动员与配置机制。当代金融理论表明金融市场和金融体系的完善，可以更好地实现社会的金融资源动员。政府应当通过相关政策的诱导与推行，形成对金融动员与资源配置强有力的激励，如对循环型企业在信贷、税收等方面给予优惠，鼓励和动员社会各界力量、各种资本以多种方式投资循环经济产业；注重运用价格信号和价格机制引导居民和企业不断改进生产技术和环境设施，开展清洁生产，从源头上防止生态环境的破坏。

发展循环经济要进行减量化或提高资源利用效率的生产活动，必须采用市场化的激励机制来发挥企业的积极性和主观能动性。中国人民银行与银监会应该在推动商业银行向中小企业加大信贷投放力度上积极予以制度创新，对于支持和鼓励循环经济发展的金融机构出台一系列的金融优惠和引导政策，反之，就要加以限制。一是出台有利于专业性商业银行发展的税收政策、安全担保和政府贴息制度等，鼓励金融机构进行金融创新，鼓励其努力增加对循环经济建设的信贷支持。二是实行差别利率政策，对循环经济建设项目给予利率优惠。三是建立差别呆账准备金制度。呆账准备金优惠也是促进金融机构向中小企业提供贷款的一种可供选择的政策。四是对商业银行的资产组合风险进行科学的考核。对信贷人员的收入激励与其创造的利润严格挂钩，以充分调动基层金融机构和基层信贷人员的积极性。

2007 年来，银行业金融机构普遍加强了对“两高”（高耗能、高污染）行业的贷款控制，对能耗、排污不达标企业坚决收回贷款，压缩和回收落后生产能力企业的贷款。根据 2007 年 7 月 13 日公布的数据，2007 前五个月的“两高”行业贷款呈逐步下降趋势。主要银行业金融机构向“两高”行业发放中长期贷款 1.5 万亿元，比年初增加 1040 亿元，同比少增 527 亿元，增幅比上年末下降 9 个百分点。2007 年 5 月末，主要银行业金融机构向石油加工及炼焦、化工、建材、钢铁、有色和电力等“两高”行业发放中长期贷款同比少增 527 亿元。其中，石油加工及炼焦业下降 15.1 个百分点，钢铁行业下降 11.4 个百分点，电力行业下降 9.3 个百分点。其中，一季度工、农、中、建、交五家大型银行发放“两高”行业贷款 1.3 万亿元，仅占五行全部贷款余额的 11%，比年初增长 6.5%，较 2006 年 10.5%的增长速度明显放缓。2007 年 5 月末，股份制商业银行“两高”行业贷款余额为 3977 亿元，比年初增加 446 亿元，增长 12.6%，明显低于其中长期贷款比年初增长 17%的幅度。2007 年 5 月末，全国城市商业银行各项贷款余额 1.5 万亿元，比年初增长 11.6%。经抽样调查，城商行的“两高一资”贷款余额在 2006 年下半年呈下降态势。截至 2006 年末，13 家样本行“两高”行业贷款余额合计为 206 亿元，比 2006 年 5 月末减少 12 亿元，下降 5.7 个百分点。同时，新增贷款重点支持了行业中的生产工艺先进、具有节能环保核心技术的企业，从而加快了“五小企业”（小炼铁、小炼焦、小化肥、小造纸、小煤窑）等劣势客户的退出。①

6.2.3　完善引导性机制，强化约束性机制

发展循环经济需要提供相应的激励。“十一五”规划中作为约束性指标的考核符合科学发展观的内在要求和建设资源节约型、环境友好社会的需要，有利于促进经济发展方式的转变。在即将开始的“十二五”规划中应当进一步强化约束性机制，强力推进循环经济建设。

政府要积极完善引导性机制，加强引导。政府应通过相关政策支持，积极引导金融机构支持循环经济建设；引导社会经济行为主体的投资积极性，从而拓展循环经济产业投融资渠道；引导建立以企业为主体的技术创新体系，鼓励企业与科研机构合作从事基础研究、前沿技术研究、社会公益性技术研究和重大研发项目，为循环经济发展提供技术支撑，从而推动产业结构优化升级，促进循环经济的发展。

① 苗燕．银监会使出杀手锏阻断“两高”行业“血脉”[N]．上海证券报，2007－07－14.

市场经济乃法治经济，加强法规的约束性功能是保证完成指标的最有效的措施。因此，要以法律法规促进循环经济约束性机制的形成，为发展循环经济提供完善的法律保障。国家法律制度也是对企业生产行为的一种强制性的引导机制。政府要通过制定相应的法律法规，规范循环经济的投融资运行等方面。

6.2.4 建立循环经济金融支持的技术创新机制

科技创新是发展循环经济的重要支撑。发挥科学技术作为第一生产力的作用，依靠科技进步实现经济发展方式的转变，不断提高循环经济发展水平。要把科技自主创新作为发展循环经济的中心环节，建立适应循环经济发展的金融支持的技术创新机制。根据我国循环经济发展的现实需求和长远目标，研究确定发展循环经济的重大科技领域，制定推进循环经济发展的科技发展规划。加大对循环经济科技研究开发的金融支持力度，通过设立循环经济技术开发基金和奖励基金等办法，鼓励国内研究机构和企业进行科技创新，推动循环经济技术进步。在重点行业和重点城市建立循环经济的技术发展方式，为建设资源节约型和环境友好型社会提供科技支持。

第一，金融机构要重点支持循环经济共性和关键技术的研发(R&D)。以发展高新技术为基础，开发和建立包括清洁生产技术、废物资源化技术、生态链接技术等在内的“绿色技术”体系，积极引进和消化、吸收国外先进技术，加强对具有共性特点的技术进行攻关，把发展能源、水资源和环境保护技术放在优先位置，解决循环经济发展的技术瓶颈，从而使能源开发、节能技术和清洁能源技术取得突破，促进能源结构优化，主要工业产品单位能耗指标达到或接近世界先进水平。鼓励和引导企业加快循环经济技术改造的步伐，提升企业自主创新能力。以大专院校、科研院所和大中型企业为依托，鼓励和引导高校、科研院所和企业联手开展循环经济相关研究，建立循环经济技术孵化机构，依靠科技进步，加大对资源节约和循环利用关键技术的攻关力度，促进科技成果转化和产业化，加快新技术、新产品、新材料推广应用，积极支持资源节约和发展循环经济的重大项目建设。

第二，通过金融支持加快循环经济相关技术的开发和推广示范。积极开发和推广资源节约、替代和循环利用技术，加快企业节能降耗的技术改造，对消耗高、污染重、技术落后的工艺和产品实施强制性淘汰制度。推广应用节约资源的新技术、新工艺、新设备和新材料，大力支持资源节约和发展循环经济的重大项目建设。加快发展循环经济的清洁生产技术、环境污染治理技术和资源综合利用技术的开发研究和推广应用。组织开发具有普遍推广意义的资源节约和替代技术、能量梯级利用技术、延长产业链和相关产业链接技术、“零排放”技术、有毒有害原材料替代技术、回收处理技术、绿色再制造技术等，努力突破制约发展循环经济的技术瓶颈。

第三，建立循环经济技术支撑的金融服务体系。各级政府要进一步加大投入，加强循环经济技术开发和创新，按照市场化原则，培育和支持循环经济科技咨询和服务体系建设，逐步建立覆盖省、市、县三级的循环经济科技支撑金融服务体系。支持建立循环经济信息系统和技术咨询服务体系，及时向社会发布有关循环经济方面的金融服务信息，开展信息咨询、宣传培训等。

第四，推进金融技术创新。金融技术创新的核心是开发出各种有利于资金融通的产品，其中最重要的就是证券化产品。如果某一经济领域未来可能产生稳定而巨大的收益，目前又缺乏有效的融资体制支持，就有可能创新出可操作的金融产品。在证券化最发达的美国，令人眼花的金融创新产品层出不穷，各种能够产生未来稳定现金流的资产都被改造成了证券化的基础资产。循环经济体系非常适合这一金融创新环境。围绕这一发展思路，1997年左右在国外出现了“环境金融”的政策和理论体系。它把循环经济、金融创新放在一个有机的系统里，从而开发出成功的环境金融产品，并形成合适的产品结构，获得发展循环经济、保护生态环境的资金。

6.2.5 建立循环经济金融支持的风险投资机制

循环经济科技含量较高，具有一定的高风险性。对循环经济的投资如果仅仅依靠财政拨款和银行信贷资金等传统方式则难以满足，且风险过于集中。而风险投资则可以起到较好的效果。风险投资是金融的一个创新工具，成为发展循环经济不可缺少的加速器。

1. 风险投资的融资机制

现阶段要发展风险投资必须从重塑我国风险投资的融资机制入手。风险投资属于买方金融（Buy-side Financing），它是融资与投资相结合的一种金融制度安排。如果没有筹集到足够的资金，风险投资机构也就无法进行投资。因此，风险投资的融资环节是风险投资运作的第一环，也是关键的一步。金融支持循环经济发展就应当建立以民间资本为主体的多元化的风险资本供给体系，政府的主要职能在于为民间投资主体参与风险投资提供适宜的制度环境和必要的政策支持。

2. 风险投资的治理机制

由于信息不对称的客观存在，风险投资家在选择循环经济建设项目进行风险投资时，有关项目风险、风险企业家能力和信用道德水平等方面的信息属于风险企业家的内部信息，即风险投资家处于信息劣势而风险企业家处于信息优势。这种信息不对称可能会导致风险投资家的逆向选择行为以及风险企业家的道德风险行为，从而阻碍风险资本投资过程的顺利进行。因此，政府要通过相关制度强化风险投资的治理机制，包括选择合理的风险投资组织形式、在风险投资机构和风险企业内部建立完善的治理结构、激励机制、约束机制和风险防范机制等。针对风险投资机构建立完善的治理机制，有助于避免风险投资家的道德风险和初始投资者的逆向选择，从而保障风险资本融资渠道的畅通，切实推进循环经济快速发展。

3. 风险投资的退出机制

风险投资只有在具备了畅通的融资渠道和退出通道后才能发展起来。风险投资的实践表明，健全的风险投资退出机制是风险投资获得成功的重要条件之一。从世界范围来看，风险投资退出的方式主要包括首次公开上市、企业并购、股份回购和清算退出四种。我国的风险投资仍然处在初步发展的阶段，还没有完善的风险退出机制。要完善我国风险投资退出机制，就必须要建立以主板市场、创业板市场和产权交易市场等构成的多层次资本市场体系，为循环经济风险投资者构建有效地市场推出机制。

发展风险投资市场的最佳途径是寻找一些急需资本而又能确保投资者得到丰厚回报的项目，这就需要风险投资者具有相当的魄力。除了上述，一个成功的完善的风险投资机制仍然需要其他一系列因素，如风险投资意识、法治环境、激励机制和投资风险以及风险资本投资者的魄力。法治环境能确保投资者根据事先约定的比率取得回报，激励机制也有助于风险投资业的发展。

6.2.6　创新央行的履职工作机制

在科技进步和金融创新的推动下，金融一体化进程大大加速。金融市场的有效性，越来越取决于金融资源在各个市场之间的流动性。金融控股公司、跨市场衍生产品、创新金融工具等一体化组织和产品的发展，更是直接推动了金融业综合经营和金融市场的发展，提高了金融资源的配置效率。这就对中央银行的履职工作提出了更高的要求。

创新央行的履职工作机制主要体现在四个方面。一是发挥窗口指导作用。通过多种形式和渠道，引导金融机构围绕发展循环经济，切实加大有效信贷投入。二是发挥组织协调作用，为金融更好地支持循环经济建设提供融资平台。三是发挥信息参谋作用。深入开展经济金融调研，全面掌握循环经济金融支持中存在的问题，为政府、银行决策提供有价值的建议。四是发挥宏观调控工具的引导作用。通过再贷款、再贴现等货币政策工具及时为支持循环经济发展的金融机构提供低利率资金，引导其加大对循环经济建设的资金投入。

6.2.7　创新财政与金融支持协同的耦合机制

金融业支持循环经济的发展，必须创新财政与金融支持协同的耦合机制。发展循环经济应将金融和财政“双杠杆”进行有效结合，发挥财政和金融在循环经济建设中的作用。财政是循环经济发展的重要力量，要健全政府对发展循环经济的财政支持体系，切实提高政府运用财政手段支持循环经济发展的能力。一是通过选准产业发展路径，把财政投入循环经济的资金重点放在能起示范、引导、带动、促进循环经济发展的项目上来，发挥好财政资金的杠杆效应；二是要建立信贷资金与财政资金配套使用的耦合机制，加大对循环经济的信贷支持力度，满足循环型企业的资金需求。

同时，金融业要积极引导工商资本和民间资金投资循环经济，引导多种投资主体参与发展循环经济的信息、科技、保险、信贷等服务产业。金融业应顺势而为，更好地发挥金融对经济的助推作用。充分发挥金融在循环经济发展中的作用，积极鼓励金融机构加大对循环经济的信贷支持力度，进一步完善政策性保险政策。

6.2.8 建立循环经济金融支持的人才激励机制

循环经济发展的核心是人才问题，未来循环经济综合实力的竞争在于人才。循环经济的发展是土地、劳动力、资本、技术、管理等多种生产要素综合作用的结果。检验一项制度安排是否适当，要看它是否有利于充分发挥掌握着先进技术的专业人员和具有综合实力的管理人才的积极性与创造力。因此，必须加大对循环经济人才培养的投入，建立循环经济金融支持的人才激励机制，满足金融支持循环经济发展所需要的各类专业人才，以推动循环经济的快速发展。

为此，政府要按市场规律要求，完善收入分配、激励机制和有效的约束机制，通过金融支持确立能够吸引人才从事循环经济技术开发与成果转化的利益机制；完善与市场经济体制相适应的用人机制，尊重知识的价值，允许通过知识和管理入股，实施金融期权等方式现实个人价值；加快培养与引进发展循环经济急需的科技创新人才和高层次管理人才；构建有利于创新人才成长的文化环境。

6.3 循环经济金融支持的政府行为研究

实现资源配置，可以是市场机制，也可以是国家干预，即计划与市场两种手段。无论采用哪一种手段，都存在交易成本（包括了解信息、进行谈判、订立和执行合同或法规等等的成本）。现代市场经济实践表明，市场机制能够在各经济主体之间有效地配置生产要素，从而实现帕累托最优。[①] 但由于“市场失灵”（Market Failure）的存在，在某些条件下（如涉及代际公平时）市场机制根本无法发挥作用。这就需要国家干预来实现资源优化配置。但国家干预也需要成本，因而并非在任何条件下国家干预都优于市场机制。市场调节与政府干预都不是万能的，都有内在的缺陷和失灵、失败的客观可能，关键是寻求经济及社会发展市场机制与政府调控并形成最佳结合点。因而，循环经济金融支持行为过程中，政府的适度干预就必不可少。

① （美）萨缪尔森．经济学（16版）[M]．北京：华夏出版社，1999.

6.3.1　循环经济金融支持中的政府与市场

市场调节与政府干预，自由竞争与宏观调控，是现代市场经济体系中紧密相联、相互交织、缺一不可的重要组成部分。经济发展史早已表明，市场机制的完全有效性只有在严格的假说条件下才成立，而政府干预的完美无缺同样也仅仅与“理想的政府”相联系。经济学家萨缪尔森在其《经济学》一书中提出“政府有限干预经济”理论，他认为，“没有政府和没有市场的经济都是一个巴掌拍不响的经济”。对于解决生态环境问题，必须发挥政府在金融支持中的导向作用、市场在资源配置中的基础性作用。“放任的市场力量除了偶然之外，没有也不会创造技术来解决环境问题”。①

1. 市场失灵（Market Failure）

市场经济是人类迄今为止最具效率和活力的经济运行机制和资源配置手段，具有任何其他机制和手段不可替代的功能优势。② 但市场经济也有其局限性，存在着“市场失灵”问题。

经济学家在研究经济的问题上都是首先假设市场是完全竞争的。在完全竞争的市场中，社会的现有资源可以充分合理的利用，达到有效配置。但理想化的假定条件并不符合现实情况，实际的市场却是不完全竞争的，市场机制不能充分发挥，无法实现社会要求的有效率配置。这种状态就是“市场失灵”，它是“一种来自某种经济交易过程的，对实际上不参加这项交易的和不影响交易商品和服务价格的一方的影响”。③

“市场失灵”的传统表现是市场存在着垄断或不完全竞争、市场行

---

① 罗伯特．艾尔斯著，戴星翼，黄文芳译．转折点：增长范式的终结［M］．上海：上海译文出版社，2001：236.

② 这些优势表现为：一是经济利益的激励性。市场经济行为主体的利益驱动和自由竞争形成一种强劲的动力，它极大地调动了人们的积极性与创造性，促进生产技术、生产组织和产品结构的不断创新，提高资源配置的效率。二是分散决策的灵活性。在市场经济中，生产者和消费者作为微观经济主体的分散决策结构，对供求的变化能及时作出灵活有效的反应，提高决策的效率，较快地实现供需平衡，减少资源的浪费。三是市场信息的有效性。以价格体系为主要内容的信息结构能够使每一个经济活动参与者获得简单、明晰、高效的信息，并能充分有效地加以利用，从而提高资源配置的合理性与效率。四是市场经济的良性运行还有利于避免和减少直接行政控制下的低效和腐败等问题的产生。

③ 罗伯特．艾尔斯著，戴星翼，黄文芳译．转折点：增长范式的终结［M］．上海：上海译文出版社，2001：270.

为的外部性、市场机制不能保证公共物品的供给、市场信息的不完全性或不对称性、市场所导致的收入分配不均衡在政治上或道义上无法接受五个方面。随着越来越多的国家实行市场经济，“市场失灵”的新问题也凸显出来，主要体现在微观经济的效率下降、宏观经济的不稳定性加强、社会分配缺乏与效率相适应的公平性三个方面。

市场调节实现的经济均衡是一种事后调节并通过分散决策而完成的均衡，它往往具有相当程度的自发性和盲目性，由此产生周期性的经济波动和经济总量的失衡。因此，市场机制不能保持国民经济的综合平衡和稳定协调的发展。

市场机制无法补偿和纠正经济外在效应。近年来的资源环境的掠夺性开采和对生态环境的严重破坏就存在着“市场失灵”的问题。破坏生态环境而不分担成本，这是一种典型的负外部性行为。马克思说，当有利可图时，资本家就会不惜代价，甚至铤而走险。只有通过政府管制，使外部效应内在化，最大限度地减轻经济发展和市场化过程的外在效应，保护自然资源和生态环境。

实践证明，“市场失灵”主要在公共产品领域中表现明显，而市场在私人产品领域可以很好地发挥作用。而循环经济就具有公共产品的特征。因此，仅靠市场化机制难以实现公共品的供给，也难以提高投资者发展循环经济的意愿。

针对“市场失灵”的表现和“市场失灵”带来的问题，政府有必要采取相应的措施，利用“有形的手”来影响市场，使资源配置渐次达到最合理的状态。正如著名经济学家、1970 年诺贝尔经济学奖获得者萨缪尔森（Paul A. Samuelson）所说；“当今没有什么东西可以取代市场来组织一个复杂的大型经济。问题是，市场既无心脏，也无头脑；它没有良心，也不会思考，没有什么顾忌。所以，要通过政府制定政策，纠正某些由市场带来的经济缺陷”。① 1990 年诺贝尔经济学奖获得者马克维茨（Harry Markowitz）也指出：“市场没有心脏和大脑，因而不能指望市场自身能够自觉地意识到它所带来的严重的社会不平等，更不能指望市场自身来纠正这种不平等。”“市场经济需要不同的心脏和大脑，而道

① 高小勇，汪丁丁．专访诺贝尔经济学奖得主——大师论衡中国经济与经济学［M］．朝华出版社，2005.

德便是一种心脏和大脑，而且是一种不可或缺的心脏和大脑。”① 因此，现代经济是市场和政府干预这只看得见的手的混合体。

2. 政府失灵（Government Failures）

市场在有效配置环境资源、降低污染水平等问题上存在的缺陷就为政府干预提供了机会和理由（庇古，1920）。② 在经济学家眼里，尽管没有“完美的市场”，也没有“理想的政府”，但是可以有“完善的市场”和“理性的政府”。政府干预同样存在着“政府失灵”的可能性，只有市场机制与政府干预取长补短并形成最佳结合点（即所谓“凸性组合”），才能实现资源的最优配置。

“政府失灵”是指政府作为国家的责任者，不能有效地克服“市场失灵”，从而导致经济混乱加重，使资源配置更加缺乏效率和公平。政府失灵一方面表现为政府的无效干预，即政府宏观调控的范围和力度不足或方向选择失当，工具选择及搭配不当，不能够弥补“市场失灵”维持市场机制正常运行的合理需要。比如对生态环境的保护不力、对基础设施、公共产品投资不足等；另一方面则表现为政府的过度干预，虽然达到了预期目标，但是成本高昂或是预期目标虽达到了，却引发了严重的负面效应。

根据公共选择理论，由于政府所能获取的信息的不完全性和不对称性、公共决策的局限性、政策实施的时滞以及寻租活动等存在，使得作为“理性人”的政府不可能制定出完善的循环经济金融支持法律法规，不能严格守法、执法，就会出现“政府失灵”。③

“政府失灵”客观存在，政府不干预或干预乏力与政府干预过度均在摒弃之列。这就需要采取相应的措施，如调整政府管制的范围，规范其干预行为，使其角色由“缺位”向“到位”转变；分散政府权力，尽量避免国家的权利成为个人或小集体谋求私利的工具；完善管制监督机制，强化对权力行使的约束，有效地遏制滥用权力；对监督者实行再监督，这样能更好地保证监督的有效性。

3. 循环经济金融支持中的政府与市场的关系

“市场失灵”和“政府失灵”客观存在，其根本性原因在于“制度

① 高小勇，汪丁丁．专访诺贝尔经济学奖得主——大师论衡中国经济与经济学［M］．朝华出版社，2005.

② Pigou, A. C. The Economic of Welfare［M］London: Macmillan, 1920.

③ 许庆明．试析环境问题上的政府失灵［J］．管理世界，2001（5）．

失灵”（Institution Failures），即市场机制与政府治理机制的“制度失灵”。制度是治理（Governance）的产物。而“制度失灵”就是制度设计和安排的缺陷以及制度功能的缺失，表现为治理的失效。[①] 1993年诺贝尔经济学奖获得者道格拉斯·诺斯（North，D）提出了著名的制度变迁路径依赖（Path－Dependence）理论，即由于规模经济（Economies of Scale）、学习效应（Learning Effect）、协调效应（Coordination Effect）以及适应性预期（Adaptive Effect）等因素的存在，制度变迁会沿着原有制度的路径和既定方向前进，表现为强烈的依赖性、报酬递增性和自我强化性，其负效应则为“制度失灵”程度的加剧及其存续期间的加长。因此，政府的适度干预就成为可能和必要。

现代市场经济条件下，市场调节和政府调控是一种互补和不可替代的关系。循环经济金融支持既不能单纯依靠政府，也不能单纯依靠市场，必须把两者有效地结合起来，动员多方面的资金投入到循环经济建设中。

循环经济金融支持中政府与市场间的关系应是，在保证市场机制对金融资源配置起基础性作用的前提下，以政府适当有效干预弥补市场调节的不足，同时又以市场调节之长来克服政府干预之短，从而实现市场机制和政府干预二元机制最优组合，实现二者的“凸性组合”，共同推动循环经济的发展。

6.3.2 循环经济金融支持的政府行为模式分析

循环经济作为一种新的经济发展方式，必然会对传统的生产经营、消费方式等诸多方面提出新的挑战。它蕴涵着生产关系的调整和生产方式的变动，客观上要求建立适应循环经济发展的新的市场经济体制和相应的政府行为模式。在现代社会中，政府作为一个广泛代表全体民众利益的组织，在经济生活中发挥着重要作用。政府作为一个经济组织有着显著的特征和特殊的优势，因而它也承担着其他经济组织所没有的经济职能。

我国政府应当以发展循环经济为契机，切实转变职能和行为模式，

① 段文斌等．制度经济学——制度主义与经济分析［M］．天津：南开大学出版社，2003.

充分发挥引导、规划、评价和监督职能，建立有利于循环经济发展的组织体制、产权制度和激励约束机制等，促进循环经济健康发展。

第一，预防和消除“政府失灵”。政府在矫正“市场失灵”中具有重要作用，但同时也存在着“政府失灵”。政府要在克服和矫正“市场失灵”的同时，更要防止和消除“政府失灵”。政府要从消除导致政府失灵的根源入手，针对“政府失灵”的原因，采取切实有效地解决措施。如合理界定政府的经济职能，减少干预；从理顺政府利益关系入手保证政府干预的公正，加强对政府行为的监督；规范政府干预职能及行为；提高政府决策的科学化程度；把竞争机制引入政府调控的某些领域等。

第二，防止和消除“政府失灵”必须推动政府行为模式转型。当前地方政府一切以 GDP 为中心，政府行为存在着严重的短期化现象，而忽视了当地的长远发展。因此，防止和消除“政府失灵”必须推动政府行为模式转型，就必须构建服务性的政府，使地方政府从片面追求 GDP 的政绩观中解脱出来，切实发展循环经济，而不是为了在经济发展中追求能被上级观察到的政绩最大化，从而忽视对资源、环境等循环经济要素的有效利用和管理。因此，要逐步建立有利于循环经济发展的体制和政策环境，建立符合地方实际的经济增长、资源消耗、环境质量、生态保护、社会发展的循环经济综合评价体系和统计制度，以及相应的循环经济责任制度和考核奖惩机制。

第三，政府在循环经济金融支持中发挥积极的引导作用。政府在发展循环经济中，要积极创造有利于循环经济金融支持的良好氛围与环境，制定完善的具有激励约束的制度和机制体系，引导社会各类行为主体自觉地发展循环经济。

第四，政府进行循环经济投资必须符合社会公共利益的需要。政府投资于循环经济应主要限定于一些必须由政府提供的公共产品领域，并且要有明确的目标。这些目标在于：投资的目标是提供一个能使市场机制更好发挥其作用的外部环境；通过政府投资循环经济的诱导作用，刺激企业和其他社会经济主体投资，从而促进循环经济的发展。

6.3.3　发挥政府在金融支持循环经济发展中的导向作用

循环经济是一种全新的挑战性产业，该产业的建设周期较长，前期投入多，很多经营在一定时期内微利甚至不盈利。由于企业追求利润的天性，决定了传统经济发展方式不会自然地向循环经济转变，不管从理论还是实践来讲，发展循环经济需要政府必要的推动和政策引导。循环经济基础设施投资是社会先行资本，仅仅靠市场机制不能形成社会先行资本，小规模的、个别部门的投资不可能从根本上解决问题，必须通过公共投资的方式来形成，这就要发挥政府在循环经济金融支持中的导向作用。

发展经济学家的研究表明，资本形成在经济发展中具有十分重要的作用。如何促进资本形成，加快基础产业发展，是资本形成理论研究的重点。发展中国家基础工业和基础设施等基础产业的资本投入不足，是经济快速发展的制约因素。这个道理对循环经济的发展具有同样的重大实践指导作用。

循环经济的实质是以尽可能少的资源消耗和尽可能低的生态环境代价来实现最大的发展效益。循环经济的特征决定了政府干预的必要。但是政府不能局限于原有的管理等职能，政府对循环经济的发展也要有创新性，具体需要在宣传、立法、制度、政策法规及自我行为等方面发挥关键性、导向性的重要作用。

循环经济如果只有单方面的金融支持也是不稳定的，其中也需要注重政府的导向作用。在现实的社会经济条件下发展循环经济，离不开政府的投资支持，政府投资应成为启动循环经济发展的主要资金来源。然而当前在循环经济实践中，政府财政直接投入过多，仅就 2008 年财政助推中国节能减排一项就达 235 亿元，投入了巨大财力。因此，我国不但要把发展循环经济作为政府投资的重点领域，对一些重大项目进行直接投资或资金补助、贷款贴息的支持，而且还要发挥好政府投资对社会投资的引导作用，特别是要引导各类金融机构对有利于促进循环经济发展的重点项目给予贷款支持，从而丰富发展循环经济的融资渠道或来源。

中央政府鼓励商业银行在确保信贷安全的前提下积极支持循环经济发展，还要发挥政策性银行对发展循环经济的支持引导作用，重点支持循环经济的基础设施建设、高新技术产业、农业振兴、环境保护、生物资源振兴和产业结构调整等有关项目建设。地方政府也要加强对发展循环经济的资金支持力度。要充分发挥政府资金的杠杆作用，广泛吸引社会资金积极参与到发展循环经济的建设中来，形成政府、社会和企业共同促进循环经济发展的局面。

政府在农村循环经济建设中的导向作用更为重要。在农村，要发展循环经济就需要农技推广、绿色食品、农产品的质量安全，甚至包括农产品的市场建设，以及在某些地区大范围推广园艺业等，而这同样需要政府的金融导向作用。政府要通过金融支持，引导农村大力发展生态农业和有机农业，建立绿色食品和有机食品基地，大幅度降低农药、化肥的使用量，建成一批生态示范区，形成农业循环经济发展的有利环境。在工业方面，政府要引导企业大力发展节能、降耗、减污的高新技术并加快传统行业和企业的改造，用清洁生产技术改造能耗高、污染重的企业，坚决淘汰浪费资源、严重污染环境的落后工艺、技术和设备。加快生态工业园区的发展，进行生态工业园区的规划与实施，园区内的所有企业都推行清洁生产技术，建成企业间的工业代谢和共生关系，实现区内生态环境改善、污染零排放。

不过，政府的作用应当以适度的宏观调控来弥补“市场失灵”为限，并注意预防地方政府对循环经济直接干预过度，同时要充分调动其他经济行为主体参与循环经济建设的积极性。应在明确发展循环经济特殊性的基础上，规范地方政府行为，发挥政府的管理、监督、服务等功能，借助法律、税收、投资等宏观调控手段，形成循环经济金融支持的有效的激励约束机制，激发各类经济行为主体发展循环经济的积极性、主动性和创造性，从而有效地推进中国循环经济的发展，促进中国经济发展方式的转变与经济增长质量的提高。

第7章 市场机制与政府导向相结合的金融支持模式研究

长期以来，中国依靠管制化金融动员的高效率从而一定程度上牺牲金融配置效率来促进经济增长，但是也累积了巨额不良资产等严重问题，数量扩张型增长难以为继。市场化的金融动员方式成为新时期的必然选择。由于“市场失灵”的存在，政府也需要通过某些政策的引导与推行，形成对金融动员与资源配置的强有力激励。因此，建立市场机制与政府导向相结合的适应循环经济发展要求的金融支持模式就成为金融支持循环经济产业发展的内在要求。在这一模式中，构建一个以证券业为主体，银行、保险为两翼，政府扶持为辅的市场化金融支持体系。

7.1 加快投融资机制改革

1. 实行投资主体多元化

加快市场体制改革，建立产权明晰的基础设施建设投入机制，拓宽投融资渠道，吸引个人、企业、集体、外资等各类经济主体投资循环经济建设。党的十六大报告在论述“坚持和完善基本经济制度，深化国有资产管理体制改革”中指出：实行投资主体多元化，除极少数必须由国家独资经营的企业外，积极推行股份制，发展混合所有制经济。循环经济建设需要大量资金，应引进更多的投资者，积极培育机构投资者，引进社会保障基金、金融资产管理公司、中外证券投资基金等机构投资者，允许和引导基金、保险、养老金机构持股。同时，实行投资主体多元化也有利于分散循环经济投资风险。

2. 形成多层次、多形式的融资机制

加快市场体制改革，构建财政资金为引导、市场化融资为主体、以政府投资吸引带动社会资本参与投资循环经济建设，形成多层次、多形式的融资机制。建立合理分工、协同运作的金融体系，降低资金运行成本，提高金融交易效率。要尽快形成以财政投入为基础，政策性金融、商业性金融、合作性金融、民间金融相结合的资金协同投入机制。鼓励有条件的地区，在严格监管、有效防范金融风险的前提下，通过吸引社会资本和外资，鼓励各种经济主体积极兴办直接为循环经济服务或者有商业取向的不同体制的金融组织形成的金融“超市”，以满足循环经济发展的不同层次的资金需求，从而更好地发挥现代金融服务对循环经济建设的支持。

3. 构建适应循环经济发展的风险投资机制

由于历史的原因，我国目前的风险投资机构大多为国家及国家有关部委、地方政府等所设立，资金来源主要是政府拨款，真正的私人资本几乎为零。这种政府主导型发展方式尽管在发展初期起到一定积极作用，但由于存在严重的治理机制缺陷，运作效率不高，而且将民间资本排斥在外，违背了市场经济的基本要求，缺乏市场生命力。因此，政府必须由以前的“唱戏人”角色转换到“搭台者”角色，健全和完善以民间资本为主体的多元化的风险资本供给体系，以切实推进循环经济建设。

7.2　扩大证券市场的直接融资功能

近年来，中国证券市场迅猛发展，为循环经济建设扩大直接融资创造了有利条件。根据中国证监会提供的数据显示，截至2007年6月30日，沪深股市总市值相当于2006年GDP的78.8%。截止到2007年末，在中国结算登记存管的证券面值为2.14万亿元，比2006年增加22.89%（表7.1），流通市值为33.06万亿元，比2006年增加258.74%

（表 7.2）。截至 2008 年 6 月 30 日，境内外上市公司家数（A、B、H 股）1868 家，总市值达 178035.1 亿元，沪深两市共计筹资 2393.12 亿元，沪深两市股票日均成交 1411.71 亿元。与此同时，沪深两市开户数不断增加。中国证券登记结算有限责任公司统计数据显示，截至 2008 年 8 月 1 日，沪深两市共有 A 股账户 11733.60 万户，B 股账户 238.59 万户，有效账户 10034.26 万户。

表 7.1　中国结算登记存管的证券面值（单位：亿元，%）

证券种类	面值	比上年
流通股*	1.66 万	37.68
流通 B 股	250.91	9.57
非流通股	206.05	－61.20
国债	2857.37	－8.76
企业债	690.07	29.81
可转债	99.08	－17.91
封闭式基金	699.00	－13.92

资料来源：中国证券登记结算有限责任公司。

表 7.2　中国结算登记存管的证券流通市值（单位：亿元，%）

证券种类	流通市值	比上年
流通股*	32.28 万	276.38
流通 B 股	2540.04	99.51
国债	2666.52	－15.07
可转债	163.14	2.31
封闭式基金	1852.20	44.48

资料来源：中国证券登记结算有限责任公司。

证券市场的快速发展，促进了企业直接融资能力的提高，居民理财品种增多，使我国直接融资比重较低的局面有所改变，证券市场在国民经济中的地位逐步提升。随着我国经济规模的日益扩大和居民收入的不断增加，多元化投融资需求日益显现。因此，应进一步扩大证券市场的直接融资功能，充分利用流动性过剩扩大直接融资，以此来促进循环经济发展。[①]

为了进一步加快市场主导型金融体系的发展，对于符合循环经济发展方式的企业应优先考虑上市融资，资本市场也完全有能力为循环经济的发展提供强大的金融支持。

一是积极培育蓝筹股市场，推动大型优质循环型企业上市，鼓励循环型企业利用各种方式做优做强。放宽对循环经济技术应用企业资本额的认定和对所有制之类的限制，为更多的循环型企业提供上市融资的机会。分配更多的股票上市额度给具有规模优势和高增长潜力的循环经济企业。适当降低循环经济企业股票的面额以提高其资本回报率，吸引更多资金。包钢股份控股股东——包钢集团是国家发改委、环保总局等 6 部委确定的首批循环经济试点企业之一，享受国家、地方双重政策扶持。2007 年 8 月，公司的定向增发又获得证监会发审委的核准，将定向发行 30.32 亿股 A 股收购包钢集团钢铁主业资产，实现集团钢铁主业整体上市。作为中国十大钢铁企业和三大钢轨生产基地之一，包钢股份公司（600010.SH）近期在股市上表现十分出色。而这无疑是受益于其循环经济的全方位发展[②]。

二是大力发展中小企业板，支持更多循环型中小企业进入资本市场并发展壮大，获取发展循环经济的支持资金。

三是推进循环经济创业板市场的建立与完善。从现代国家资本市场发展的经验来看，创立专门的融资市场，为循环型企业或特定资源类企业创造可持续性的直接资金来源，对于建立在资本市场基础上的现代企业发展机制来说非常必要。建立和完善规范运作的二板市场，为我国高新技术循环经济企业提供顺畅的融资渠道。其主要作用是不仅能引导社会资金的流向，提高金融资源的使用效率，而且能推进循环经济主体的市场化与规模化发展，促进经济结构调整与增长方式优化。在我国，通过发展循环经济来改造传统产业的浪潮方兴未艾，将有越来越多的上市公司涉足该领域，这为创业板市场的繁荣奠定了基础，也为中国循环经

① 胡昱明. 中国证券市场将经历一场结构性巨变［EB/OL］. http://huyuming.blog.cnstock.com/archives/2006/38013.html

② 第一财经日报，2007－09－14，http://finance.sina.com.cn/chanjing/b/20070914/01593977424.shtml

济的发展引进了微观竞争机制。[①]

四是积极推动债券市场发展，大力发展循环型企业债券、资产证券化证券等固定收益类产品，对与循环经济相关企业的债券融资予以政策支持和鼓励，为循环经济的发展提供资金来源。

7.3 充分发挥银行业金融机构的间接融资功能

目前，应当建立以商业银行支持为主、政策性银行支持为辅的银行业支持循环经济发展的模式。

1. 充分发挥政策性银行的引导作用

政策性银行业务活动体现了国家发展循环经济的政策倾向，它通过发挥诱导性功能和虹吸扩张作用实现资金投向的引导。[②] 因此，政策性银行应站在贯彻国家政策的高度，通过支持循环经济来促进我国的经济持续增长。作为政策性银行的国家开发银行在贯彻国家产业政策、资金政策和资源政策方面具有不可推卸的政策引导作用。

发挥政府投资对社会投资的引导作用，应当重点支持与循环经济中的环境、资源等问题相关的基础设施建设融资，利用政策性金融活动来影响循环经济的发展，促使企业经济效益、生态效益和社会效益的全面提高。利用低成本的政策性资金来支持循环型中小企业融资，对循环型高科技产业等发展循环经济有重要突出作用的重大项目和技术开发、产业化示范项目，优先给予资金补助、贷款贴息等支持。

在目前地方政府没有债券发行权、缺乏可持续资金来源的情况下，国家开发银行要实行有差别的区域循环经济金融支持政策，以财政资金和金融债券筹集资金为城市的循环经济发展问题提供政策性资金支持，同时以财政资金和金融债券筹集资金为支撑来促进落后地区的发展，实现区域经济结构平衡。

首先，重新定位农业发展银行的功能。根据国际上政策性农业开发

---

① 杨涛．全面创新循环经济的金融支持体系［N］．人民日报，2006－10－13.

② 发挥虹吸扩张功能是指国家开发银行以较少资金投入虹吸更多的民间商业性资金的功能，民间商业性金融对某一产业的投资热情高涨以后，逐渐减少政策性银行的份额，将投资领域让给民间商业性金融。

银行的职能，凡是与“三农”问题特别是与农业循环经济有联系的，都应纳入中国农业发展银行的业务范围，充分发挥其对农业循环经济建设的金融支持功能。

其次，将财政、商业银行及其他社会渠道对农业循环经济的投资统一由中国农业发展银行代理和监管，有利于形成规模效应。同时，将中国农业银行的扶贫开发贷款划转到中国农业发展银行，由中国农业发展银行负责经营，对损失部分可采取剥离到资产管理公司，或者放在中国农业发展银行自行消化。

最后，尽快制定对循环型农业贷款的管理法规。该法规应对金融支持农业循环经济的业务范围、服务对象进行界定，以法律的形式，保证循环型农业的政策性投入，支持农业循环经济的发展，推动“三农”问题的解决。

2. 商业银行要不断适应循环经济发展的需要，提供信贷支持

（1）完善和推行支持循环经济的信贷机制。商业银行要通过信贷政策积极引导和支持重点行业、重点区域、重点领域推行循环经济发展方式。一是重视产业发展研究，把准产业结构调整方向，支持循环经济产业园区新兴行业、“朝阳”行业、成长行业的发展；二是要研究市场供给状况，制定产品信贷政策，支持循环型企业名牌产品、供不应求产品、有较大市场占有率产品的发展；三是研究循环型企业经营发展情况，支持经营管理强、经济效益好、信用等级高、市场前景广的企业发展；四是制定区域循环经济发展的信贷支持政策，使信贷资金的投向与区域经济结构的定位相一致；五是研究国内外循环经济发展趋势，提高信贷支持的技术含量，推动循环经济产业技术进步。目前采用的主要措施是对企业的环境污染程度进行分类，依据不同情况，分别给予信贷支持、不予提供流动资金贷款、停止贷款支持或收回贷款等处理措施。山西的“停贷治污”、沈阳地区的“重污染企业整顿”以及“环保评定五色分类”的江阴模式表明我国使用金融手段对发展循环经济进行支持已取得了较好的效果。

（2）推行绿色抵押等银行类环境金融产品。美国等主要国家的许多银行已经把环境因素、可持续发展因素纳入贷款、投资和风险评价程序，环境报告已经从会计报表的边缘内容变成主流内容，绿色会计报表得到大量应用。一般情况下，环保企业凭借其“绿色”即可获得绿色抵押贷款，对有良好环境记录的客户银行还会给予更多的优惠。例如美国

银行贷款评级分为 5 级，第 4、5 级需要抵押，而环保企业一般不需要财产抵押。[①]

（3）加强对中小企业发展循环经济的金融支持力度。中小企业是我国工业污染的主要来源之一，且有增加的趋势。其主要原因是缺乏治理资金。因此，当前要特别注意加强对中小企业发展循环经济的金融支持力度。要依靠现有商业银行体系对循环经济相关企业给予支持和约束；也可以考虑建立专门的中小企业发展银行，依托现有的中小企业融资体系，为中小型循环经济企业获取外部资金提供支持。商业银行应该根据各地方循环经济发展的特点，制定不同的贷款政策，切实为地方循环经济的发展提供有力的金融支持服务。

7.4　创新保险业的支持功能

发展循环经济，需要金融业的全面支持与推动。保险业作为经营和管理风险的企业，在保障经济、稳定社会、促进发展、造福人民中发挥着重要的积极作用。因此，它也将在我国循环经济的发展中作出应有的贡献。

保险业在社会投融资体系中占据重要地位，具有强大的金融功能。二战后，随着寿险业务的发展和投资型保险产品的出现，资金融通成为保险业相对独立的基本功能，从而使得保险业在金融体系中发挥了越来越重要的作用。从成熟市场的金融结构看，保险已经成为居民储蓄的主要方式、金融体系的重要支柱以及资本市场重要的机构投资者。在金融市场异常激烈的竞争中，保险业保持并不断提高市场份额。

我国循环经济建设起步较晚，存在着巨大的生态环境压力，面临巨大的资金缺口。借鉴发达国家经验，当前只有大力发展风险投资，广泛吸收社会上其他闲置资金，才能有效填补这个缺口。但风险投资于循环经济无疑具有一定的风险。同时，由于在发展循环经济所需技术的开发和应用中不可避免地存在风险，防范和化解这些风险就显得十分必要。保险业作为经营管理风险的特殊企业，其分散风险、组织经济补偿的功

---

① 程瑞华．运用金融手段支持循环经济发展的启示［N］．金融时报，2006－12－4．

能决定了它成为发展循环经济转移风险的重要手段。保险公司可以通过购买或参与设立风险投资基金或通过在主板、二板市场认购循环型企业发行的股票、债券等形式参与循环经济的投资。

充分发挥我国保险业所具有的金融功能，必须不断进行保险创新。长期以来，我国保险市场上的产品缺乏创新、品种单一且同质化严重，保险范围和责任内容没有差异，这主要是由于缺乏对创新成果的应有保护，一家公司承担创新的风险和成本，而其他公司跟进模仿，整个市场分享创新的收益，在很大程度上抑制了公司的创新热情；同时，保险公司缺乏差异化的经营理念，不愿花气力创新，热衷于跟风。有关资料显示，我国保险公司险种的同构率高达 90%以上，① 只能通过降价来获取市场份额。因此，为适应循环经济金融支持的需要，保险业必须加强创新，开发创新型产品，发挥保险业在循环经济建设中所具有的独特作用。

7.5　发挥政府的扶持功能

1. 明确政府在金融支持循环经济建设中的定位

政府在发展循环经济中的职责应定位于规范、引导和扶持金融企业支持循环经济建设，起到导向作用，促进循环经济的平稳运行与快速发展。

第一，充分发挥中央银行、银监会在支持循环经济建设中的作用，致力于金融支持的法律体系和监管框架建设，营造良好的金融生态环境。在保证资本金充足、严格金融监管和建立合理有效的退出机制的前提下，建立多元化、竞争性的金融组织体系。

第二，限制地方政府对金融机构的行政干预。规范政府在经济中的职能，限制地方政府对金融机构的干预是金融市场有效性的保证。建立多元化的金融机构是为了有效满足经济发展中的借贷需求，而不是为了实现政府对金融资源的控制。政府对金融市场的有效干预都应该以建立

---

① 张洪河，李舒，胡梅娟．我国保险业亟待突破“三道坎”[EB/OL]．2007－08－23，http：//news. china. com. cn/chinanet/07news/china. cgi? docid = 898565677911606619，10565056520817794649，0&server=192. 168. 9. 114&port=5757

有效竞争的金融市场为出发点，目的都是最终减少直接干预。政府的有效直接干预手段包括取消存、贷款利率限制，鼓励市场决定利率；积极支持金融模式的创新，为符合监管条件且能有效提供金融服务的新金融机构提供启动资金等。

第三，中央银行、银监会、保监会等金融监管部门，联合制定出台循环经济建设的金融支持措施，从全局上为金融支持循环经济建设指明方向。

（1）发挥中央银行在金融体制改革中的引导作用，尽快制定并推动金融体制改革，健全金融服务体系，提升金融支持循环经济发展的力度。要充分整合现有的农村金融服务资源，使政策性银行、商业银行、农村信用社等金融机构形成支持循环经济建设的合力。

（2）支持地方金融机构产权制度改革。督促农村信用联社完善法人治理结构，转换经营机制，积极协助推动城市商业银行的重组改革，参与研究制定城市信用社退出市场方案。

（3）中央银行制定有效的信贷政策，支持循环经济建设。充分发挥再贷款引导资金流向的作用，采取行政和市场的手段使企业能够融到低成本资金。增加低息再贷款，加大循环经济建设投入量。实行差别税率政策，将减免税与存贷款比例挂钩，引导资金流向。对于农村发展循环经济，农村信用社等金融机构应将低息再贷款切实投放到农户手中，改变现在拿央行政策性资金赚取高息利差的现状。中国人民银行要充分运用货币政策工具，确保农村金融稳定，通过再贷款、紧急再贷款以及中央专项资金，有效化解农村信用社在支持循环经济中所遭遇的风险。

（4）出台支持绿色消费的金融政策。通过制定有利于形成节约资源、保护环境的绿色消费模式，来保障和促进循环经济发展，从而提高经济增长的质量和效益，建设资源节约型社会并促进人与自然的和谐，实现经济社会全面协调可持续发展。

（5）通过一系列改善金融长效发展机制与金融支持政策，积极引导和努力构建良好的金融生态环境。

2. 建立各种类型的循环经济发展基金

各级政府财政应在预算中建立循环经济发展基金，同时，积极引入其他长期性的社会资金，设立各种形式的循环经济发展基金，向各类循环经济主体进行融资。这样既实现了对循环经济的金融支持，也为各级长期性资金主体提供了更多投资途径。循环经济发展基金应来自三个部分，即由资源税、污染税中提取一部分、社会捐助一部分和从预算收入中提取一部分。国家层面设立的循环经济发展基金用于支持重点行业、重点领域、重点地区循环经济建设以及循环经济技术开发与应用。地方政府设立的循环经济发展基金主要用于当地重大环境保护与整治工程、突发性重大污染事故的处理、区域结合部污染整治、外地区环保援助和赔偿等。

与此同时，大力发展民间循环经济基金。政府要加以引导，使其发挥积极的作用，既促进民间循环经济基金的发展和壮大，又使其业务领域符合政府循环经济的总体发展目标。

3. 健全循环经济发展资金监督体系

循环经济发展基金在使用过程中同样需要监督，以实现其最大效用，防止浪费。这就要构建有效的监督体系，形成循环经济建设的全方位、多层次的有效监督，同时要使监督者明确责任，承担因监督不力、不到位而造成相应后果的责任。

循环经济的监督体系包含政府监督、社会监督、单位内部监督三个层次。政府监督就是由政府审计部门定期对财政机关发展循环经济资金的收支拨付审批予以评估考核，对环保部门资金运用情况进行定期跟踪测评。社会监督，即利用民间审计机构先对政府发展循环经济决策部门以年度为单位进行绩效评估，以考察其对环境资源保值增值所做贡献的大小，然后对具体掌握运用资金的各级财政部门、环保部门、企业单位就资金的来源与运用开展审计工作，并将结果对社会公布，接受公众监督。单位内部审计，主要是循环经济发展基金使用主体利用内部审计机构对本单位到位的资金的使用管理予以追踪考评，以保证其合理、合法、有效与整体性。要进一步建立健全监督机制，发挥各种监督的作用，使其相互配合，实现有效监督。

第8章 循环经济金融支持的政策举措

社会资金的运动主要有财政和金融两个渠道，在市场经济条件下，财政主要发挥着政府导向的职能，而金融则主要发挥着市场调节的作用。不同的金融制度安排导致不同的金融动员[①]与配置效率。市场机制对金融经济运行进行调节，并对金融资源配置起基础性的作用。市场机制是使金融真正成为促进循环经济发展的基础性力量，是促进金融资源支持循环经济发展的内生机制。中国金融业的巨大发展，为我国发展循环经济提供了充沛的金融资源。因此，促进循环经济的发展，就要在建立起我国适应循环经济发展要求的新型金融支持体系基础上，进一步采取一系列符合我国国情促进循环经济发展的金融支持方略。

① 金融动员即金融剩余动员与配置，指通过金融机构和金融市场筹措社会的金融剩余，以满足资金需求者需要的系列活动。可分为市场化金融剩余动员与管制化金融剩余动员。市场化金融剩余动员是指由银行等金融机构通过金融市场，依据市场均衡利率向金融剩余所有者支付均衡价格，从而吸纳这些金融剩余并将其转换为金融储蓄，进而通过储蓄—投资机制转换为社会可支配投资资本的方式。管制化金融剩余动员是指国家依靠强制性的经济手段和法律手段及其他政府行为，对金融剩余所有者和金融经济运行干预，吸储和聚积社会的金融剩余，并将其转换为政府可支配的金融资源的方式。

8.1　树立科学发展观，强化政府服务功能

尽管市场机制具有一定的自我调节能力，通过产权激励、市场交易可以起到调节资源分配、增进社会福利作用，但并不总能恰到好处。在多数情况下，需要政治决策来补充市场决策。建立健全完善的政府治理机制，优化政府职能可以节省治理的制度成本，推动经济与环境的和谐发展。当前正处在新旧体制转型过程中，中国“政府管理经济的职能尚未完全转变，来自政府部门、对竞争进行行政性限制的力量仍然较为强大……”。① 因此，必须树立和落实科学发展观，完善政府的服务功能，为循环经济的发展提供良好的基础性条件。

第一，要合理划分政府和市场之间的边界，界定政府的经济职能。政府经济职能在于加强基础设施建设，提高经济资源配置效率，进行适度而有效的干预，保持宏观经济的稳定，加强对区域社会经济发展的宏观协调与指导，促进城乡区域协调发展。

第二，根本变革现行政绩考核方式。传统的以 GDP 为核心的政绩考核体系应尽快转变为以绿色地区生产总值（EDP）为核心的政绩考核体系，从 GDP 中扣除环境资源成本和对环境资源的保护服务费用，考核的重点应放在对民生的关注和社会经济均衡发展方面。

第三，强化政府服务，优化发展环境。政府要进一步推进服务型政府建设，提高执政能力和水平，树立以人为本的思想，减少社会资源的浪费。政府要通过法律法规等制度，发挥其在循环经济金融支持中的导向作用，要为循环经济的发展提供一个公平竞争的市场环境。

第四，优化政府投资结构，引导循环经济金融支持发展方向。依靠科技进步和自主创新，不仅是发展循环经济的根本要求，也是实现我国经济发展方式转变的根本需要。因此，国家导向性投入要侧重于战略性的、关键的和大型的循环经济技术创新和产业化项目，加强循环经济的基础工程建设。

第五，政府要健全完善循环经济产业相关标准。这不仅为循环型企

① 王晓晔．社会主义市场经济条件下的反垄断法［J］．中国社会科学，1996（1）．

业提供前瞻性的投资参考，也为金融业支持循环经济发展提供基础条件。如完善节能降耗、污染减排的标准，就可以使金融机构在落实相关政策时能够有的放矢。

第六，完善金融支持循环经济发展的政策体系和激励机制。政府要积极完善金融支持循环经济发展的相关政策和激励约束机制，充分调动各类经济行为主体自觉发展循环经济的意愿，推动企业自觉开展清洁生产，人民群众自觉进行绿色消费。政府有关部门要按照“污染者付费、利用者补偿、开发者保护、破坏者恢复”的原则，在财政税收、金融信贷及引进外资等方面，完善促进循环经济发展的金融政策，调动各方面发展循环经济的积极性和主动性。如为有效规避国家产业政策和环保政策变化给商业银行带来的政策性风险，可以通过探索财政贴息等做法，建立起对金融机构的激励机制。

8.2 完善金融生态环境，打造金融安全区

良好的金融生态环境是金融业支持循环经济持续健康发展的基础。因此，要积极引导和努力构建良好的金融生态环境。政府必须从推动循环经济发展的角度，在保证资本金充足、严格金融监管和建立合理有效的退出机制的前提下，形成形式多样、结构合理、功能完善、高效安全的现代金融体系。同时，要改善投融资环境、降低交易成本，加强社会信用意识的宣传和信用法制建设，打击逃废债现象，促进循环经济和金融的良性互动，从而打造金融安全区。

第一，中央银行、银监会要充分发挥在支持循环经济建设中的作用，致力于金融支持的政策法律体系和监管框架建设，改善金融长效发展机制与金融支持政策，营造良好的金融生态环境。

第二，中央银行要加强金融指导。中央银行应积极调整金融信贷政策，引导贷款投向，提高信贷资金利用效率；同时要扩大资本市场融资的规模与提高融资效率。

第三，政府要通过扶持和建立循环经济产业金融支持体系，改进商业性金融机构的投资环境，完善并强化循环经济政策性金融机构的功能，建立和完善多层次资本市场等方式，尽快形成吸引金融资源的比较优势，从而为产业结构调整、提升产业层次提供可持续的资金支持，为

企业和金融机构循环经济产业的投融资活动创造更加和谐的经济金融发展环境，在发展循环经济中保障金融安全。

第四，完善信用环境。法律和信用是维持市场经济正常运行的两个基本机制，信用机制是一种成本更低的维持市场交易秩序的机制。现代市场经济是指有政府干预的市场经济，“政府干预”既包括对经济的宏观调控，也包括对经济活动的微观规制。政府行为也存在信用的规范问题，政府信用是整个社会信用体系建立的基石。因此，完善信用是政府责无旁贷的责任。政府必须建立和完善一个与 WTO 所倡导的以信用为基石的现代市场经济相适应的政府信用制度，加强信用法制建设，不断完善社会信用体系，完善企业的公司治理结构，坚决打击恶意逃废银行债务行为，有效提高金融资源配置效率，推动经济社会全面协调可持续发展。

8.3　制定有利于循环经济发展的金融政策

中央银行、银监会、保监会等金融监管部门，已联合制定出台相关金融措施，从全局上为金融支持循环经济的发展建设指明方向。依据中国循环经济发展的实际状况，政府相关部门要不断完善有利于循环经济建设的金融政策。

8.3.1　实行有差别的区域循环经济金融支持政策

中国各区域自然资源等方面千差万别，经济发展存在着客观上的不均衡。因而，各区域发展循环经济的具体情况也千差万别，金融支持循环经济的政策也不能“一刀切”。同时，考虑到循环经济问题在很大程度上要由地方政府来承担职责，在城市建设与公共环境方面要考虑更多的循环经济目标，这就比纯粹的地方经济粗放式发展增加了额外的成本，地方政府需要大量的资金来实现该目标。这样地方政府发展循环经济的动力可能严重不足。我国金融资源显著存在的区域配置和产业配置的“非均衡”，对循环经济的发展造成不利的影响。因此，在金融支持循环经济发展的过程中，必须实行有差别的区域循环经济金融支持政策，以切实引导不同地区有效地发展循环经济，实现区域循环经济协调发展。

8.3.2 中央银行要充分发挥宏观调控的导向作用

中央银行要充分发挥宏观调控的导向作用，引导商业性金融机构向循环经济领域配置金融资源，切实提供强有力的金融支持。

1. 实施有差别的货币政策

循环经济所需资金巨大，但目前不同产业分布不均衡，各地区循环经济发展也不均衡。中国客观存在着区域经济发展的差异性与国家金融政策的统一性之间的供需矛盾，监管部门应改变“一刀切”的现状，尽快建立符合中国区域循环经济发展情况的有差别的货币政策，改变货币政策的总量调控方式，逐渐加大差别调控力度，引导资金流向，将资金导入急需的循环经济领域与地区。

一是实行有差别的再贷款政策。在中央银行管理体制改革后，中国人民银行分行已经按照经济区域设置，中国人民银行总行可以考虑给各地区的中国人民银行分行一定的调控权限，让其根据本地区的经济金融发展情况发放一定的再贷款，适当延长再贷款期限，从而支持循环经济的发展。

二是实行灵活的利率政策。在利率还没有完全市场化的条件下，中央银行对是否发展循环经济的利率管理政策应有所区别，大力支持有利于发展循环经济的利率差别政策，同时利率损失应由中央财政适当给予弥补。

三是实施实行区别性的信贷管理政策。国家通过信贷政策，适当降低建设项目资本金限制、延长银行贷款期限等措施，对商业银行资金加以引导，加大金融支持循环经济发展的力度，为扩大发展循环经济的信贷资金规模创造良好的政策环境。

2. 充分发挥央行“窗口指导”作用

中央银行要通过“窗口指导”，鼓励商业银行投向循环经济领域，并引导其支持循环经济的技术创新。循环经济技术创新需要大量的资金，商业银行要在中央银行的支持下，积极支持循环经济建设。同时，通过在银企之间搭建沟通平台和举办金融产品展示会，项目推介会等形式，引导和督促金融机构“区别对待，有保有压”，商业银行配合政府开展“停贷治污”，加大对循环经济的支持力度。例如，2002 年以来，中国人民银行鹤壁市中支协助政府先后举办了 12 次银企项目洽谈会，促成金融机构与 40 多家企业签订了 70 多个环保节能项目贷款协议。鹤壁市政府为促进经济可持续发展，加大了污染治理力度，已关闭缺乏治污设施、严重超标排污的金属镁和化工助剂生产企业70多家。中国人民银行鹤壁市支行积极配合政府的治污政策，指导金融机构对污染严重、不符合经济可持续发展要求的企业采取“停贷治污”的措施。对污染严重的企业，特别是对政府明令期限关闭或整顿的企业，加大贷款回收力度，不再发放新贷款。2005年至2007年5月，鹤壁市金融机构对污染严重的企业共收回贷款3630万元。①

3. 鼓励并引导商业银行落实绿色信贷政策，支持循环经济建设

中央银行要制定绿色信贷政策，为商业银行支持循环经济建设提供基本的政策依据。首先，要充分发挥再贷款引导资金流向的作用，尽量降低融资成本，采取行政和市场的手段使循环型企业能够融到低成本资金。其次，对节能减排提供优惠贷款，国家推动和引导社会有关方面加大对节能减排的资金投入。第三，引导商业银行大力支持循环经济技术进步。加快节能技术改造，为符合条件的节能技术研究开发、节能产品生产以及节能技术改造等项目提供优惠贷款。

4. 实施循环经济产业布局为导向的金融资源配置政策

金融机构应纠正当前资源配置的盲目倾向，防止机构的过度收缩和集中，打破金融资源的非均衡配置。要按照经济结构调整的需要，根据产业集群区域和区域经济发展的特点和水平不同，形成以循环经济产业布局为导向的金融配置政策，在充分考虑区域经济发展和就业需要的基础上，公平合理分配金融资源，形成以循环经济产业布局为导向的金融机构和金融资源布局，② 推动区域循环经济协调发展。

5. 建立金融业相互配合机制

中央银行要积极创造条件，要充分整合现有的农村金融服务资源，建立金融业内部的相互配合机制，使政策性金融、商业性金融、合作性金融等金融机构形成支持循环经济建设的合力，鼓励政策性金融、商业性金融和合作性金融合作互动，共同为循环经济的发展提供强有力的金融支持和全方位金融服务。

---

① 张正杰，侯玉淇．金融支持发展循环经济研究——以鹤壁市为例［J］．济南金融，2007（9）．

② 李虹．循环经济发展与金融支持［J］．东岳论丛，2006（3）．

8.3.3 适度采取有助于循环经济发展的金融自由化政策

发挥中央银行在金融体制改革中的引导作用，尽快制定并推动金融体制改革，适度采取有助于发展循环经济的金融自由化政策，完善金融服务体系，提升支持循环经济力度。

规范发展民间借贷，积极引导规范民间金融的发展。规模不断扩大的民间融资，已成为中小企业获得建设资金和流动资金的重要渠道。面对民间融资蓬勃发展的势头，政府部门不应该忽视民间融资的存在，要进行客观的研究和分析，并及时做出政策调整，充分发挥民间金融的作用。积极推动合理、合法民间金融业务的发展，取消限制民间资本进入金融领域的不合理规定，拓宽民间资金借贷渠道，用过剩的民间资本来解决中小企业融资难的问题。重点支持县域循环经济产业、企业和项目的发展，使民间金融成为支持地方循环经济发展的重要力量。允许民间资本或外资借壳进入县域金融领域，允许民间资本在一定条件下从事金融服务，这不但有利于减轻银行、信用社的信贷压力，而且有利于提高社会资本的配置效率，拓宽投资渠道，满足现有金融机构无法满足的合理金融需求。

完善中小金融机构建设，鼓励民营银行的建立和发展。主要是要加快农村信用社的改革，使其真正成为农村金融的主力军，成为地方循环经济发展的关键力量，成为提高资金市场的服务支持功能的有力支撑。在现有再贷款利率基础上适当下浮，以支持循环型农业、中小型循环企业的发展。鼓励民营银行的建立和发展也是金融支持循环经济发展的有效路径。发展民营银行在形式上可以成立民营企业全资拥有的新型民营银行；也可以让民营企业收购、入股信用社成立非国有银行；还可以让更多的民间资本注入股份制银行；在经济发达的地区，还可以将城市信用社和农村信用社改制成商业银行；农村信用社（有的已资不抵债）在组成农村商业银行的过程中，必须要有新的资本金投入，才能显现生机，城乡居民个人、农村专业户、城镇工商业个体化、乡镇企业、民营企业都可以作为新股东、注入资本，甚至可以让私人收购信用社，对其进行准确的市场定位，完善其产权制度，规范其发展，使其真正成为民间银行机构，积极参与市场竞争，[①] 为循环经济建设提供有效支持。

扶持中小银行的发展。监管部门可以采取一些措施扶持中小银行的发展，壮大其规模，例如在分支机构网点增设上，要根据业务的适当分工，对现有的机构布局进行适当调整。这样可以发挥中小银行在支持循环经济建设中的积极作用。

监管部门应放宽市场准入，放松金融机构业务限制。通过制定有利于商业银行业务创新的政策，吸引更多的国内外金融机构投资于循环经济。放宽农村地区银行业金融机构市场准入政策，鼓励各类资本到农村投资创业，大力发展民营银行、村镇银行、贷款公司和农村资金互助社，把民营经济引入到农村信用社的改革当中，允许更多的企业发行企业债券，解决循环经济建设资本不足的问题。

8.3.4　有效动员社会资本，确立投资循环经济的重点

要以超前性战略动员国内外资本参与发展循环经济建设，根据循环经济特点及其发展方向，选择投资重点，优化资金投向，推动循环经济建设。

1. 推进节能减排技术进步

科技引领未来，自主创新是发展循环经济的中心环节。发展循环经济，必须依靠科技，把资源优势转化为经济优势。金融支持要以循环经济共性和关键技术研发为投资重点，选择具有推广前景的先进适用技术，重点开发节能技术、高效节水灌溉技术和旱作节水农业技术、共伴生矿产资源综合利用技术、能量梯级利用技术、废物综合利用技术、循环经济发展中延长产业链和相关产业链接技术、可回收利用材料和回收拆解技术、重大机电产品节能降耗技术、绿色再制造技术以及可再生能源开发利用技术等，在重点行业、重点企业组织实施节电、节油、节煤、节水、综合利用等重大节约示范工程，推动先进适用资源节约技术产业化，加快先进成熟技术和产品的推广应用。

① 齐美东，王连芬．我国发展民间金融的对策分析［J］．安徽商贸职业技术学院学报，2004（2）．

2. 充分发挥金融杠杆的作用，积极支持经济结构调整和优化产业结构

发展循环经济应立足于自身优势，建立具有发展前景的优势产业，培育和形成新的经济增长点，改变不合理的分工格局，促进经济结构调整和产业结构优化。这是金融支持循环经济发展的重点之一。通过金融支持引导，发挥金融杠杆的作用，在经济运行过程中提高产业技术水平，调整产业结构、产品结构和能源消费结构，限制和淘汰能耗高、物耗高、污染重的落后工艺、技术和装备，实现由末端治理向源头治理的转变。

3. 大力支持循环型农业的发展

“三农”问题始终是事关国家现代化的全局性和根本性问题。农业是解决人类社会生存的基础产业，既是国民经济的基础产业，又为其他产业提供基本的原材料。这里所说的农业是广义的大农业。循环型农业发展的本质特征就是，在农业发展过程中保持并增强自然再生能力。金融支持农业循环经济的发展，就必须加强对农业的投入尤其是研发投入，加强农业基础设施建设尤其是农村信息高速公路建设；加强资源监管、节约土地资源、加强小城镇规划、合理推进城镇化建设、就地转移农村人口；提高农业生产的技术含量、重视农业科技的普及与推广；以市场为导向，完善农村市场体系，引导农民自觉地发展循环经济，推进绿色农业的发展。

4. 加强生态环境的保护和建设

生态环境的保护和建设是发展循环经济的基本前提。加大金融支持力度，就是要优先支持重大环境综合整治和生态建设项目，大力支持环境科技研究与攻关，开展区域经济发展与环境保护、绿色国民经济核算体系、生态省建设、环境容量与生态环境承载力等环境战略与理论研究。同时，建立和完善强制性产品能效标识、再利用品标识、节能建筑标识和环境标志制度，开展节能、节水、环保产品认证以及环境管理体系认证，提高资源的利用效率。

5. 突出对循环经济产业链的信贷支持

循环经济发展中延长产业链和相关产业链接技术对于发展循环经济影响巨大，金融要特别支持循环经济产业链的发展。通过金融支持进一步优化生产力布局，引导开发区、工业园区及循环型企业围绕核心资源发展相关产业，发挥产业集聚效应和工业生态效应，形成资源高效循环

利用的产业链，从而推动经济结构的调整和经济发展方式的转变。例如，截至 2007 年 5 月末，鹤壁市金融机构对发电公司等循环经济重点工业企业投入的贷款总额达到 260575 万元，占全市各项贷款余额的 20.8%，为煤化工，水煤浆冶炼，瓦斯气发电，余热发电，矿井水综合利用，新型建材，金属镁高温烟气余热回收，养殖业废料回收等多个项目的建设提供了金融支持，对推动鹤壁市煤炭、电力、水泥、金属镁、食品加工五大循环经济产业链的形成和发展发挥了重要作用。[①]

8.3.5　充分利用外汇储备发展循环经济

外汇储备是一个国家经济实力的重要组成部分，它是弥补本国国际收支逆差，抵御风险，稳定本国汇率以及维持本国国际信誉的物质基础。近年来中国外汇储备规模急剧扩大，到 2010 年 6 月中国外汇储备达 24542.75 亿美元，[②] 排名世界经济体第一。雄厚的外汇储备为中国经济社会发展提供了良好条件，但是当前过高的外汇储备也对经济社会发展造成了一定的负面影响。解决外汇储备过度问题根本要靠市场手段，货币政策、财政政策和其他政策形成合力，将外汇储备引向循环经济建设。发展循环经济，必须依靠科技，把资源优势转化为经济优势。循环经济技术创新的难度较大，需要大量的研发资金。政府要通过对外汇储备的合理运用，购买、吸收、消化、创新发达国家发展循环经济的先进技术及其设备，引进这方面的高素质人才，切实提高自主创新能力，为发展循环经济服务。虽然目前我国在引进国外技术方面取得了一定成绩，但是引进的力度还不高。欧盟一直是中国累计第一大技术供应方，2006 年，欧盟也是中国技术引进的最大来源地。2006 年 1～12 月，中国从欧盟引进技术 2597 项，合同金额 86.6 亿美元，占全国技术引进合同总额的 39.3%，接近中国从日本（52.4 亿美元）、美国（42.3 亿美元）技术引进的总和。[③] 因此，中国应充分利用外汇储备来引进国外循

---

① 张正杰，侯玉淇．金融支持发展循环经济研究——以鹤壁市为例［J］．济南金融，2007（9）．

② 国家外汇管理局，http：//www.safe.gov.cn/，http：//www.safe.gov.cn/model_safe/tjsj/tjsj_detail.jsp? ID=110400000000000000，21&id=5

③ 新华信．2006 年中欧贸易额增长 25.3%中国成为欧盟第一大进口来源地［EB/OL］．http：//www. bizteller. cn/newsSearch.do? cmd=newsContent&newscode=28925291，2007－01－30.

环经济先进技术及设备，购买战略储备物资，这不仅有利于缓解当前的外汇储备过多带来的压力，而且有利于循环经济的发展，更有利于经济发展方式的根本转变。

8.4 建立健全金融组织体系

如果金融组织体系落后和缺乏效率，就会束缚循环经济的发展，一方面限制循环经济建设所需资金的积累，另一方面又制约了金融的发展，从而形成相互促退的恶性循环。健全的金融体系能有效地将储蓄资金动员起来并引导到循环经济产业投资上去，从而促进循环经济发展。

8.4.1 加大开发性金融支持力度，建立循环经济政策性银行

一般来说，循环经济产业运营的固定成本高，一次性投入资金量大，建设周期长，投资回收慢，这种特殊的投资特点较大地抑制了追求自身利益最大化的商业性金融机构以及私人投资者等社会资本投入循环经济产业的积极性。但循环经济产业具有的公益性本质及基础产业的地位决定了政策性金融支持的必要性和重要性。政策性金融的最终目标是通过自身活动促进循环经济的健康稳定发展，其直接活动是为了弥补金融资源配置领域中市场机制的缺陷，克服“市场失灵”现象。政府财政投入要通过政策性银行来进行，且要重点投向战略性的、关键的、大型的循环经济技术创新和产业化项目，加强循环经济的基础工程建设，吸引商业银行支持循环经济的发展。

利用现有政策性银行，主要是国家开发银行和农业发展银行的优势，来强化对循环经济的资金支持。尤其是要积极参与支持与循环经济中的环境、资源等问题相关的基础设施建设和环保设施建设，以及涉及循环经济的高科技产业，有效发挥政策性银行对发展循环经济的支持引导作用，弥补政府融资的不足，为循环经济建设项目提供期限长，利率低的政策性信贷资金。

当前国家开发银行将要向商业银行转变，因此，农业发展银行肩负的任务尤为重要。中国农业发展银行的功能要重新定位，将支持重点从流通领域向生产领域转移，为加快农村循环经济发展提供服务。农业发展银行是我国唯一的政策性农村金融机构，凡是与“三农”问题特别是

与循环型农业发展有联系的，都应纳入中国农业发展银行的业务范围，将财政渠道对农业循环经济的投资统一由中国农业发展银行代理和监管，促使循环型农业经济效益、生态效益和社会效益的全面提高。

除了利用现有政策性银行强化对循环经济的金融支持外，还应建立专门的循环经济发展银行——循环经济政策性银行。这是财政与金融机制有效对接的最为现实可行的模式。这不仅可以弱化金融资本的逐利性，为循环经济生产提供政策性或廉价资金支持，还可以协调全国循环经济发展的金融支持。波兰环保银行是波兰循环经济金融体系的一部分，属商业银行，为波兰循环经济项目筹集资金并扩大其投资额，对循环经济现代化的项目进行贷款与投资，为波兰绿色循环经济项目提供投资咨询业务，发挥了积极而重要的作用。波兰环保银行主要为循环经济项目提供优惠贷款，贷款的利率比其他银行低，还款期长。

另外，由于循环经济问题在很大程度上要由地方政府来承担职责，可以考虑设立区域性的循环经济政策性银行，专门从事循环经济金融业务，来代替政府执行促进经济发展的部分金融职能。国家实施发展循环经济的战略，要在金融方面给予相应优惠政策。政策性金融机构应明确其贷款的投向，重点投向循环经济“生态工业园”基础设施建设、高新技术产业、农业振兴、环境保护、绿色产业和分解产业的开发、区域循环经济、可再生能源开发和发展利用、生物资源振兴和产业结构调整等领域和环节，积极引导其他资金投入到循环经济建设中来。由专门的循环经济政策性银行来促进循环经济在各地方的发展，既能够通过特定金融产品解决循环经济企业的初期融资问题，也能够促进地方政府把循环经济目标纳入区域发展规划之中。还可以创建政策性投资开发公司，以政府性资金为主，吸引社会资金积极参与。

8.4.2　成立各类政策性担保机构，加大金融支持力度

通过政策性信用担保机构，可调动商业性金融对循环经济产业贷款融资的积极性。政策性担保机构的主要作用在于为循环经济投资提供风险担保，吸引营利性社会资金积极参与。信用担保机构的组建可采取两种模式：一是政府组建，市场化运作。这种模式以政府出资为主，市场筹资为辅，突出循环经济产业导向，按照市场规律运作，但不以营利为主要目标。二是混合组建，市场化运作。这种模式是以政府和其他专业性商业担保公司为主要的共同出资人，同时吸收其他市场主体投资组

建，它具有商业担保和信用担保的双重特征，实行合作经营，先由政府根据政策标准和市场原则推荐担保对象，然后由商业担保公司按市场化要求进行担保。

8.4.3 大力发展合作金融组织，完善区域性金融体系

合作金融是以金融资产形式参与合作，专门从事既定范围内金融活动的一种经济形式。农村合作金融是当今世界性的金融发展趋势之一，已成为发达国家金融体系不可分割的有机组成部分，发展中国家也致力于推广农村合作金融制度。合作金融基于农村经济天然的“内生性”，具有其他金融类型所无可比拟的优势。

中国是一个发展中的大国，农业占有重要地位，“三农”问题始终是中国发展的核心问题之一。由于农村金融改革的滞后，“金融城市化偏好”所导致的农村资金“逆向流动”，使得农村本来就十分有限的金融资源进一步被“掏空”，而这种“掏空”机制更促使农村经济陷入“金融贫困”。[①] 同时，国有商业银行经营战略与职能定位的转变，造成了我国农村经济发展存在着严重的金融抑制现象。

由于我国经济区域发展的不平衡、城乡二元经济的基本格局以及农村经济发展的客观需要，以农村信用社为主体的合作金融应当成为我国金融体系的有机组成部分，才能做到坚持服务“三农”的定位，为农村循环经济发展提供金融支持。因此，各级政府要在科学发展观的统领之下，将“三农”问题的解决置于循环经济理念之中，大力发展合作金融组织，强化治理结构，并合理布局，形成完善的区域性合作金融体系，使之成为促进农业与农村循环经济发展的坚实基础。

当前要充分发挥以农村信用社为代表的合作金融在推动农业循环经济发展中的作用，贷款投放的重点要向从事循环型农业生产的农户和企业倾斜。例如，在推动农业循环经济的发展中，安徽省凤台县毛集试验区农村信用社积极发挥主力军作用，倾斜投放信贷资金，全方位支持毛集区经济基础设施建设，使毛集区以沼气工程建设为着力点，大力推行“猪—沼—粮”、“猪—沼—菜”等生态农业模式，引导和推动农民对生

① 张国．中国城乡结果调整研究——工业化过程中的城乡协调发展［M］．中国农业出版社，2002.

活环境进行“三清三改”（清垃圾、清污泥、清路障，改栏、改厕、改厨），进一步美化了农民的生活环境，节约了资源，提高了经济效益，实现了生态效益、经济效益、社会效益的共赢。

此外，还可进一步引进外资，推动区域性金融中心的发展。农村金融机构也应该进行股份制改革，引进境外合格战略投资者，规范公司治理结构，完善内部控制与管理制度，为区域性金融产业注入新的“血液”，推进区域性金融中心的形成，尤其是在金融基础设施落后的地区建立区域性金融中心，从而更好地支持循环经济的发展。

8.4.4　积极引进境外金融机构，拓宽外部金融支持渠道

当前，外资热钱大量流入中国，投资房地产等行业，等待人民币的升值，然后抽身而逃，造成金融不稳定。这将会给中国经济社会稳定发展带来不利的影响。因此，国家要采取切实措施，积极引导境外金融机构以及境外游资投资于循环经济，并应以提供先进的技术、提高我国循环经济发展速度和质量为前提。

变革对外资投资相关政策。外资投资的重点应当是适合中国经济发展需要且当前较为紧迫的循环经济项目，以有利于中国经济结构的优化、经济发展方式的改变和国民经济又好又快的发展。同时，外商投资于循环经济产业的政策应当依据实践状况不断地进行动态调整。

积极参与国际金融市场融资。一方面可以发挥国际信贷市场的作用，争取国际金融机构贷款、政府间贷款及国际银行组织的专项贷款。尤其要充分利用国外优惠贷款，这种贷款期限长、利率低，非常适合投资期长、收益率低、风险可控性差的循环经济建设。另一方面还可以通过国际证券市场，发行债券、股票等金融工具筹措资金，为发展循环经济提供金融支持。

8.5　完善金融市场建设，扩大融资渠道

在市场经济下，循环经济产业发展更应注重市场融资的战略选择和金融创新，充分发挥金融部门在加快发展循环经济中的作用，建立健全金融市场体系，不断完善金融服务功能，为发展循环经济提供多层次、全方位的融资服务支持。

8.5.1 完善风险投资运行机制，推动循环经济技术创新

风险投资是由职业金融家投入到新兴的、迅速发展的、具有巨大竞争潜力的企业中的一种权益资本，是把资本投向蕴藏着失败风险的高新技术及其产品的研究开发领域，旨在促使高新技术成果尽快商品化、产业化，以取得高资本收益的一种投资过程。如前所述，循环经济是一种科技含量很高的经济发展方式，具有一定的高风险性，如果仅仅依靠财政拨款和银行信贷资金等传统方式提供支持则难以满足需要，而采取风险投资的方式来进行运作则可以起到较好的效果。

因此，政府要采取相关政策，鼓励风险投资从事循环经济建设，推动循环经济技术创新。政府的主要职能在于为民间投资主体参与风险投资提供适宜的制度环境和必要的政策支持。同时，强化风险投资的治理机制，包括选择合理的风险投资组织形式、在风险投资机构和风险企业内部建立完善的治理结构、激励机制、约束机制和风险防范机制等，从而保障风险资本融资渠道的畅通。

在加强监管的前提下，大力培育保险公司、养老保险基金和投资银行等机构投资者，并适当放宽社会保险基金及保险的投资领域，允许其进入风险资本市场，从事与循环经济相关的技术开发融资，从而推动循环经济技术创新。

8.5.2 加大银行业金融机构信贷支持力度

商业银行应当成为支持循环经济发展的金融主力军。商业银行应根据国家投资政策规定，建立有利于循环经济融资的政策机制，加大对循环项目建设和循环企业发展的信贷支持力度，充分发挥商业银行在发展循环经济中的作用。

1. 改革信贷体制，实行差别利率

商业银行要通过差别利率引导和调控市场主体的行为，对于主动发展循环经济的循环型企业给予贷款利率优惠；对科技、环保等可持续发展产业实行低利率政策，确保绿色、环保企业发展的资金需求；严格实行扶优限劣措施，对于有利于节能减排项目给予优惠贷款，否则以较高的利率或不予贷款，以限制其发展；对于不同区域发展循环经济的具体情况商业银行也应采取差别利率，以促进区域循环经济的发展。

2. 信贷优先投向发展循环经济的重点领域与循环型企业

在确保信贷安全的前提下商业银行要积极支持循环经济建设，信贷优先投向循环型企业以及相应的重点项目。对于国家确定的发展循环经济的试点单位，积极给予信贷支持。商业银行要积极支持创新业务，完善对发展循环经济的差别化金融服务，在信贷审核和决策过程中，对于能够体现发展循环经济的客户或项目以及国家确定的发展循环经济的试点单位，可以给予降低利息率、延长信贷期限、加大贷款额度、放宽还贷条件等优惠。通过提供低息贷款帮助企业建立循环经济生产系统；对于采用清洁生产工艺和资源循环利用的企业应给予信贷优惠，增强其产品的市场竞争力；积极支持循环型企业从事技术自主创新，增强循环型企业投资和技术改造的能力，使循环型企业具有较为宽松的经营环境。

3. 支持循环经济产业链的形成和发展

循环经济遵循3R原则，从源头到末端形成了一个完整的产业链，达到充分利用自然资源的目的。金融业在循环经济发展中，对于致力于推动循环经济产业链的形成和发展的循环型企业与生态工业园区，要加大信贷的支持力度，发挥信贷资金在循环经济产业链的形成和发展中的作用，通过金融支持循环经济的发展来推动我国经济结构的调整和经济发展方式的转变。

4. 利用信贷杠杆，推进节能减排

节能减排是当前发展循环经济中的一项重要工作，有助于保护环境和降低资源的消耗、推进经济发展方式的转变。银行信贷要在其中发挥积极作用，对于符合循环经济发展要求的投资给予支持；而对于无视循环经济发展要求的随意投资行为，应该通过不予贷款、提高利率、强制还款等措施加以限制，以切实推动节能减排工作，真正实现低碳发展。

5. 支持循环经济技术进步和自主创新

如前所述，技术进步是经济发展的重要动力，循环经济的发展必须依靠技术创新和自主创新来推动，必须以技术进步来突破自然资源与生态环境的瓶颈和约束。商业银行要将推进技术进步作为中心环节，将一定比例的资金用于支持循环经济的技术创新，鼓励各行各业大力开发应用与循环经济相关的技术和设备，从根本上推动循环经济的发展。

8.5.3 建立多层次的资本市场体系，扩大直接融资规模

现代金融体系是以资本市场为核心、一体化市场为载体、混业经营为方式、电子网络为手段、金融工程为技术的金融体系。实践表明，随

着工业化的发展，以银行体系为金融制度基础的传统金融架构正在转向以资本市场为核心的现代金融架构，传统的银行间接融资比例趋于下降，而从资本市场直接融资的比重趋于上升。循环经济作为新的经济发展方式应充分发挥资本市场在资源配置中的基础性作用。

1. 建立多层次的资本市场体系

多层次的证券市场其上市条件由低到高正好满足了循环型企业不同发展阶段资金需求不同的特点。中国应当建立由主板市场、二板市场、场外交易市场和私募市场构成的多层次资本市场体系，为发展循环经济提供直接融资支持。

美国拥有全球最完备的资本市场分层结构，为各国进行制度设计提供了最有价值的参考。见表 8.1，可以看到美国与中国资本市场结构的基本情况，以及所存在的差异。

表 8.1　美国与中国的资本市场层次

			美国	中国
公募	全国市场	一板	NYSE；NASDAQ National Market	沪、深两市场
		二板	NASDAQ Small－Cap Market[1]；AMEX	中小企业板[2]
		三板	OTCBB；Pink Sheets	代办股份转让系统
	区域市场		太平洋交易所	地方产权交易市场[3]
			中西交易所	
			波士顿交易所	
			费城交易所等	
私募			Portal 系统	

① ASDAQ 本身就是一个多层次资本市场，分为 NASDAQ 全国资本市场和 NASDAQ 小资本市场两部分。只有 NASDAQ 的小资本市场才是为中小企业服务的二板市场。三板市场是没有明文的挂牌标准。

② 中小企业板的推出可谓是一波三折，出于慎重的原则，经过我国政府反复论证，选择了“两不变，四独立”原则，即：遵循现有法律环境不变，发行上市标准不变；独立挂盘，独立交易，独立披露信息，独立设立指数。

③ 产权交易市场是我国经济发展过程当中形成的独具特色的资本市场，本质上是一种非公开股权交易市场。国务院 1998 年 10 号文下发以后，证监会对地方性产权交易市场作出了“不得拆细、不得连续、不得标准化”的规定，该规定使得产权交易市场一直以来只能采取大宗的、一次性的交易形式。

三个层次的证券市场形成了内在的阶梯式的有机联系，互相促进、互相依赖，构成了一个有序合理的链条。三板市场入市条件最为宽松，适合循环经济发展初期循环型企业上市，主要解决循环型企业创立阶段的融资问题。企业入市并经培育后，不断发展壮大，进入扩展期，具备二板市场上市条件的可转入二板市场上市。企业发展到成熟期，符合条件可转入主板市场上市。反之，则逐级退市。

实际经验表明美国纽约证券交易所（NYSE）等属于主板的证券资本市场由于其本身的高标准，对中小型高技术企业的融资并没有起到直接的帮助，真正对中小企业融资起到推动作用的是纳斯达克市场中的小型资本市场（NASDAQ Small－Cap Market）以及柜台市场报价系统（OTCBB）等二、三板市场。

三板应该是中小型高技术企业进入全国性证券资本市场进行融资的首选平台。我国政府应该选择适当的时机开启三板市场的融资功能，增加循环型企业合理的融资渠道。

我国在 2001 年 7 月正式建立了代办股份转让系统，① 三板市场就此形成。不过，我国三板市场创办的初衷并不是为不满足主板上市资格的企业提供一个股权交易、融资的平台，而是为了解决最初的全国证券交易自动报价系统（STAQ）和全国电子交易系统（NET）的遗留问题。2004 年确立了三板市场承接主板退市企业的职能。三板市场缺少发行市场是代办股份转让系统最大的缺陷，目前无融资功能，仅代办股份转让，从而严重影响了其功能的发挥。

中国在 2005 年 6 月建立了中小企业板，从而初步建立多层证券资本市场的结构。但至今中小企业板的上市标准、制度设计与主板一致，中小企业板的上市企业只有中型规模以上的企业，已经失去了创业板的意味。中国的证券市场距离真正意义上的多层次证券资本市场还是有很大的差距。因此，应当适当降低上市标准，以支持中小企业发展循环经济。

---

① 1990 年 12 月 5 日、1993 年 2 月 20 日先后成立了全国证券交易自动报价系统（STAQ 系统）和全国电子交易系统（NET 系统）并运行。而后于 1999 年 9 月 9 日 STAQ 和 NET 市场被迫关闭。2001 年 7 年月随着“大自然”和“长白山”等挂牌交易，三板市场就算正式启动了。

创业板（Growth Enterprises Market）是给创业型企业上市融资的股票市场，创业板是多层次资本市场体系的重要组成部分。创业板推出的主要目的是促进自主创新企业及其他成长型创业企业的发展，是落实自主创新国家战略及支持处于成长期的创业企业的重要平台，为风险投资和创投企业建立正常的退出机制。相对于现在的证券市场（主板市场）而言，创业板在上市公司数量，单个上市公司规模以及对上市公司条件的要求上都要低于主板市场，所以创业板的性质属于二板市场（Second-board Market）。创业板以 NASDAQ 市场为代表，在中国特指深圳创业板。2009 年 3 月 31 日，中国证监会正式发布《首次公开发行股票并在创业板上市管理暂行办法》，该办法自 2009 年 5 月 1 日起实施。这意味着筹备十余年之久的中国创业板于 2009 年 5 月 1 日推出，从而为中小企业开辟了融资的新渠道。2009 年 10 月 23 日创业板开板，首批 28 家创业板公司于 2009 年 10 月 30 日集中在深交所挂牌上市。

支持循环型企业在创业板上市是中国实施循环经济战略的必然要求，也是创业板市场的历史使命。我国循环经济战略的实施，也为创业板市场升拓了广阔的发展空间。因此，国家要采取相关政策引导循环型企业在创业板上市，推动循环经济融资问题的解决。

2. 积极推动循环型企业优先上市融资

在现代经济中，资本市场不仅具有资本聚集功能，能使企业在短期内筹集所需的长期资金，而且由于其具有追逐利润最大化的内在动力，能够优化资源配置结构，提高资本的利用效率。因此，中国应充分发挥资本市场在发展循环经济中的重要作用，积极推动循环型企业优先在国内外资本市场上市筹资。

国家要进一步完善相关的政策与机制，鼓励、推动有条件的循环型企业优先上市，优先支持符合发展循环经济要求的上市公司增发新股和配股，鼓励和支持在发展循环经济方面优势突出的企业通过并购实现企业资本的筹集和扩张，以利于金融资源向符合循环经济发展要求的企业配置。同时，还可以通过发行循环型企业股票来调整产业结构，促进循环经济更好更快的发展。

3. 发行绿色金融债券

根据新优序融资理论，厂商在新投资融资愿望的驱使下，先是内部融资，然后是低风险债务，而把股权只当作最后的融资方式。在成熟的证券市场上，企业债券作为一种融资手段，无论数量还是发行次数都远超过股市融资。但我国债券市场因企业信用体系缺失以及政府政策的约束，企业债券的供求不平衡，发展滞后。债券融资方式包括国债融资方式和企业债券融资方式。国债融资是政府将发行国债的一定比例作为财政支出投入到循环经济产业基金，这是一种间接的融资方式。对于政府而言，仅仅依靠财政收入的增加来加大投入是十分有限的，而发行国债则可以缓解政府压力。因此，应该大力利用发行国债，吸收民间资本和外资进入循环经济领域。循环型企业还可以凭借其自身的信誉和经营业绩发行债券，进行企业债券融资。相对于国债融资、银行贷款和股票市场融资方式，企业债券的融资方式更为主动、融资成本更低。

4. 推进循环经济创业板市场的建立

新兴中小科技型循环型企业因高科技和良好的发展前景而具有较高的投资价值，但由于其规模和资本一般都比较小，这些中小型企业很难进入股票市场融资，有必要创造条件使它们在创业板市场上进行融资。

推进专门的循环经济创业板市场的建立，或在创业板市场融资，为循环型企业或特定资源类企业创造可持续的直接融资渠道，这不仅能引导社会资金的流向，而且能提高金融资源的配置效率，还可以推进循环经济主体的市场化与规模化发展，促进经济结构调整与经济发展方式的转变。

8.5.4　实施保险创新，健全循环经济资金投入的风险分散与疏导机制

保险业作为经营管理风险的特殊企业，其分散风险、组织经济补偿的功能决定了它在发展循环经济中转移风险具有重要作用。保险公司可以通过购买或参与设立风险投资基金或通过在主板、二板市场认购循环型企业发行的股票、债券等形式参与循环经济的投资。如美国已推行的巨灾债券（巨灾风险证券化），成为将巨灾保险风险向资本市场转移的一条有效途径，消除了政府直接承受环境污染等巨灾赔偿资金的负担。目前，我国保险市场上的产品基本上是同质的，保险范围和责任内容没有差异，且公司的创新热情低下。①

① 有关资料显示，我国保险公司险种的同构率高达90%以上。张洪河，李舒，胡梅娟．我国保险业亟待突破“三道坎”［EB/OL］．2007－08－23，http：//news.china.com.cn/chinanet/07news/china.cgi?docid＝8985656777911606619，10565056520817794649，0&server＝192.168.9.114&port＝5757

为充分发挥我国保险业所具有的金融功能，必须不断创新，建立循环经济发展的科技资金投入的风险分散与疏导机制。

成立政府监管下的综合性循环经济保险机构，在行使政策性保险机构职能的同时附加办理商业保险业务，用商业保险业务盈利弥补政策性亏损，从而实现政府和市场两种手段的结合、两种优势的互补。保险机构在对循环型农业开办传统的种植业、养殖业等政策性农业保险业务的同时，也要开展一切涉及循环经济的财产险、责任险及人身意外伤害险等商业性保险业务。把保险与企业发展循环经济所需的贷款结合起来，企业只有投保才能得到贷款的优惠。公务车辆、办公用房等由财政支付的保险项目，在与其他商业性保险公司同等收费水平下，则由综合性保险机构经营，以便使循环经济的发展获得更多的资金支持。

8.5.5 建立中国碳金融交易市场

“碳金融”的兴起源于国际气候政策的变化以及两个具有重大意义的国际公约——《联合国气候变化框架公约》和《京都议定书》。所谓碳金融，就是指服务于旨在减少温室气体排放等技术和项目的各种金融制度安排和金融交易活动，它源于《京都议定书》而兴起的低碳经济直接投融资活动，或称碳融资和碳物质的买卖，主要包括碳排放权及其衍生品的交易和投资、低碳项目开发的投融资以及其他相关的金融中介活动。

根据《京都议定书》的规定，中国在2012年之前不需承担温室气体的减排任务，但中国可以以发展中国家的身份参与清洁发展机制(CDM)① 下项目的开发。2008年，北京环境交易所、上海环境交易所、天津排放权交易所相继成立，中国迈出了构建碳交易市场的第一步。中国目前的碳金融业务主要为CDM项目的投融资以及相关的金融中介服务。在项目融资方面，比较有代表性的是兴业银行，该行与国际金融公司（IFC）开展合作，截至2009年3月，全行34家分行全部发放了节

---

① 清洁发展机制项目CDM（Clean Development Mechanism）机制是基于《联合国气候变化框架公约》（1992）和《京都议定书》（1997）中规定的机制之一。CDM机制允许发达国家在发展中国家投资减排项目，把减排指标算到自己头上，即发达国家通过提供资金和技术的方式，与发展中国家开展项目级合作，并通过项目所实现的“经核证的减排量”（CER），用于发达国家缔约方履行减排承诺。CDM实际上把二氧化碳私有化了，变成了一种可买卖的商品。

能减排项目贷款业务，共支持全国91个节能减排项目，融资金额达到35.34亿元；而中国银行和深圳发展银行则先后推出了收益率挂钩海外二氧化碳排放额度期货价格的理财产品。[①]

中国应当建立国内统一的碳金融交易市场，以推动中国循环经济的发展。这也是金融机构通过服务创新和对融资对象的取舍实现绿色金融的重要金融平台，成为低碳信息和资金的集聚地，形成我国金融产业新的增长极。发展循环经济是解决中国自然资源短缺与生态环境危机的根本路径，节能减排是实现绿色发展的重要途径。充分发挥碳金融在推进节能减排过程中的积极作用，通过金融机构创新并完善碳排放交易机制，以市场化手段促进节能减排，有助于推动中国经济发展方式的转变。因此，中央银行一方面要制定绿色金融的标准和环境风险的评级标准，完善绿色金融法律法规建设，引导绿色金融参与主体自觉发展循环经济。另一方面要引导金融机构开发低碳产品和技术的积极性，开发与碳排放权相关的金融产品和服务及碳排放信用类的金融衍生品，如碳基金、碳证券、碳信托等。

8.6 推进与发展循环经济相关的金融创新力度

推进与发展循环经济相关的金融创新力度，就是通过加大金融创新，不断推出诸如发展环境金融产品、在国际市场发行国家环保债券、积极引入循环经济产业投资基金、创新资本市场工具、实施资产证券化等有利于资金融通的产品，为发展循环经济筹集资金。推进与循环经济相关的金融创新，有利于循环经济和金融创新的双赢。

8.6.1 发展绿色金融，为循环经济的发展提供强力支持

要促进以循环经济发展为主要目的的金融创新，为循环经济发展提供充裕的“血液”，支持循环经济的发展。

1. 绿色信贷政策

绿色信贷政策是金融支持循环经济发展的有效地创新政策。国家要

① 中国碳金融市场发展前景分析［EB/OL］. 中国商品网，2009－07－29，http://ccn.mofcom.gov.cn/spbg/show.php?id=9565

通过鼓励并引导商业银行落实绿色信贷政策来实现对循环经济的金融支持。2007 年 7 月 30 日，我国环保总局、中国人民银行、银监会三部门联合出台绿色信贷政策，提出要为生态保护、生态建设和绿色产业融资，构建新的金融体系和完善的金融工具。银监会要进一步完善绿色信贷政策，鼓励商业银行开发绿色信贷产品，专门投向符合循环经济发展要求的企业、领域，并将节能降耗、资源循环利用、污染物排放等指标纳入贷款、投资和风险评估体系，提高信贷资源支持循环经济发展的效率。

2. 绿色证券政策

实行绿色证券政策，重点加大融资后环境监管，调控资本市场上融得的资金，使其真正有利于企业的绿色发展。2008 年 2 月 25 日国家环保总局发布《关于加强上市公司环保监管工作的指导意见》，一方面环保总局将向证监会及时通报并向社会公开上市公司受到环境行政处罚及其执行的情况，公开严重超标或超总量排放污染物、发生重特大污染事故以及建设项目严重环评违法的上市公司名单，由证监会按照《上市公司信息披露办法》的规定予以处理。另一方面，环保总局还将选择比较成熟的板块或行业开展上市公司环境绩效评估，编制并发布中国证券市场环境绩效指数及排名，为投资者、管理者提供上市公司的环境绩效信息和排名情况。[①]

8.6.2 创设循环经济发展基金

循环经济投资基金是一种通过发行基金来募集资金设立基金公司，对企业进行股权投资和提供经营管理服务，由基金公司自任基金管理人或另行委托基金管理人管理基金资产，委托基金托管人托管基金资产，基金资产分散投资于不同的实业项目，投资收益按资分成、利益共享、风险共担的集合投资方式。循环经济投资基金可以利用其开放融资、共担风险的优势，面向社会筹集大量资金，为循环经济发展提供资金保障。理论和实证研究表明产业投资基金是减少信息不对称和降低代理成本的金融中介。循环经济产业良好的市场前景为产业基金提供了项目来

① 吴晶晶，潘岳．要把资本市场变成推动节能减排的经济杠杆［EB/OL］．2008－02－25. http：//news. xinhuanet. com/newscenter/2008－02/25/content _ 7667343. htm

源上的可行性，而大量闲置的社会资本供给为循环经济产业提供了资金来源上的可靠性。

各级政府财政应通过预算建立循环经济发展基金（包括中央与地方综合性、专项性循环经济发展基金），同时，积极引入其他长期性的社会资金，向各类主体进行融资，尤其是调动产业投资基金优先选择发展循环经济的企业和项目的积极性。这样既实现了对循环经济的金融支持，也为各类长期性资金主体提供了更多投资途径。

与此同时，政府要通过特定的优惠或约束政策，引导社会资本大力发展民间循环经济基金，使其业务领域更符合政府循环经济的总体发展目标。

8.6.3　创新资本市场工具，开发循环经济资产证券化产品

金融创新的核心是开发出各种有利于资金融通的金融工具。循环经济资产证券化就是一种行之有效的融资方式。各种能够产生未来稳定现金流的资产都可以改造成为证券化产品的基础资产。

资产证券化融资（Asset Backed Securitization，ABS），是指以项目所拥有的资产为基础，以该项目未来的收益为保证，通过在金融市场上发行债券来筹集资金的一种融资方式。循环经济是一种全新的经济发展方式，能够以很低的资源消耗而获得很高的经济效益，能够带来资本积累。因此，开发循环经济资产证券化产品就具有了资产证券化的基础条件。

循环经济资产证券化不仅能有效解决循环经济所需资金的问题，而且能使投资风险分散化，有利于吸引社会自卑参与循环经济的投资。

不过，实施 ABS 要求较高的市场成熟度以及较健全的法律体系支撑，目前在我国直接进行 ABS 还存在着一定的障碍。而一个可能的途径就是将符合循环经济发展要求的资产实施证券化后在国外发行，这样可以充分利用国际投资银行和信用评级机构的实力，在与国际投资银行合作的过程中，积累一定的操作技术与经验后再在国内展开。

8.6.4　开发环境金融产品

环境金融是环境经济和金融学的交叉学科，研究如何融通发展环境经济所需资金（Eric Cowan 1999）。环境金融产品就是探讨所有促进循环经济发展的以市场为基础的、能够提高环境质量、转移环境风险并为

循环经济发展提供服务支持的金融创新。开发环境金融产品，既有利于为循环经济筹集资金，也有利于金融业的发展。环境金融产品创新主要包括绿色抵押等银行类环境金融产品、生态基金等基金类环境金融产品等。

生态基金是专门投资于能够促进环境保护、生态环境和人与自然的可持续发展的共同基金。1988 年，英国就率先推出了第一只生态基金——Merlin 生态基金。

天气衍生品。天气的不确定性对天气敏感行业，如石油和能源业构成越来越大的威胁，因此，利用天气衍生品对天气风险进行控制的商品生产者和交易者越来越多。自 1997 年开始出现以来，天气衍生品市场作为新崛起的金融衍生品市场得到迅速发展，不仅交易量显著增长，交易品种也越来越多样化，目前已成为金融衍生品市场中最新、最具活力的市场之一。美国、欧洲、亚洲、拉美的金融机构都纷纷进入这一市场，利用航空港、海港的天气指数与大豆、原油、汽油等大宗商品的期货价格之间的差价进行套利。①

排放减少信用（Emissions Reduction Credits）金融衍生品。排放减少信用是指排污单位通过治理污染，其实际排污量低于允许排污量，该排污单位可以向主管机构申请排放减少信用（等于实际排污量与允许排污量之间的差额）。美国法律已赋予排污权（排放减少信用）以金融衍生工具的地位，并允许其以有价证券的方式在银行存储，并且储存的信用可以用于出售转移到其他工厂。②

8.6.5 健全排污权交易市场

从 20 世纪 80 年代起，我国在一些城市开展了排污权交易试点工作。2007 年 10 月，嘉兴市在全国率先推出污染物排污权交易试行办法。2008 年 1 月 1 日，太湖流域开展主要水污染物排污权有偿使用试点。2008 年 8 月江苏省环保厅牵头制定《长三角两省一市环境合作平台建设工作计划》，率先在长三角地区共同开展化学需氧量、二氧化硫排污权有偿分配和交易试点。与美国等市场化程度较高的国家相比，我国目前

---

① 王卉彤，陈保启．循环经济和金融创新的双赢路径［J］．上海金融，2006（6）．

② 王卉彤，陈保启．循环经济和金融创新的双赢路径［J］．上海金融，2006（6）．

尚不能完全利用市场来完成排污权交易行为，很不完善。

循环经济要取得长足发展，从根本上看，必须要有完善的利益驱动机制，通过健全排污权交易市场，将企业的外部效应内部化，则是一种有效的机制。排污权交易市场的主要思想是在满足环境要求的条件下，建立合法的排污权，并允许这种权利进行买入和卖出，从而通过市场调节来实现污染物的排放控制。政府要在规划、服务、保护的基础上积极推动排污权交易，并为其交易创造良好的环境。政府不仅要科学合理规范排污权交易主体的行为，根据每户企业的规模、清洁生产技术、排污情况，将排污总量指标公平、公开、科学地分配到每户企业，规定配额指标可自由交易，还要实施有效的市场监督。排污者从自身利益出发，自主决定污染治理程度，从而决定是否买入或卖出排污权。经过这样的制度安排，如果企业排放量超过规定的标准，只能向市场购买，污染成本内部化了；如果企业在节能减排环节加大投入，减少排放量，可以将节省的排放量卖出，节能减排的社会效益内部化了。同时，中国人民银行、银监局等监管部门要严格执行绿色信贷有关规定，监督金融机构不得向指标超额或不足的企业发放贷款。通过排污权交易可以充分发挥企业自觉发展循环经济的积极性与主动性，这将使经济发展对自然环境的破坏降到最低程度。此外，政府同样要对自身行为进行规范，以确保排污权交易市场的健康发展。

8.6.6　加大其他融资工具创新力度

1. 租赁融资

租赁是一种特殊的信用行为，是出租人按照合同的规定，将物品在一定期限内出租给承租人使用，承租人按约向出租人支付租金的经济行为。若从承租人角度看，租赁是指承租人以支付租金为代价，获得在一定时期内对一件物品的使用及收益权的经济行为。

典型代表是融资租赁，在社会化大生产中形成了融资与融物相结合的租赁方式，以融资为目的的租赁。因此，租赁对中小企业具有较强的吸引力。在我国融资租赁被当成了一种特殊的金融服务。租赁融资来源主要包括大银行、设备制造商、国家开发者和租借公司。发展循环经济需要的大量技术设备，就可以采取这种方式来获得。根据租赁合同，出租方购买设备或建设设备，而承租方（中小企业）支付租金和运行及管理成本。这样就有效地推进我国循环经济建设。

2. 循环经济彩票

荷兰和英国都分别将国家彩票收益的一部分用于环境保护。我国也可以考虑在充分借鉴现行彩票发行的经验基础上，研究推出循环经济彩票，以筹集广大的民间零散资金，为循环经济建设服务。

3. 信托基金

信托基金是指在法律上规定的，用于特定领域的资金，资金由对基金具有法定资格的托管人或理事会管理。信托基金在法律上可以采取多种形式，可以是一个基础的、非营利性的社团，一个普通的信托机构，或根据法律建立的信托机构。在欧盟，信托基金和一些捐赠的基金开始用于为环境与资源管理融资。我国也应制定相关政策，扶持、引导、吸收社会资本建立信托基金，为循环经济建设提供融资服务。

4. 债务融资

债务融资（Debt Financing）是指企业通过向机构投资者或个人举债筹措资金，资金供给者作为债权人享有到期收回本息的融资方式。债务融资形成的是企业的负债，需要还本付息，其支付的利息进入财务费用，可以在税前扣除。当资本构成完全来自融资或贷款，而且借贷风险和成本较低时，债务融资对公司投资污染治理设备可能具有吸引力。对于传统企业，经营风险比较小，预期收益也较小的，一般选择融资成本较小的债务融资方式进行融资，大公司可借助其财务实力或信用通过发行债券平衡融资成本。循环经济自己需求巨大，发展循环经济也可以充分利用债务融资方式来筹集资金。中央可以赋予省级政府一定的融资权限，以省级财政作担保，发行区域性中长期建设债券。加强债务融资种类的创新，研发适应循环经济发展需要的金融工具。中小型循环经济企业一般规模较小，也难以上市融资，采取债务融资这种方式尤其适合。

8.7 在支持发展循环经济中防范和化解金融风险

8.7.1 完善金融监管体系，保障金融业稳健运行

确保金融安全稳健运行是实施金融支持循环经济发展的基点。金融部门在积极支持循环经济发展的同时，要努力防范和化解金融风险，促进金融业健康稳定发展。金融监管就是为了协调金融市场的商业行为而

采取的各种行为规则或出台种种制度安排。[①] 为了避免市场机制失灵的情况，金融监管机构通过有效监管可以营造公开、公正、公平、透明的市场环境，保持金融业的稳定，推进金融支持循环经济的良性发展。

目前的分业经营、分业管理使银行业的风险得到了有效的化解，整个金融市场的风险和秩序也得到了很好的规范和管理，对提升中国金融监管的专业水平起到了重要的推动作用。随着金融行业对外开放和内部变革的加速，市场形势及市场主体发生的变化，现行的监管体制面临着新的变革压力。因而，有必要在科学发展观的指导下，构建中国金融监管大部制，以保障中国金融业的健康持续稳定发展。为此，有必要成立综合协调监管机构，建立金融监管大部制。构建金融监管大部制的目标就是将所有的金融监管机构统一纳入一个监管部门（由外部机构来组织实施，并独立于政府其他机构），构建和谐的统一监管模式，协调金融监管与外部有关方面的关系，缓解市场失灵、维护市场秩序、保护投资者权益、促进市场竞争及实现金融资源优化配置。

当前，重点在于协调“一行三会”的工作，降低监管成本。鉴于银行业在中国企业融资中的主导地位，银监会更要不断完善金融监管体系，切实保障金融业稳健运行，着重加强对金融机构执行循环经济发展的产业金融政策中资金投入和风险监管，以保证产业金融政策的实施和资金的运用效率。同时，改善监管方式，建立有效的风险预警、防范、处理和补偿机制。

8.7.2　金融机构强化科学决策，防范内部风险

金融投资的决策科学与否和支持目标选择的正确与否，直接影响着金融支持的有效性和资金的运用效率，并有可能引发金融风险。金融机构做好金融投资决策，确定循环经济的支持目标，必须做到四个方面的结合：一是必须将金融投资决策与发展循环经济的产业政策结合起来，使金融投资目标方向体现国家产业政策，从而有效地引导有利于循环经济发展的产业和结构调整；二是必须将金融投资决策与金融政策有机结合起来，从而有效传导政策性金融政策对发展循环经济的支持力度；三是要把金融决策与地方政府和有关部门的整体规划、实施方案和政策措

① 易宪容：重塑金融监管的理念、方法与制度［N］. 中国经济时报，2003－9－3.

施结合起来，从而做到政策配套、措施协调；四是把金融决策与区域经济的特点结合起来，从而实现循环经济金融支持的重点与区域协调发展。

同时，金融机构要强化内控制度建设，建立健全内部控制的有效保障机制，建立以风险防范和风险预警信息管理系统为核心的完善的风险管理体系，及时掌控金融运行状况，预测预警有关金融风险，从而保障金融机构自身的金融安全。

8.7.3 建立循环经济风险准备金

为增强发展循环经济的抗风险能力，可以建立循环经济风险准备金。循环经济风险准备金是一个纯政策性组织，它既可以避开成立专业性循环经济保险所涉及的资金与审批等难题，又可以把每年不确定的风险救灾资金固定并积累下来，形成灵活、有序的循环经济保险保障机制。循环经济的风险准备金按照一定比例，由市、区（县）两级财政以及循环经济行为主体出资共同组成。这种准备金只能用于在发展循环经济遭遇损失时的赔偿，不得挪作他用，要单独立账、独立核算，结余留存，逐年滚动积累，并以一定比例归市和区县政府所有，以实现以丰补歉。如有亏损，先由区县风险准备金支付，不足部分由市级风险准备金按区（县）上缴的比例部分给予直接偿付；再有不足，可向市级风险准备金进行拆借，以后年份有结余时予以归还。同时，规定如果是由于不科学决策导致的损失，循环经济风险准备金则不予以支付，防止出现因信息不对称而引发的道德风险与逆向选择。

8.7.4 完善信用制度，建立市场经济条件下的新型银企合作关系

如前所述，法律和信用是维持市场经济有序运行的两个基本机制。一个没有信用机制的社会不可能有真正的市场经济。完善的信用机制是减少信息不对称的有效途径，是保证市场有效运行的重要机制。信用机制通过鼓励持久性交易博弈发生作用，使社会信用良性循环。

循环经济具有公共品的特征，极易发生“搭便车”的现象。因此，发展循环经济也必须以信用机制为基础，消除循环经济发展过程中的负外部性。对于守信企业给予优惠的金融支持，反之，就给予惩罚。这样在持久性交易中，守信选择将带来较一次性失信所得更大的收益，促使交易者作出进一步守信选择，即守信与收益呈正相关关系。因此，要规

范企业行为，完善信用制度。央行要及时将企业完整的环保信息纳入征信系统，并及时更新企业日常环保执法信息和年度环保审核报告等，为商业银行支持循环经济发展提供信用基础，从而降低交易成本，提高资金融通效率，优化金融资源配置。

建立市场经济条件下的新型银企合作关系，必须坚持市场性与政策性均衡原则，在确保政策性金融专项职能的基础上，不断提升其金融效率，积极探索新的支持模式，促进产融互动，为循环经济发展提供全面支持。这不仅是银行与企业之间的问题，同时也是一个社会问题，不仅影响到银企之间的长期合作，也关系到银行金融风险的大小，它需要国家政策的积极引导，同时更需要银行和企业之间的真诚合作。

8.7.5　规范政府行为，强化制度约束

从国外发展循环经济的经验来看，市场机制的作用是不可忽视的。我国是个发展中转型经济国家，市场机制尚不健全，面临着经济与政治体制的双重转型，政府职能正在转变。因而现阶段必须加强政府在循环经济发展中的作用，同时要完善市场机制，充分调动各方面积极性，在全社会营造循环经济发展的良好氛围。但在循环经济领域尤其是在环境治理方面，存在着严重的“政府失灵”现象。因此，要从源头上防范“政府失灵”，这就必须规范政府行为，强化制度约束。关键是合理界定政府行为边界，政府的作用在于通过制度约束，确保金融安全稳健运行。

因此，政府必须以科学发展观为指导，合理确定自身经济管理权力的边界，完善政府社会管理和公共服务的职能，发挥宏观调控作用，弥补市场失灵。但对于市场能够解决的问题政府决不干预，政府也不得随意干预商业性金融正常的经营活动，尤其是地方政府不能置发展循环经济于不顾而单纯追求 GDP。

8.8　完善循环型企业的市场化运行机制

企业是发展循环经济的主要推动力量。国家尽快制定循环经济的产业规范，明确各循环经济参与主体的责任，调动一切因素引导企业树立循环经济的理念。在循环经济的推进过程中，国家需要出台法律明确企

业发展循环经济的基本制度要求和经济责任制度，同时要通过市场机制把企业行为的利益导向结合起来，使企业变被动为主动，自觉发展循环经济。

作为市场资源配置的关键领域之一，金融资源的配置创新，在引导企业走向主动、走向自觉方面，发挥着不可替代的作用。在通过证券市场输送“血液”的同时，进一步健全现代企业制度和完善法人治理结构，构建科学的决策机制，完善创新激励机制，增强循环型企业的竞争力。

政府要切实转变职能，建立服务性政府，为发展循环经济提供良好的市场机制环境。循环型企业完全按照市场规则来进行运作，政府不能随意进行干预。即使政府对循环型企业进行干预，也必须通过经济金融等手段来进行，而不能直接对企业发号施令。

8.9 为循环经济金融支持提供高级金融人才

未来循环经济综合实力的竞争在于人才。因此，金融部门应做好科研事业单位的信贷服务，支持知识资源和人力资本的投入，加快培养与引进发展循环经济急需的高素质的金融经营管理人才。通过公平竞争、择优选用，引进、培养和造就一批熟悉国际惯例、金融法规、现代金融管理理论和现代管理技术的复合型金融业人才，并充实到重要业务职能部门和领导岗位上，全面提高金融业经营管理水平，以更好地推动循环经济金融支持活动的良性发展。

8.10 夯实循环经济金融支持的法制基础

市场经济是法治经济，法律制度是促进循环经济发展的重要制度安排之一。有效的法律制度安排可使资源环境得到合理开发和保护，即使遭到破坏，也可较快得到修复。解决循环经济金融支持过程中的“政府失灵”现象也必须以法制为基础。用法律手段，就是要做到在法制的规制下，循环经济主体以及政府必须接受循环经济相关法律的约束。我国循环经济的理念产生的比较晚，传统经济发展方式占主导地位，在循环经济领域的立法较少，还没有全面、综合调整循环经济的专门法律。因此，国家必须把发展循环经济金融支持方面的政策措施纳入法制化发展轨道。

我国贵阳、深圳等地已经制定了地方发展循环经济的法规，全国统一的循环经济大法《中华人民共和国循环经济促进法》于 2009 年 1 月 1 日起正式实行，但还没有关于金融支持循环经济发展的专门的法律法规。应该在研究借鉴国际经验并结合我国的具体实践的基础上，全面审查我国的相关法律、法规和政策，制定并完善循环经济金融支持法律法规，主要内容应当涵盖政策性金融、商业性金融、合作金融支持循环经济发展的服务对象、业务范围的界定等，通过金融政策以及价格政策等经济手段，发挥政府投资对社会投资的导向作用，充分发挥市场机制对发展循环经济的支持力度，保障循环经济资本来源。同时，建立生态恢复和环境保护的经济补偿机制，引导企业自愿发展循环经济。

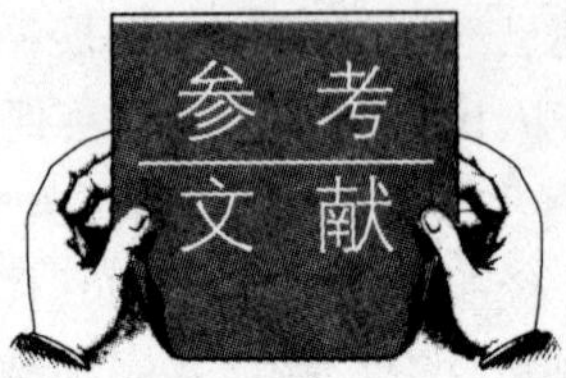

[1] Imre Dobos, Knut Richter. An extended Production/Recycling Model with Stationary Demand and Return Rates [J] . Int. J. Production Economics, 2004 (90): 311－323.

[2] Jo Dewulf, Herman Van Langenhove. Integrating Industrial Ecology Principles into a Set of Environmental Sustainablity Indicators for Technology Assessment [J] . Resources, Conservation and Recycling, 2005 (43): 419－432.

[3] Micah D. Lowenthal, William E. Kastenberg. Industrial Ecology and Energy Systems: a First Step [J] . Resources, Conservation and Recycling, 1998 (24): 51－63.

[4] Pierre Desrochers . Regional Development and Inte-Industry Recycling Linkages: some Historical Perspectives [J] . Entrepreneurship & Regional Development, 2002 (14): 49－65.

[5] Schwarz E. J. and Steininger K. W. Implementing Nature's Lesson; the Industrial Recycling Network Enhancing Regional Development [J] . Journal of Cleaner Production, 1997, 5 (1/2): 47－56.

[6] Urmila Diwekar. Green Process Design, Industrial Ecology, and sustainablity: A Systems Analysis Perspective [J] . Resources, Conservation and Recycling, 2005 (44): 215－235.

[7] Modigliani. F. and M. H. Miller. The Cost of Capital, Corporation Finance, and the Theory of Investment [J] . The American Economic Review, 1958, 48 (June): 261－297.

[8] Myers, S. C. The Capital Structure Puzzles [J]. Journal of Finance, 1984, (39).

[9] Tu K, Yan Z. Climatic Jumps in Precipitation Extremes in Association with Recent Drying Process in North China. Poster at the 10th International Meeting of Statistical Climatology, 20－24 Aug. 2007, Beijing.

[10] 十六届五中全会．中共中央关于制定国民经济和社会发展第十一个五年规划的建议．

[11] 胡锦涛在党的十七大上的报告，2007－10－24.

[12] 邓小平．邓小平文献（第三卷）[M]．北京：人民出版社，1993.

[13] 马克思恩格斯全集（第13、23、24卷）[M]．北京：人民出版社，1972.

[14] 马克思，恩格斯．马克思恩格斯选集（第1、2卷）[M]．北京：人民出版社，1995.

[15] 马克思．资本论（第三卷）[M]．北京：人民出版社，2004.

[16] 雷蒙德·W. 戈德史密斯著．金融结构与金融发展 [M]．周朔等译．上海：上海三联书店，上海人民出版社，1994.

[17] 罗伯特·艾尔斯著．转折点：增长范式的终结 [M]．戴星翼，黄文芳译．上海：上海译文出版社，2001.

[18] 魏全平，童适平等著．日本的循环经济 [M]．上海：上海人民出版社，2006.

[19] 戴维·皮尔斯，杰瑞米·沃福德．世界无末日——经济学 环境与可持续发展 [M]．北京：中国财政经济出版社，1996.

[20] 爱德华·S. 肖（E. S. Shaw）．经济发展中的金融深化 [M]．上海：上海三联书店，1988.

[21] M. 梅萨罗维克等著．人类处在转折点上 [M]．刘长毅等译．北京：中国和平出版社，1987.

[22] 罗纳德·I. 麦金农（R. I. Mackinnon）．经济发展中的货币与资本 [M]．上海：上海三联书店，1988.

[23] 吴季松．新循环经济学 [M]．北京：清华大学出版社，2005.

[24] 冯之浚．中国循环经济高端论坛 [M]．北京：人民出版

社，2005.

[25] 冯之浚．循环经济导论［M］．北京：人民出版社，2004.

[26] 毛如柏，冯之浚．论循环经济［M］．北京：经济科学出版社，2003．

[27] 吴季松．循环经济——全面建设小康社会的必由之路［M］．北京：北京出版社，2005.

[28] 卢现祥．西方新制度经济学［M］．北京：中国发展出版社，2003.

[29] 吴季松．循环经济［M］．北京：北京出版社，2003.

[30] 中国科学院可持续发展战略研究组．2003 中国可持续发展战略报告［M］．北京：科学出版社，2003.

[31] 吴先满．中国金融发展论［M］．北京：经济管理出版社，1994．

[32] 李健．当代西方货币金融学说［M］．北京：高等教育出版社，2006.

[33] 柯武刚，史漫飞．制度经济学［M］．上海：商务印书馆，2000．

[34] 高小勇，汪丁丁．专访诺贝尔经济学奖得主——大师论衡中国经济与经济学［M］．北京：朝华出版社，2005.

[35] 周伟林．中国地方政府经济行为分析［M］．上海：复旦大学出版社，1997.

[36] 苟海儒等．区域金融行为研究［M］．北京：中国商业出版社，1998.

[37] 周宏春，刘燕华等．循环经济学［M］．北京：中国发展出版社，2005.

[38] 张坤．循环经济理论与实践［M］．北京：中国环境科学出版社，2003.

[39] 谭根林．循环经济学原理［M］．北京：经济科学出版社，2006.

[40] 周延军．西方金融理论［M］．北京：中信出版社，1992.

[41] 国际环保产业促进中心．循环经济国际趋势与中国实践［M］．北京：人民出版社，2005.

[42] 吴宗杰，桑金琰，周涛．从传统经济到循环经济的产业转型研

究［M］．北京：人民出版社，2007.

［43］刘思华主编．经济可持续发展论丛［M］．北京：中国环境科学出版社，2002.

［44］沈天鹰．资本形成的货币金融维度——发展中国家的资本形成分析［M］．天津：南开大学出版社，2000.

［45］许崇正．中国资本与资本市场发展论［M］．北京：经济科学出版社，1999.

［46］崔铁宁．循环经济概论［M］．北京：中国环境科学出版社，2007.

［47］中国科学院可持续发展战略研究组．中国现代化进程战略构想［M］．北京：北京科学出版社，2002.

［48］托马斯·孟．英国得自对外贸易的财富［M］．北京：商务印书馆，1997.

［49］谭崇台主编．发展经济学［M］．上海：上海人民出版社，1989.

［50］付晓东．循环经济与区域经济［M］．北京：经济日报出版社，2007.

［51］世界银行．世界发展报告（1989）［M］．北京：中国财政经济出版社，1990.

［52］F. M. 谢勒著．技术创新：经济增长的原动力［M］．姚先涛等译．北京：新华出版社，2001.

［53］邹东涛，欧阳日晖．发展和改革蓝皮书［M］．北京：社会科学文献出版社，2008.

［54］吴宣恭．产权理论比较——马克思主义与现代西方产权学派［M］．北京：经济科学出版社，2000.

［55］中国环境保护投融资机制研究课题组．创新环境保护投融资机制［M］．北京：中国环境科学出版社．2004.

［56］（美）萨缪尔森．经济学（16版）［M］．北京：华夏出版社，1999.

［57］段文斌等．制度经济学——制度主义与经济分析［M］．天津：南开大学出版社，2003.

［58］张国．中国城乡结构调整研究——工业化过程中的城乡协调发展［M］．北京：中国农业出版社，2002.

[59] 张杰．中国金融成长的经济分析［M］．北京：中国经济出版社，1995.

[60] 罗勇，曾晓非．环境保护的经济手段［M］．北京：北京大学出版社，2002.

[61] 解振华主编．领导干部循环经济知识读本［M］．北京：中国环境科学出版社，2005.

[62] 王兆华．循环经济：区域产业共生网络——生态工业园发展的理论与实践［M］．北京：经济科学出版社，2007.

[63] 习近平．大力发展循环经济，建设资源节约型、环境友好型社会［J］．管理世界，2005（7）．

[64] 路甬祥．关于统筹人与自然和谐发展［J］．环境保护，2005(3).

[65] 纪纯，齐建国．关于循环经济理论与政策的思考［J］．经济纵横，2004（2）．

[66] 张凯．对循环经济理论的再思考［J］．中国人口·资源与环境，2004（6）．

[67] 李虹．循环经济的模式实证与金融支持方略探析［J］．济南金融，2006（3）．

[68] 王卉彤，陈保启．循环经济和金融创新的双赢路径［J］．上海金融，2006（6）．

[69] 苏杨，周宏春．关于当前我国促进循环经济发展的若干问题的讨论［J］．经济研究参考，2005（10）．

[70] 孙卫，彭志芳．发展循环经济的国际比较与战略思考［J］．科学学与科学技术管理，2005（1）．

[71] 王青云，李金华．关于循环经济的理论辨析［J］．中国软科学，2004（7）．

[72] 贺景平．发展循环经济，实现可持续发展［J］．学术交流，2005（6）．

[73] 朱明方．融资结构理论综述［J］．价格月刊，2005（6）．

[74] 陈很荣，范晓虎，吴冲锋．西方现代企业融资理论述评［J］．财经问题研究，2000（8）．

[75] 李晓曼．循环经济金融支持研究及其对新疆地区的启示［J］．乌鲁木齐成人教育学院学报，2007（4）．

[76] 韩宁．海南发展循环经济的现实追求与成就分析［J］．新东

方，2009（4）.

[77] 高波，张凤香．浅论宏观调控在我国当前发展循环经济中的作用［J］．经济研究参考，2005（27）.

[78] 陈柳钦．发展循环经济需要完善的金融支持体系［J］．实事求是，2008（1）.

[79] 任勇．中外循环经济的比较［J］．企业科技，2004（8）.

[80] 张天柱．循环经济的概念框架［J］．环境科学动态，2004（4）.

[81] 郑云虹．基于循环经济的制度分析［J］．东北大学学报（社会科学版），2006（6）.

[82] 黄贤金，王舒．江苏省循环经济发展：基本态势、区域差异与政策建议［J］．科技与经济，2005（3）.

[83] 马长有，周婷．循环经济——开发性金融的新领域［J］．生态经济，2005（3）.

[84] 杜欢政，张旭军．循环经济的理论与实践：近期讨论综述［J］．统计研究，2006（2）.

[85] 尹力军．政府制度安排与循环经济发展［J］．环境科学与管理，2006（3）.

[86] 张天蔚，孙彤．由日本的实践看我国企业循环经济模式下的融资对策［J］．中国乡镇企业会计，2008（12）.

[87] 张丕景，姜学民，郝向荣．循环经济的资金循环障碍及对策分析［J］．山东经济，2006（2）.

[88] 李景波．“帕特里克之谜”与西方金融发展理论的演进［J］．经济师，2009（6）.

[89] 刘逖．论政府在金融市场中作用的几个问题［J］．中国经济政治评论，1999（10）.

[90] 方洁．金融约束还是金融深化［J］．金融与保险，2004（7）.

[91] 朱锡平．中国生态环境建设的投融资体制改革［J］．宁夏社会科学，2006（2）.

[92] 陶君道．金融支持欠发达地区循环经济发展研究［J］．甘肃金融，2005（10）.

[93] 赵晓辉，陶俊洁．中国证券市场健康稳定发展，新华社，2007

—08—12.

[94] 齐建国．发展循环经济，建立节约型社会的经济学思考［J］．数量经济技术经济研究，2005（11）．

[95] 韩宁．金融支持海南循环经济发展的现状与对策分析［J］．海南师范大学学报，2009（2）．

[96] 庞任平．建立发展循环经济的金融支持体系［J］．金融理论与实践，2006（6）．

[97] 黄英娜，张天柱，颜辉武．循环经济产生和发展的经济学基础［J］．环境保护，2004（8）．

[98] 韩凤芹．促进循环经济发展的财税政策建议［J］．中国物价，2006，（9）．

[99] 马江．论马克思经典理论中的循环经济思想［J］．统计与决策，2009（6）．

[100] 刘贵富．循环经济的循环模式及结构模型研究［J］．工业技术经济，2005（4）．

[101] 孙家驹．人、自然、社会关系的世纪性思考［J］．北京大学学报，2005（1）．

[102] 孙根年，康国栋．可持续理念下新资源观与资源产业开发［J］．生态经济，2007（11）．

[103] 欧阳志远．再论"循环型经济"与"节约型经济"［J］．淮阴师范学院学报（哲学社会科学版），2005（4）．

[104] 吴大华．国外发展循环经济的经验与启示［J］．贵州民族学院学报（哲学社会科学版），2007（3）．

[105] 刘文强，周宏春．国外发展循环经济的做法与启示［J］．经济研究参考，2006（46）．

[106] 赵曙明，陈天渔．经济增长方式转型与人力资本投资［J］．江苏社会科学，1998（1）．

[107] 谢秋凌．发展循环经济的法律保障研究［J］．云南大学学报（法学版），2007（4）．

[108] 何忠洲．科学发展观写入中共党章［J］．中国新闻周刊，2007（40）．

[109] 严中伟，杨赤．近几十年我国极端气候变化格局［J］．气候与环境研究，2000，5（3）．

[110] 李红梅等．近四十年我国东部盛夏日降水特性变化分析 [J]．大气科学．2008，32（2）．

[111] 南焱．自然灾害之惑 [J]．中国经济周刊，2009（11）．

[112] 环保生死劫：中国每年因污染造成损失达 GDP 的 10% [J]．《瞭望》新闻周刊，2007—03—19.

[113] 刘苗荣．强化环境法治 建设生态文明 [J]．河北法学，2007（11）．

[114] 朱智文．生态文明三题 [J]．甘肃社会科学，2008（1）．

[115] 潘岳．论社会主义生态文明 [J]．绿叶，2006（10）．

[116] 邵方，李亚，张曼，王佳．循环经济初探 [J]．职业圈，2007（18）．

[117] 刘志迎，孟令杰．基于效率理论的新一轮经济增长路径选择 [J]．经济学动态，2006（1）．

[118] 郭振海．金融支持西安循环经济发展情况的调查思考 [J]．西安金融，2006（7）．

[119] 张正杰，侯玉淇．金融支持发展循环经济研究——以鹤壁市为例 [J]．济南金融，2007（9）．

[120] 石海城．金融支持柴达木循环经济发展实证研究 [J]．青海金融，2006（4）．

[121] 夹翠苹．谈可持续发展与财政政策 [J]．经济师，2006（4）．

[122] 杨国平．金融服务：循环经济发展的助推器——荆门循环经济金融服务体系研究 [J]．武汉金融，2008（2）．

[123] 韩贵峰等．环境库兹涅茨曲线研究评述 [J]．环境与可持续发展，2006（1）．

[124] 宋立．我国货币政策信贷传导存在的问题及解决思路 [J]．管理世界，2002（2）．

[125] 刘海英．话说金融“故事” [J]．中国改革（综合版），2003（3）．

[126] 保育钧．组建区域性民间商业银行需政策放闸 [J]．中国经济周刊，2008（10）．

[127] 贺鹏飞，赵慧．我国环保投资现状及应对 [J]．今日财富，2009（12）．

[128] 黄磊．金融制度创新的几个理论问题［J］．当代财经，2001（6）．

[129] 许庆明．试析环境问题上的政府失灵［J］．管理世界，2001（5）．

[130] 王晓晔．社会主义市场经济条件下的反垄断法［J］．中国社会科学，1996（1）．

[131] 丁玲华．发展循环经济的金融支持研究［J］．科技和产业，2007（8）．

[132] 刘建伟，禹海霞，杨志龙．试论循环经济对传统经济发展方式的超越［J］．特区经济，2005（8）．

[133] 方虹．我国资源产权及制度安排思考［J］．北京市计划劳动管理干部学院学报，2006（14）．

[134] 冯之浚．论循环经济［J］．中国软科学，2004（10）．

[135] 杨涛．全面创新循环经济的金融支持体系［N］．人民日报，2006—10—13.

[136] 马凯．贯彻和落实科学发展观大力推进循环经济发展［N］．人民日报，2004—10—19（6）．

[137] 程瑞华．运用金融手段支持循环经济发展的启示［N］．金融时报，2006—12—4.

[138] 叶小钟，苏丹霞．注洋垃圾入侵：中国不能成为洋垃圾倾销地［N］．工人日报，2007—01—22.

[139]“十一五”环保投入 14000 亿 环保产业将进入快速增长期［N］．21 世纪经济报道，2007—07—10.

[140] 毛金明．资源型地区金融如何支持发展循环经济［N］．金融时报，2007—07—24.

[141] 侯利红，张昌辉．循环经济包钢账本：27 亿投入与 270 亿收入［N］．第一财经日报，2007—09—14．

[142] 梁怡．循环经济学构画的图景日渐清晰［N］．上海证券报，2007—6—11.

[143] 刘书艳．北京：备战人口爆炸［N］．中华工商时报，2010—06—18（5）．

[144] 亦菲．危害人体及环境“洋垃圾”不叮无缝的蛋［N］．中华工商时报，2007—01—16.

[145] 杜海涛．海关总署 2006 年查获 8000 吨走私“洋垃圾”[N]．人民日报，2007－02－01（05）．

[146] 鲁宁．多宝鱼只是海产品污染冰山一角［N］．东方早报，2006－11－20.

[147] 江苏投入 1 亿元支持发展循环经济 帮助企业节能［N］．中国税务报，2007－06－29.

[148] 宋焱．为我国经济社会提供良好金融服务［N］．金融时报，2007－01－18.

[149] 王小平．建立和发展循环经济的金融支持模式［N］．金融时报，2007－12－03.

[150] 苗燕．银监会使出杀手锏 阻断“两高”行业“血脉”［N］．上海证券报，2007－07－14.

[151] 易宪容．重塑金融监管的理念、方法与制度［N］．中国经济时报，2003－9－3.

[152] 吕晓君等．完善环境影响评价制度是实现循环经济的保障［J］．环境科学研究，2006（3）．

[153] 吴易明．构建促进我国循环经济发展的支持体系［J］．江西社会科学，2004（11）．

[154] 齐美东．金融支持循环经济发展的制度保障探析［J］．税务与经济，2008（1）．

[155] 齐美东．依法行政的政府信用基础［J］．生产力研究，2008（6）．

[156] 中国政府资助网［EB/OL］．http：//www. gov－money. com/neirong. asp? id＝1932.

[157] 胡昱明．中国证券市场将经历一场结构性巨变［EB/OL］．2006－12－1，http：//huyuming. blog. cnstock. com/archives/2006/38013. html.

[158] 朴素．精神裂谷边沿的呼喊——《精神守望》札记［EB/OL］．2007－04－06，http：//blog. tianya. cn/blogger/post _ read. asp? BlogID＝13043&PostID＝9155831．

[159] 开发性金融提速湖南循环经济［EB/OL］．www. xhjj. net，2007－03－06.

[160] 中国经济网，2005－09－02. http：//www. ce. cn/books/

read/2005/xhjj/lz/200509/02/t20050902_4581113. shtml.

[161] 广东回收网．国外发展循环经济财税杠杆的经验做法［EB/OL］. http：//www. hs250. net/hangyexingwen/38. htm.

[162] 循环经济理论基础简论［EB/OL］. www. chengdu. gov. cn，2006－04－03，http：//www. chengdu. gov. cn/special/ Energy Conservation/detail. jsp? id＝180612.

[163] 北京实际常住人口达两千万 98％能源靠外调［EB/OL］. 中国新闻网，2010－07－17，http：//www. chinanews. com. cn/df/2010/07－17/2408458. shtml.

[164] 通往哥本哈根之路·第 28 站：气候难民［EB/OL］，网易，http：//discover. news. 163. com/special/00013T6M/qihounanmin. html.

[165] 马凯．贯彻和落实科学发展观大力推进循环经济发展——国家发展和改革委员会主任马凯在全国循环经济工作会议上的讲话［EB/OL］. 国家发展和改革委员会环境和资源综合利用司，http：//hzs. ndrc. gov. cn/files/html/zt1－2. htm.

[166] 韩振方．坚持科学发展之我见［EB/OL］. 中国中小企业河南网，2008－07－28，http：//www. smehen. gov. cn/ArtPaper/Show. aspx? id＝421447.

[167] 环境生态网，http：//www. eedu. org. cn.

[168] 资源环境问题成为我党重点关切［EB/OL］. 新华网，2007－10－17，http：//news. xinhuanet. com/newscenter/2007－10/17/content_6894248. htm.

[169] 环境保护部发布 2007 年中国环境状况［EB/OL］. 2008－06－04，http：//www. mep. gov. cn/xcjy/zwhb/200806/t20080604_123452. htm.

[170] 江强，黄漱聪，曾志江．生态城市规划通过评审 15 年建成循环经济示范区［EB/OL］. 2006－08－17，http：//www. sina. com. cn.

[171] 新浪网，2006－08－17，http：//www. sina. com. cn.

[172] 国家发改委，2007－11－30，http：//www. ndrc. gov. cn/xwfb/t20071130_176084. htm.

[173] 内蒙古：打造六大循环经济示范区［EB/OL］. 新浪网，2006－08－17，http：//www. sina. net.

[174] 刘莎莎.G济钢大力发展循环经济[EB/OL].新浪网，2006—08—17，http：//www. sina. com. cn.

[175] 深圳：循环经济理念深入民心建设初步取得成果[EB/OL].2006—08—08，http：//www. sina. net.

[176] 技术创新支撑内蒙古循环经济优势产业[EB/OL].2006—07—06，http：//www. sina. net.

[177] 中财网，2007—06—21，http：//www1. cfi. net. cn/newspage. aspx? id=20070621001781.

[178] 鹤壁市2008年一季度经济形势分析[EB/OL].鹤壁市政府网，2008—05—08.

[179] 21世纪经济报道，2007—07—10，http：//www. nengyuan. net/yanjiubaogao/jienenghuanbao/NYK888B. html.

[180] 罗沙，刘诗平.2007年五大国有银行发放节能减排贷款超千亿元[EB/OL].新华网，2008—02—26，http：//news. xinhuanet. com/newscenter/2008—02/26/content _ 7673675. htm.

[181] 中国统计信息网 http：//web. tongji. edu. cn/～yangdy/data/link2. htm. 2006—12—31.

[182] 郴州市商务局网站.郴州市人民银行."中国银都"：金融支持循环经济发展的有益尝试[EB/OL].2005—12—09，http：//chenzhou. mofcom. gov. cn/ column/ print. shtml? / zhongyaozt/qinghcp/ 200512/ 20051201003616.

[183] 农业循环经济试点工程将为晓塘乡农民节资创收上千万元[EB/OL].宁波中小在线，2008—8—7，http：//www. nbsme. gov. cn.

[184] 刘虹，王维刚.全力打造循环经济型和清洁生产型样板工程邯钢新区建设取得重大进展[EB/OL].河北新闻网，2007—11—23，http：//www. handannews. com. cn/benshi/2007—11/23/content _ 995859. htm.

[185] 安徽省发改委.创新循环经济为皖国企导航[EB/OL].2008—07—13，http：//www. ahpc. gov. cn/information. jsp? xxnr _ id=10050226.

[186] 安徽省界首市发展循环经济的主要做法[EB/OL].2008—07—08，http：//www. ahpc. gov. cn/information. jsp? xxnr _ id

=10049911.

[187] 全国环境统计公报（2006）[EB/OL]. 国家环保总局，2007－09－24，http://www.zhb.gov.cn/plan/hjtj/qghjtjgb/200709/t20070924_109497.htm.

[188] 文贻炜，马宁. 210 亿元将投入我国最大循环经济试验区 [EB/OL]. 新华网，2007－06－21.

[189] 第一财经日报，2007－09－14，http://finance.sina.com.cn/chanjing/b/20070914/01593977424.shtml.

[190] 张洪河，李舒，胡梅娟. 我国保险业亟待突破"三道坎"[EB/OL]. 2007－08－23，http://news.china.com.cn/chinanet/07news/china.cgi?docid=8985656777911606619，10565056520817794649，0&server=192.168.9.114&port=5757.

[191] 新华信. 2006 年中欧贸易额增长 25.3% 中国成为欧盟第一大进口来源地 [EB/OL]. http://www.bizteller.cn/newsSearch.do?cmd=newsContent&newscode=28925291，2007－01－30.

[192] 中国碳金融市场发展前景分析 [EB/OL]. 中国商品网，2009－07－29，http://ccn.mofcom.gov.cn/spbg/show.php?id=9565.

[193] 吴晶晶，潘岳. 要把资本市场变成推动节能减排的经济杠杆 [EB/OL]. 2008－02－25，http://news.xinhuanet.com/newscenter/2008－02/25/content_7667343.htm.

[194] 新华网，2005－11－02，http://news.xinhuanet.com/fortune/2005－11/02/content_3716115.htm.

[195] 杨青. 金融支持循环经济发展问题的研究与思考 [EB/OL]. www.xhjj.net，2006－04－11.

[196] 中华人民共和国国土资源部网站，http://www.mlr.gov.cn/.

[197] 中国国家发展和改革委员会《中国应对气候变化国家方案》，2007 年 6 月 4 日.

[198] 国务院新闻办公室《中国应对气候变化的政策与行动白皮书》，2008 年 10 月 29 日.

[199] 中华人民共和国国家发展和改革委员会网站，http://www.sdpc.gov.cn/.

[200] 国家外汇管理局网站，http://www.safe.gov.cn/model_

safe/index. html.

[201] 中国银行业监督管理委员会网站，http：//www. cbrc. gov. cn/chinese/home/jsp/index. jsp.

[202] 中国证券监督管理委员会网站，http：//www. csrc. gov. cn/pub/newsite/.

[203] 中国保险监督管理委员会网站，http：//www. circ. gov. cn/web/site0/.

[204] 中华人民共和国工业和信息化部网站，http：//www. miit. gov. cn/.

[205] 中华人民共和国环境保护部网站，http：//www. mep. gov. cn/.

[206] 中华人民共和国国家统计局网站，http：//www. stats. gov. cn/.

附　　录

附录 1　国家循环经济试点单位（第一批）（2005. 11）[①]

一、重点行业		
（一）钢铁	鞍本钢铁集团	攀枝花钢铁集团有限公司
	包头钢铁集团有限公司	济南钢铁集团有限公司
	莱芜钢铁集团有限公司	
（二）有色	金川集团有限公司	中国铝业公司中州分公司
	江西铜业集团公司	株洲冶炼集团有限责任公司
	包头铝业有限责任公司	河南省商电铝业集团公司
	云南驰宏锌锗股份有限公司	安徽铜陵有色金属（集团）公司
（三）煤炭	淮南矿业集团有限责任公司	河南平顶山煤业集团有限公司
	新汶矿业集团公司	抚顺矿业集团
	山西焦煤集团西山煤矿总公司	
（四）电力	天津北疆发电厂、河北西柏坡发电有限责任公司、重庆发电厂	
（五）化工	山西焦化集团有限公司	山东鲁北企业集团有限公司
	四川宜宾天原化工股份有限公司	河北冀衡集团公司
	湖南智成化工有限公司	贵州宏福实业有限公司
	贵阳开阳磷化工集团公司	山东海化集团有限公司
	新疆天业（集团）有限公司	宁夏金昱元化工集团有限公司
	福建三明市环科化工橡胶有限公司	烟台万华合成革集团有限公司
（六）建材	北京水泥厂有限责任公司、内蒙古乌兰水泥厂有限公司、吉林亚泰集团股份有限公司	

① 新华网，2005－11－02，http：//news. xinhuanet. com/fortune/2005－11/02/content _ 3716115. htm.

（续表）

（七）轻工	河南天冠企业集团公司	贵州赤天化纸业股份有限公司
	山东泉林纸业有限公司	宜宾五粮液集团有限公司
	广西贵糖（集团）股份有限公司	广东省江门甘蔗化工（集团）股份有限公司
二、重点领域		
（一）再生资源回收利用体系建设	北京市朝阳区中兴再生资源回收利用公司	石家庄市物资回收总公司
	吉林省吉林市再生资源集散市场	湖南汨罗再生资源集散市场
	广东清远再生资源集散市场	深圳报业集团
（二）废旧金属再生利用	天津大通铜业有限公司	上海新格有色金属有限公司
	河南豫光金铅集团有限责任公司	江苏春兴合金集团有限公司
	深圳东江环保公司	广东新会双水拆船钢铁有限公司
（三）废旧家电回收利用	浙江省	青岛市
	广东贵屿镇	
（四）再制造	济南复强动力有限公司	北京金运通大型轮胎翻修厂
三、产业园区	天津经济技术开发区	苏州高新技术产业开发区
	大连经济技术开发区	烟台经济技术开发区
	河北省曹妃店循环经济示范区	内蒙古蒙西高新技术工业园区
	黑龙江省牡丹江经济技术开发区	上海化学工业区
	江苏省张家港扬子江冶金工业园	湖北省武汉市东西湖工业园区
	四川西部化工城	青海省柴达木循环经济试验区
	陕西省杨凌农业高新技术产业示范区	
四、省市	北京市、辽宁省、上海市、江苏省、山东省、重庆市（三峡库区）宁波市、铜陵市、贵阳市、鹤壁市	

附录2　国家循环经济试点单位（第二批）(2007.12)①

一、重点行业		
（一）钢铁		
宝山钢铁股份有限公司	太原钢铁（集团）有限公司	重庆钢铁（集团）有限责任公司
马鞍山钢铁股份有限公司	福建三钢（集团）有限责任公司	
（二）有色		
葫芦岛有色金属集团有限公司	广西河池市南方有色冶炼有限责任公司	云南锡业集团（控股）有限责任公司
云南铜业股份有限公司	新疆有色工业（集团）稀有金属有限责任公司	
（三）煤炭		
山西潞安矿业（集团）有限公司	内蒙古伊东煤炭集团有限责任公司	黑龙江龙煤矿业集团有限责任公司（鸡西分公司）
内蒙古庆华集团有限公司	铁法煤业（集团）有限责任公司	安徽皖北煤电集团有限责任公司
（四）电力		
江苏宜兴协联热电有限公司	深圳南山热电股份有限公司	
（五）化工		
广东云浮硫铁矿企业集团公司	山西安泰集团股份有限公司	浙江巨化集团公司

① 国家发改委，2007—12—13，http：//www.sdpc.gov.cn/hjbh/hjjsjyxsh/t20071217_179134.htm

（续表）

云天化集团有限责任公司	山西丰喜肥业（集团）股份有限公司	
（六）建材		
江西华春企业集团公司	四川国栋建设股份有限公司	
（七）造纸		
湖南泰格林纸集团有限责任公司		
（八）纺织（印染）		
河北唐山三友集团化纤有限公司	四川宜宾丝丽雅集团有限公司	
福建凤竹纺织科技股份有限公司	青岛凤凰印染有限责任公司	
（九）机械制造	中钢集团西安重型有限公司	
（十）农产品加工		
内蒙古塞飞亚集团有限公司	江苏省南通鑫缘茧丝绸集团股份有限公司	贵州茅台酒厂有限责任公司
山东菱花集团有限公司	山东香驰粮油有限公司	中粮新疆屯河股份有限公司
（十一）农业（林业）		
北京市密云县十里堡镇	黑龙江省望奎县望奎镇	黑龙江伊春市朗乡林业局
安徽省阜阳市阜南县	河南省沈丘县付井镇	
二、重点领域		
（一）再生资源加工利用基地		
天津子牙工业园	河南省大周镇再生金属回收加工区	湖南省郴州市永兴县
辽宁省沈阳市再生资源产业基地	安徽省界首市田营循环经济工业区	陕西省西安市物资回收利用总公司
江苏中再生投资开发有限公司	江苏省吴江市再生资源回收利用有限公司	

（续表）

（二）再生金属回收利用		
宁波金田铜业股份有限公司	山东金升有色集团有限公司	厦门钨业股份有限公司
（三）废电子、废轮胎、废电池回收利用		
湖北金洋冶金股份有限公司	青岛天盾橡胶有限公司	深圳市格林美高新技术有限公司
伟翔环保科技发展（上海）有限公司		
（四）包装物回收利用		
盈创再生资源有限公司	四川绵阳长鑫新材料发展有限公司	
三、产业园区（重化工集聚区）		
天津市临港工业区	大连松木岛化工园区	湖北武汉市青山区
吉林省四平循环经济示范区	上海莘庄工业园区	广州经济技术开发区
苏州工业园	扬州经济开发区	海南省昌江循环经济工业区
浙江绍兴滨海工业园区	福建泉港石化工业园区	重庆长寿化工产业园区
江西永修云山经济开发区	青海省西宁市经济技术开发区	宁夏宁东能源化工基地
广东银洲湖纸业基地	湖南株洲市清水塘工业区	新疆库尔勒经济开发区
湖北宜昌经济开发区	四川成都市青白江工业集中发展区	
四、省市		
天津市、山西省、浙江省、河南省、甘肃省		
青岛市、深圳市		
邯郸市、阜新市、白山市、七台河市、淮北市、萍乡市、荆门市、榆林市、石嘴山市、石河子市		

附录 3　安徽省循环经济规划指标体系（2006—2010）[①]

内容	指标	2005 年	2010 年	备注
经济增长	全省生产总值（当年价、亿元）	5375.8	10000	预期性指标
	人均生产总值（当年价、元）	8597	15500	预期性指标
	财政收入（亿元）	656.4	1300	预期性指标
	万元生产总值能耗（吨标煤）	1.36	1.088	约束性指标
	万元工业增加值用水量（吨）	342	240	约束性指标
再生资源利用	工业用水重复利用率（%）	2006 年工业用水的重复利用率提高到 55%以上	85%	预期性指标
	矿产资源采选综合回收率（%）		国家规划十一五 35%	预期性指标
	主要污染物排放减少量（%）		每年减少 10%	约束性指标
	工业固体废物综合利用率（%）	80%	85%	预期性指标
	秸秆综合利用率（%）		90%	预期性指标
	规模化畜禽养殖场粪便综合利用率（%）		70%	预期性指标
	农业灌溉用水有效利用系数		0.5	预期性指标
生态环境保护	工业废气处理率（%）			约束性指标
	工业废水排放达标率（%）	97.37	99	约束性指标
	城市生活污水处理率（%）			预期性指标
	城市生活垃圾无害化处理率（%）		70%	预期性指标
	化肥施用强度	698 千克/公顷	小于千克/公顷	预期性指标
	化学农药使用量	千克/公顷	小于千克/公顷	预期性指标
	森林覆盖率（%）	26.06%	28.66%	预期性指标
可持续发展	政府绿色采购（%）	0	80%	预期性指标
	环境污染治理投资总额占 GDP 比重（%）	1.12		预期性指标
	循环经济社会认知率（%）			预期性指标

① 本表来自《安徽省“十一五”循环经济发展规划》（初稿）。

后　记

源于2005年参与省“十一五”循环经济发展规划项目编制工作，对循环经济进行了较为系统的研究，认识到循环经济是解决中国自然资源短缺与生态环境危机双重约束的必经之途，遂把循环经济的研究作为己任。倾慕厦门大学经济学院的科研水平与学术氛围，于2006年来到厦门大学从事博士后研究工作，融入这个科研集体，开始尝试从金融支持的视角来探讨我国循环经济发展问题。

到厦门大学后，得到了合作导师陈永志教授的悉心指导，陈老师对学术探索的宽容精神使我在芙蓉湖畔度过了一段愉快而充实的时光。在本书的选题、构思及撰写过程中，陈老师不厌其烦地审阅，提出了许多富于启发性的建议，可谓“文章合为时而著，歌诗合为事而作”。陈老师深厚的学术功底，严谨的治学态度，豁达、热情的待人之道，堪称楷模，敦促我不断进步。有幸得到吴宣恭教授、陈其林教授等众多师长的无私教诲和关怀，他们的渊博学识使我受益颇丰，是我人生旅途的重要财富。

我要把最深最浓的感谢献给敬爱的胡培兆教授。终日繁忙的胡老师对本书的创作给予了极大的关注。在写作过程中，常于思维困顿之时，去胡老师的办公室小坐，尽情汲取胡老师半个多世纪的学识营养与人生感悟，体会“与善人居，如入芝兰之室，久而不闻其香，即与之化矣”的意境。胡老师的点拨使我茅塞顿开，诱导使我思路开拓，修改使我迷途知返，质疑使我缜密思索，鼓励使我信心倍增，认可使我踌躇满志。胡老师学术上的博大精深已使我心悦诚服，崇高的道德风范更将提升我的人生观、价值观。星移斗转，胡老师慈祥的笑脸和纯真的眼神，时常浮现在我眼前。

长期以来，长春税务学院的宋冬林教授一直在关注我的成长，在学习、工作、生活诸多方面给予我鼓励与支持。宋老师无私的帮助使我在面临困惑的时候始终能够满怀信心，努力前行，是我克服困难的重要原动力，我的每一步成长都凝结着宋老师的殷切关爱。衷心感谢吉林大学的吴宇晖教授、谢地教授、徐传谌教授、任俊生教授及李政教授等师长。如果有一天我有幸成为“乘风破浪会有时，直挂云帆济沧海”的水手，我想说那都是得益于他们的帮助。因为我深知，如果没有各位老师的知遇之恩，我至多不过是一块未琢之玉，没有任何光彩。

本书参考借鉴了大量的国内外的相关研究成果。没有前辈们的成果，就不会有本课题的研究。在此，对相关作者表示诚挚的尊重与感谢。同时限于自己的研究能力，难免有标注遗漏、甚至谬误之处，衷心期望得到专家、学者们的指导和帮助。所有遗漏与谬误均由本人承担，并希望得到读者的谅解。

本书的出版得到了合肥工业大学出版社的大力支持，特别是马国锋社长和总编辑钟玉海先生的高度重视，责任编辑疏利民先生也付出了辛勤的劳动。

囿于传统文化的熏陶，虽然心中满怀感激，却未尽表达。但是，感激的情愫，一直在我心中。此时，借拙作完成之际，衷心感谢各位师长、朋友的厚爱，希望在未来的人生道路上，同样得到你们一如既往的鼓励、指导与帮助。有你们的关心与支持，相信未来的道路不再坎坷。

齐美东

2009 年 12 月 31 日